Tempo e Narrativa

Paul Ricoeur
Tempo e Narrativa

2. A configuração do tempo na narrativa de ficção

Tradução
MÁRCIA VALÉRIA MARTINEZ DE AGUIAR

Revisão da tradução
CLAUDIA BERLINER

Esta obra foi publicada originalmente em francês com o título
TEMPS ET RÉCIT. TOME 2 – La configuration dans le récit de fiction
por Editions du Seuil, Paris.
Copyright © Editions du Seuil, 1984.
Copyright © 2010, Livraria Martins Fontes Editora Ltda.,
São Paulo, para a presente edição.

« França.Br 2009 » l'Année de la France au Brésil (21 avril – 15 novembre) est organisée :
En France : par le Commissariat général français, le Ministère des Affaires étrangères
et européennes, le Ministère de la Culture et de la Communication et Culturesfrance.
Au Brésil : par le Commissariat général brésilien, le Ministère de la Culture et le
Ministère des Relations Extérieures.

"França.Br 2009" Ano da França no Brasil (21 de abril a 15 de novembro) é organizado:
No Brasil: pelo Comissariado geral brasileiro, pelo Ministério da Cultura e pelo
Ministério das Relações Exteriores.
Na França: pelo Comissariado geral francês, pelo Ministério das Relações exteriores e europeias,
pelo Ministério da Cultura e da Comunicação e por Culturesfrance.

1.ª edição *2010*
6.ª tiragem *2024*

Tradução
MÁRCIA VALÉRIA MARTINEZ DE AGUIAR

Revisão da tradução
Claudia Berliner
Acompanhamento editorial
Maria Fernanda Alvares
Luciana Veit
Revisões
Maria Luiza Favret
Sandra Garcia Cortés
Ana Paula Luccisano
Produção gráfica
Geraldo Alves
Paginação
Studio 3 Desenvolvimento Editorial
Capa
Adriana Translatti
Ilustração
Xyno, detalhe de um portão de ferro em Munique. © iStockphoto

Dados Internacionais de Catalogação na Publicação (CIP)
(Câmara Brasileira do Livro, SP, Brasil)

Ricoeur, Paul
  Tempo e narrativa / Paul Ricoeur ; tradução Márcia
Valéria Martinez de Aguiar ; revisão da tradução Claudia
Berliner. – São Paulo : Editora WMF Martins Fontes, 2010.

  Título original: Temps et récit.
  Conteúdo : 2. A configuração do tempo na narrativa de ficção
  ISBN 978-85-7827-052-0

  1. Narrativa (Retórica) 2. Tempo na literatura 3. Trama (Drama, novela etc.) 4. Mimese na literatura I. Título.

08-10681   CDD-809.923

Índices para catálogo sistemático:
1. Narrativa : Retórica   809.923

Todos os direitos desta edição reservados à
Editora WMF Martins Fontes Ltda.
*Rua Prof. Laerte Ramos de Carvalho, 133 01325-030 São Paulo SP Brasil
Tel. (11) 3293-8150 e-mail: info@wmfmartinsfontes.com.br
http://www.wmfmartinsfontes.com.br*

PLANO DA OBRA – TEMPO E NARRATIVA

VOLUME 1
A intriga e a narrativa histórica

PRIMEIRA PARTE:
O CÍRCULO ENTRE NARRATIVA
E TEMPORALIDADE

Introdução
Prólogo

1. As aporias da experiência do tempo
2. A composição da intriga
3. Tempo e narrativa

SEGUNDA PARTE
A HISTÓRIA E A NARRATIVA

1. O eclipse da narrativa
2. Teses em defesa da narrativa
3. A intencionalidade histórica

Conclusões

VOLUME 2
A configuração do tempo na narrativa de ficção

TERCEIRA PARTE
A CONFIGURAÇÃO DO TEMPO
NA NARRATIVA DE FICÇÃO

Prefácio

1. As metamorfoses da intriga
2. As imposições semióticas da narratividade
3. Os jogos com o tempo
4. A experiência temporal fictícia

Conclusões

VOLUME 3
O tempo narrado

QUARTA PARTE
O TEMPO NARRADO

Introdução

I. A APORÉTICA DA TEMPORALIDADE
1. Tempo da alma e tempo do mundo: O debate entre Agostinho e Aristóteles
2. Tempo intuitivo ou tempo invisível? Husserl confrontado com Kant
3. Temporalidade, historialidade, intratemporalidade: Heidegger e o conceito "vulgar" de tempo

II. POÉTICA DA NARRATIVA
   HISTÓRIA, FICÇÃO, TEMPO

Introdução
1. Entre o tempo vivido e o tempo universal: o tempo histórico
2. A ficção e as variações imaginativas sobre o tempo
3. A realidade do passado histórico
4. Mundo do texto e mundo do leitor
5. O entrecruzamento da história e da ficção
6. Renunciar a Hegel
7. Para uma hermenêutica da consciência histórica

Conclusões
Índices (volumes 1, 2 e 3)

ÍNDICE

Prefácio 1

TERCEIRA PARTE:
A CONFIGURAÇÃO DO TEMPO NA NARRATIVA DE FICÇÃO

1. As metamorfoses da intriga 11
   1. Para além do *mýthos* trágico, 12. – 2. Perenidade: uma ordem dos paradigmas?, 23. – 3. Declínio: fim da arte de narrar?, 33.

2. As injunções semióticas da narratividade 51
   1. A morfologia do conto segundo Propp, 58. – 2. Para uma lógica da narrativa, 68. – 3. A semiótica narrativa de A. J. Greimas, 77.

3. Os jogos com o tempo 103
   1. Os tempos do verbo e a enunciação, 104. – 2. Tempo do narrar e tempo narrado, 130. – 3. Enunciação – enunciado – objeto no "discurso da narrativa", 138. – 4. Ponto de vista e voz narrativa, 151.

4. A experiência temporal fictícia 173
   1. Entre o tempo mortal e o tempo monumental: *Mrs. Dalloway* 176

2. *Der Zauberberg* 196
3. *À la recherche du temps perdu*: o tempo atravessado .. 227
   1. O tempo perdido, 235. – 2. O tempo redescoberto, 246.
   – 3. Do tempo redescoberto ao tempo perdido, 256.

Conclusões... 267

PREFÁCIO

O volume 2 de *Tempo e narrativa* não requer nenhuma introdução especial. Este volume contém a terceira parte da obra única, cujo programa pode ser lido no início do volume 1. Além disso, por seu tema, *a configuração do tempo na narrativa de ficção*, esta terceira parte corresponde estritamente ao da segunda parte, *a configuração do tempo na narrativa histórica*. A quarta parte, que constituirá o terceiro e último volume, reunirá sob o título de *Tempo narrado* o triplo testemunho que a fenomenologia, a história e a ficção prestam em comum do poder que a narrativa, considerada em sua amplitude indivisa, tem de *refigurar o tempo*.

Este breve prefácio me dá a oportunidade de acrescentar aos agradecimentos que figuram no início do volume 1 de *Tempo e narrativa* a expressão de minha gratidão para com a direção do *National Humanities Center*, sediado na Carolina do Norte. Devo, em ampla medida, às condições excepcionais de trabalho que ele oferece a seus *fellows* o fato de ter podido realizar as pesquisas aqui expostas.

TERCEIRA PARTE
A CONFIGURAÇÃO DO TEMPO NA NARRATIVA DE FICÇÃO

Nesta terceira parte, o modelo narrativo colocado sob o signo de *mímesis* II[1] é posto à prova numa nova região do campo narrativo que, para distinguir da narrativa histórica, designo com o termo *narrativa de ficção*. Pertence a esse vasto subconjunto tudo o que a teoria dos gêneros literários coloca na rubrica do conto popular, da epopeia, da tragédia e da comédia, do romance. Essa enumeração é apenas indicativa da espécie de texto cuja *estrutura temporal* consideremos. Não somente a lista desses gêneros não é fechada, como sua denominação provisória não nos vincula antecipadamente a nenhuma classificação imperativa dos gêneros literários, na própria medida em que nosso propósito específico nos dispensa de tomar posição quanto aos problemas relativos à classificação e à história dos gêneros literários[2]. Aceitaremos, a esse respeito, as

---

1. Cf. *Tempo e narrativa*, vol. 1, cap. III, particularmente pp. 96-112.
2. T. Todorov define uma com relação à outra as três noções de literatura, discurso e gênero; cf. "La notion de littérature", in *Les genres du discours*, Paris, Éd. du Seuil, 1978, pp. 13-26. Acaso objetar-se-á que as obras singulares transgridem toda categorização? Contudo, para que a "transgressão exista enquanto tal, ela necessita de uma lei que será precisamente transgredida" ("L'origine des genres", *ibid.*, p. 45). Essa lei consiste numa certa codificação de propriedades discursivas prévias, a saber, numa institucionalização de certas "*transformações* que certos atos de fala sofrem para produzir um certo gênero literário" (*ibid.*, p. 54). Assim são preservadas, ao mesmo tempo, a filiação entre os gêne-

nomenclaturas mais comumente admitidas sempre que o estado do problema assim o permitir. Em contrapartida, temos que explicar imediatamente a caracterização desse subconjunto narrativo com o termo narrativa de ficção. Fiel à convenção de vocabulário adotada para o primeiro volume[3], dou ao termo ficção uma extensão menor que a adotada por inúmeros autores que o consideram sinônimo de configuração narrativa. Essa identificação entre configuração narrativa e ficção não é por certo injustificada, já que o ato configurante é, como nós mesmos afirmamos, uma operação da imaginação produtiva, no sentido kantiano do termo. Reservo contudo o termo ficção para as criações literárias que ignoram a ambição que tem a narrativa histórica de constituir uma narrativa verdadeira. Se, efetivamente, considerarmos configuração e ficção sinônimos, já não teremos um termo disponível para pensar a relação diferente dos dois modos narrativos com a questão da verdade. A narrativa histórica e a narrativa de ficção têm em comum provir das mesmas operações configurantes que colocamos sob o signo de *mímesis* II. Em contrapartida, o que as opõe não concerne à atividade estruturante imanente às estruturas narrativas como tais, mas à pretensão à verdade pela qual se define a terceira relação mimética.

Convém nos determos longamente no plano do que é, entre ação e narração, a segunda relação mimética. Convergências e divergências inesperadas no que concerne ao destino da configuração narrativa tanto no domínio da narrativa histórica quanto no da narrativa de ficção terão assim tempo de se precisar.

Os quatro capítulos que compõem esta terceira parte constituem as etapas de um único itinerário: ampliando, aprofundando, enriquecendo e abrindo para fora a noção de composição da intriga recebida da tradição aristotélica, trata-se de diversificar correlativamente a noção de temporalidade recebida da

---

ros literários e o discurso comum e a autonomia da literatura. Encontraremos as primeiras análises da noção de gênero literário proposta por Todorov em sua *Introduction à la littérature fantastique*, Paris, Éd. du Seuil, 1970.

3. Cf. p. 112.

tradição agostiniana, sem contudo sair do quadro fixado pela noção de configuração narrativa, e sem transgredir, assim, os limites de *mímesis* II.

1. *Ampliar* a noção de composição da intriga significa em primeiro lugar atestar a capacidade que o *mýthos* aristotélico tem de se metamorfosear sem perder a identidade. É com base nessa mutabilidade da composição da intriga que se deve medir a envergadura da inteligência narrativa. Várias questões estão subentendidas aqui: *a)* Um gênero narrativo tão novo quanto o romance moderno, por exemplo, conservaria com o *mýthos* trágico, sinônimo para os gregos de composição da intriga, um laço de filiação tal que ainda possamos colocá-lo sob o princípio formal de discordância concordante pelo qual caracterizamos a configuração narrativa? *b)* Através de suas mutações, a composição da intriga ofereceria uma estabilidade tal que poderíamos colocá-la sob os paradigmas que preservam o estilo de tradicionalidade da função narrativa, pelo menos no campo cultural do ocidente? *c)* A partir de que limiar crítico os desvios mais extremos com relação a esse estilo de tradicionalidade imporiam a hipótese, não somente de uma ruptura com relação à tradição narrativa, mas de uma morte da própria função narrativa?

Nessa primeira investigação, a questão do tempo só está implicada marginalmente, por intermédio dos conceitos de *novação*, de *estabilidade*, de *declínio*, através dos quais tentamos caracterizar a *identidade* da função narrativa, sem ceder a nenhum essencialismo.

2. *Aprofundar* a noção de composição da intriga significa confrontar a inteligência narrativa, forjada pelo contato com as narrativas transmitidas por nossa cultura, com a racionalidade introduzida atualmente pela narratologia[4] e, particularmente,

---

4. Em sentido estrito, deveríamos chamar de narratologia a ciência das estruturas narrativas, sem considerar a distinção entre narrativa histórica e narrativa de ficção. Entretanto, segundo o uso contemporâneo do termo, a narratologia se concentra na narrativa de ficção, sem excluir algumas incursões no domínio da historiografia. É em função dessa repartição *de fato* dos papéis que confronto, aqui, a narratologia e a historiografia.

com a semiótica narrativa característica da abordagem estrutural. A disputa de prioridade entre inteligência narrativa e racionalidade semiótica, que seremos levados a julgar, tem um parentesco evidente com a discussão suscitada em nossa segunda parte pela epistemologia da historiografia contemporânea. De fato, é no mesmo nível de racionalidade que podem ser inseridos tanto a explicação nomológica, que certos teóricos da história pretenderam substituir à arte ingênua da narrativa, quanto o discernimento, em semiótica narrativa, de estruturas profundas da narrativa, diante das quais as regras de composição da intriga não constituiriam mais do que estruturas de superfície. A questão é saber se podemos dar a esse conflito de prioridade a mesma resposta dada no debate semelhante que diz respeito à história, a saber, que explicar mais significa entender melhor.

A questão do tempo está mais uma vez implicada, mas de maneira menos periférica do que acima: na medida em que a semiótica narrativa consegue conferir um estatuto *acrônico* às estruturas profundas da narrativa, põe-se a questão de saber se a mudança de nível estratégico operada por ela ainda permite fazer jus aos traços mais originais da temporalidade narrativa que caracterizamos na primeira parte como concordância discordante, cruzando as análises do tempo em Agostinho com a do *mŷthos* em Aristóteles. O destino da *diacronia* em narratologia será revelador das dificuldades que surgirão nesse segundo ciclo de questões.

3. *Enriquecer* a noção de composição da intriga e a de tempo narrativo que lhe é conexa significa ainda explorar os recursos da configuração narrativa que parecem próprios à narrativa de ficção. As razões desse privilégio da narrativa de ficção só aparecerão mais tarde, quando estivermos em condições de estabelecer o contraste entre tempo histórico e tempo de ficção com base numa fenomenologia da consciência temporal mais ampla que a de Agostinho.

Na expectativa do grande debate triangular entre o vivido, o tempo histórico e o tempo fictício, iremos nos apoiar na notável propriedade que tem a *enunciação* narrativa de apresentar, no próprio discurso, marcas específicas que a distinguem do *enunciado* das coisas narradas. Resulta daí, para o tempo, uma aptidão paralela de se desdobrar em tempo do ato de contar e tempo das coisas contadas. As discordâncias entre essas duas modalidades temporais não resultam mais da alternativa entre lógica acrônica e desenvolvimento cronológico, em cuja trama a discussão precedente sempre corria o risco de se deixar enclausurar. Essas discordâncias apresentam efetivamente aspectos não cronométricos que convidam a nelas decifrar uma dimensão original, *reflexiva* de certo modo, da distensão do tempo agostiniano, que o desdobramento entre enunciação e enunciado tem o privilégio de realçar na narrativa de ficção.

4. *Abrir para* fora a noção de composição da intriga e a noção de tempo que lhe é apropriada significa, finalmente, acompanhar o movimento de transcendência pelo qual toda obra de ficção, verbal ou plástica, narrativa ou lírica, projeta para fora de si mesma um mundo que pode ser chamado de *mundo da obra*. Assim, a epopeia, o drama, o romance projetam, ao modo da ficção, maneiras de habitar o mundo que ficam na expectativa de uma retomada pela leitura, capaz por sua vez de fornecer um espaço de confrontação entre o mundo do texto e o mundo do leitor. Os problemas de refiguração próprios à *mímesis* III só começam, estritamente falando, nessa e por essa confrontação. É por isso que a noção de mundo do texto nos parece ainda pertencer ao problema da configuração narrativa, apesar de ela preparar a transição de *mímesis* II para *mímesis* III.

Uma nova relação entre tempo e ficção corresponde a essa noção de mundo do texto. É, a nossos olhos, a mais decisiva. Não hesitamos em falar aqui, a despeito do evidente paradoxo da expressão, de *experiência fictícia do tempo*, para falar dos aspectos propriamente temporais do mundo do texto e das maneiras de habitar o mundo projetado fora de si mesmo pelo texto[5]. O estatuto dessa noção de experiência fictícia é muito pre-

---

5. Escolhemos consagrar-lhe três estudos de textos literários: *Mrs. Dalloway*, de Virginia Woolf, *Der Zauberberg*, de Thomas Mann, *À la recherche du temps perdu*, de Marcel Proust (cf. cap. IV).

cário: por um lado, com efeito, as maneiras temporais de habitar o mundo permanecem imaginárias, na medida em que existem somente no e pelo texto; por outro, constituem uma espécie de *transcendência na imanência*, que permite precisamente a confrontação com o mundo do leitor[6].

---

6. Minha interpretação do papel da leitura na experiência literária é semelhante à de Mario Valdés em *Shadows in the Cave. A Phenomenological Approach to Literary Criticism Based on Hispanic Texts*, Toronto, University of Toronto Press, 1982: "*In this theory, structure is completely subordinated to function and (...) the discussion of function shall lead us back ultimately into the reintegration of expression and experience in the intersubjective participation of readers across time and space*" (p. 15) [Nessa teoria, a estrutura está completamente subordinada à função e (...) a discussão sobre a função poderá acabar nos reconduzindo à reinterpretação da expressão e da experiência à participação intersubjetiva dos leitores no tempo e no espaço]. Aproximo-me igualmente da proposta central da obra de Jacques Garelli, *Le Recel et la Dispersion. Essai sur le champ de lecture poétique*, Paris, Gallimard, 1978.

1. AS METAMORFOSES DA INTRIGA

A primazia da *compreensão narrativa* na ordem epistemológica, como será defendida no próximo capítulo ante as ambições racionalistas da narratologia, só pode ser atestada e mantida se, em primeiro lugar, for-lhe atribuída uma amplitude tal que ela mereça ser considerada o original que a narratologia tem a ambição de simular. Ora, essa tarefa não é fácil: a teoria aristotélica da intriga foi concebida numa época em que apenas a tragédia, a comédia e a epopeia eram "gêneros" reconhecidos, dignos de suscitar a reflexão do filósofo. Novos tipos, porém, surgiram no próprio interior dos gêneros trágico, cômico ou épico, fazendo duvidar que uma teoria da intriga apropriada à prática poética dos antigos convenha ainda a obras tão novas como *Dom Quixote* ou *Hamlet*. Além disso, apareceram novos gêneros, principalmente o romance, que transformaram a literatura num imenso canteiro de experimentação, do qual todas as convenções admitidas foram cedo ou tarde banidas. Podemos então nos perguntar se a intriga não se tornou uma categoria de âmbito tão limitado e de reputação tão ultrapassada quanto o romance de intriga. Mais do que isso, a evolução da literatura não se limita a fazer aparecer novos tipos nos antigos gêneros e novos gêneros na constelação das formas literárias. Sua aventura parece levá-la a romper o próprio limite dos gêneros e a contestar o próprio princípio da *ordem* que é a raiz da ideia de intriga. O que está em questão hoje é a própria relação entre essa ou aquela obra singular e todo paradigma preestabelecido[1]. A intriga não estaria desaparecendo do horizonte literário, ao mesmo tempo que se apagam os próprios contornos da distinção mais fundamental entre todos os modos de composição, a da composição mimética? É pois urgente pôr à prova a capacidade de metamorfose da intriga, para além de sua esfera primeira de aplicação na *Poética* de Aristóteles, e identificar o limite para além do qual o conceito perde todo valor discriminante.

Essa investigação da circunscrição na qual o conceito de intriga permanece válido encontra um guia na análise que foi proposta de *mímesis* II ao longo da primeira parte desta obra[2]. Essa análise contém regras de generalização do conceito de intriga que cabe agora explicitar[3].

1. Para além do mŷthos trágico

Em primeiro lugar, a composição da intriga foi definida, no plano mais *formal*, como um dinamismo integrador que tira uma história una e completa *de* uma diversidade de incidentes, ou seja, transforma essa diversidade *em* uma história una e completa. Essa definição formal abre o campo para transformações regradas que merecem ser chamadas intrigas enquanto puderem ser discernidas totalidades temporais que ope-

---

1. O termo paradigma é aqui um conceito que remete à inteligência narrativa de um leitor competente. É quase um sinônimo de regra de composição. Escolhi-o como termo geral para abarcar os três níveis: o dos princípios mais *formais* de composição, o dos princípios *genéricos* (o gênero trágico, o gênero cômico etc.) e, finalmente, o dos *tipos* mais específicos (a tragédia grega, a epopeia céltica etc.). Seu contrário é a *obra* singular, considerada na sua capacidade de inovação e de desvio. Tomado nesse sentido, o termo paradigma não deve ser confundido com o par paradigmático e sintagmático que remete à racionalidade semiótica simulando a inteligência narrativa.
2. *Tempo e narrativa*, vol. 1, pp. 112-22.
3. Devemos ser gratos a Robert Scholes e Robert Kellogg, in *The Nature of Narrative* (Oxford University Press, 1966), por terem precedido seu estudo das categorias narrativas, entre as quais a intriga (*plot*), de um panorama das tradições narrativas arcaicas, antigas, medievais etc., até os tempos modernos.

ram uma síntese do heterogêneo entre circunstâncias, objetivos, meios, interações, resultados desejados ou não. Assim, um historiador como Paul Veyne pôde atribuir a uma noção da intriga consideravelmente ampliada a função de integrar componentes da mudança social tão abstratos quanto os que foram assinalados pela história não factual e mesmo pela história serial. A literatura deve poder apresentar expansões de igual amplitude. O espaço de jogo é aberto pela hierarquia dos paradigmas acima evocados: tipos, gêneros e formas. Podemos formular a hipótese de que as metamorfoses da intriga consistem em investimentos sempre novos do princípio formal de *configuração temporal* em gêneros, tipos e obras singulares inéditos.

É no domínio do romance moderno que a pertinência do conceito de composição da intriga deve, ao que parece, ser mais contestado. O romance moderno, efetivamente, anuncia-se desde o nascimento como o gênero proteiforme por excelência. Chamado a responder a uma demanda social nova e rapidamente mutável[4], foi logo subtraído ao controle paralisante dos críticos e censores. Ora, foi ele que constituiu, durante ao menos três séculos, um prodigioso canteiro de experimentação no domínio da composição e da expressão do tempo[5].

O obstáculo maior do qual o romance deveria inicialmente se esquivar e que, depois, deveria francamente contornar, era uma concepção da intriga duplamente errônea. Primeiro, porque era simplesmente transposta de dois gêneros já constituídos, a epopeia e o drama; segundo, porque a arte clássica, principalmente na França, tinha imposto a esses dois gêneros uma versão mutilada e dogmática das regras da *Poética* de Aristóteles. Basta evocar, por um lado, a interpretação limitativa e

---

4. O caso do romance inglês é particularmente notável. Cf. Jan Watt, *The Rise of the Novel. Studies in Defoe, Richardson and Fielding*, Londres, Chatto and Windus, 1957, University of California Press, 1957, 1959. O autor descreve a relação entre a ascensão do romance e a de um novo público de leitores, assim como o surgimento de uma nova necessidade de expressão para a experiência privada. São problemas que reencontraremos na quarta parte, quando avaliaremos o lugar da *leitura* no percurso de sentido da obra narrativa.

5. A. A. Mendilow, *Time and the Novel*, Londres e Nova York, Peter Nevill, 1952; 2.ª ed., Nova York, Humanities Press, 1972.

impositiva da regra de unidade de tempo, como acreditavam lê-la no capítulo VII da *Poética*, e, por outro, a obrigação estrita de começar *in media res*, como Homero na *Odisseia*, e depois recuar, para explicar a situação presente, e isso a fim de distinguir claramente a narrativa literária da narrativa histórica, supostamente obrigada a seguir o curso do tempo, conduzir seus personagens sem interrupção do nascimento até a morte e preencher com a narração todos os intervalos da duração.

Sob a vigilância dessas regras, fixadas em meticulosa didática, a intriga só podia ser concebida como uma forma facilmente legível, fechada em si mesma, simetricamente disposta de ambos os lados de um ponto culminante, repousando em uma ligação causal fácil de identificar entre o nó e o desfecho, enfim, como uma forma em que os episódios respeitariam claramente a configuração.

Um corolário importante dessa concepção estreita da intriga contribuiu para o desconhecimento do princípio formal da composição da intriga: enquanto Aristóteles subordinava os caracteres à intriga, considerada o conceito abrangente com relação aos incidentes, aos caracteres e aos pensamentos, vemos, com o romance moderno, a noção de caráter libertar-se da noção de intriga e, depois, fazer-lhe concorrência e mesmo eclipsá-la totalmente.

Essa revolução encontra importantes razões na história do gênero. De fato, é na rubrica do caráter que podemos colocar três expansões notáveis do gênero romanesco.

Em primeiro lugar, explorando a trilha do romance picaresco, o romance estende consideravelmente a *esfera social* na qual a ação romanesca se desenrola. Não são mais os altos feitos ou malfeitos de personagens lendários ou célebres, mas as aventuras de homens ou mulheres comuns que se deve retraçar.

O romance inglês do século XVIII mostra essa invasão da literatura pelas pessoas do povo. Ao mesmo tempo, a história contada parece pender para o lado do episódico, pelas interações que ocorrem num tecido social singularmente mais diferenciado, pelas incontáveis imbricações do tema dominante, o amor, com o dinheiro, a reputação, os códigos sociais e morais, enfim, por uma *práxis* infinitamente ágil (cf. Hegel sobre *Le*

Neveu de Rameau [*O sobrinho de Rameau*] na *Phänomenologie des Geistes* [*Fenomenologia do espírito*]).

A segunda expansão do caráter, aparentemente em detrimento da intriga, é ilustrada pelo *romance de formação*[6], que atinge seu ponto culminante com Schiller e Goethe e se prolonga até os primeiros trinta anos do século XX. Tudo parece girar em torno do conhecimento de si do personagem central. Inicialmente, é a conquista de sua maturidade que fornece a trama da narrativa; depois, são cada vez mais suas dúvidas, sua confusão, sua dificuldade de se situar e de se integrar que regem os caminhos do tipo. Mas, ao longo de todo esse desenvolvimento, o que é essencialmente pedido à história narrativa é entrelaçar complexidade social e complexidade psicológica. Essa nova amplificação provém diretamente da precedente. Na idade de ouro do romance do século XIX, de Balzac a Tolstoi, a técnica romanesca antecipara-a, tirando todos os recursos de uma fórmula narrativa bastante antiga, que consiste em aprofundar um caráter contando mais sobre ele e em tirar da riqueza de um caráter a exigência de uma maior complexidade episódica. Nesse sentido, caráter e intriga condicionam-se mutuamente[7].

---

6. Robinson Crusoé, sem igualar-se a personagens do porte de Dom Quixote, de Fausto ou de Don Juan – heróis míticos do homem moderno do Ocidente –, pode ser considerado o herói precursor do romance de formação: posto numa condição de solidão sem paralelo na vida real, movido exclusivamente pela preocupação com o lucro e pelo critério da utilidade, torna-se o herói de uma busca na qual seu isolamento perpétuo opera como a *némesis* secreta de seu aparente triunfo sobre as adversidades. Eleva, assim, ao nível de paradigma, a solidão, considerada o estado universal do homem. Ora, longe de o caráter se libertar da intriga, podemos dizer que a engendra; o tema do romance, o que acabamos de chamar de a busca do herói, reintroduz um princípio de ordem mais sutil que as intrigas convencionais do passado. Dessa perspectiva, tudo o que distingue a obra-prima de Defoe de uma simples narrativa de viagem e de aventura e a coloca no espaço novo do romance pode ser atribuído à emergência de uma configuração em que a "fábula" é tacitamente regida por seu "tema" (para fazer alusão à tradução do *mythos* aristotélico por *"fable and theme"* em Northrop Frye).

7. Esse desenvolvimento simultâneo das duas espirais do caráter e da ação não é de modo algum um procedimento novo. Frank Kermode, em *The Genesis of Secrecy: On the Interpretation of Narrative* (Cambridge, Mass., Harvard Uni-

Uma nova fonte de complexidade apareceu, principalmente no século XX, com o romance do *fluxo de consciência*, maravilhosamente ilustrado por Virginia Woolf. Estudaremos mais adiante uma obra capital do ponto de vista da percepção do tempo[8]: o que agora interessa é o inacabamento da personalidade, a diversidade dos níveis de consciência, de subconsciência e de inconsciência, o fervilhar dos desejos não formulados, o caráter incoativo e evanescente das formações afetivas. A noção de intriga parece estar aqui definitivamente abalada. Pode-se ainda falar de intriga, quando a exploração dos abismos da consciência parece revelar a impotência da própria linguagem em se reunir e tomar forma?

Nada, contudo, nessas expansões sucessivas do caráter em detrimento da intriga escapa ao princípio *formal* de configuração e, assim, ao conceito da composição da intriga. Eu até ousaria dizer que nada nos faz sair da definição aristotélica de *mŷthos* como "imitação de uma ação". Com o campo da intriga, é também o campo da ação que se expande. Por ação, devemos poder entender mais que a conduta dos protagonistas produzindo mudanças visíveis da situação, reviravoltas de fortuna, o que poderíamos chamar de o destino externo das pessoas. É também ação, num sentido mais amplo, a transformação moral de um personagem, seu crescimento e sua educação, sua iniciação à complexidade da vida moral e afetiva. Derivam finalmente da ação, num sentido mais sutil ainda, mudanças puramente interiores que afetam o próprio curso temporal das sensações, das emoções, eventualmente no plano menos premeditado, menos consciente, que a introspecção pode atingir.

---

versity Press, 1979), mostra-o em ação no enriquecimento, de um Evangelho a outro, do caráter de Judas e, correlativamente, no enriquecimento dos detalhes dos acontecimentos narrados. Antes dele, Auerbach já mostrara, em *Mímesis*, a que ponto os personagens bíblicos, Abraão, o apóstolo Pedro, diferem dos personagens homéricos: enquanto os últimos são descritos num único plano e sem profundidade, os primeiros são plenos de segundos planos e, portanto, suscetíveis de desenvolvimentos narrativos.

8. *À la recherche du temps perdu*, obra à qual consagraremos também um desenvolvimento, pode ser considerada ao mesmo tempo um romance de formação e um romance do fluxo de consciência. Cf., mais adiante, pp. 227-65.

O conceito de imitação de ação pode portanto ser ampliado para além do "romance de ação", no sentido estrito da palavra, e incluir o "romance de caráter" e o "romance de pensamento", em nome do poder abrangente da *intriga* com relação às categorias rigorosamente definidas de incidente, de personagem (ou de caráter) e de pensamento. A esfera delimitada pelo conceito de *mímesis práxeos* se estende até onde se estende a capacidade da narrativa de "apresentar" seu objeto por estratégias narrativas que engendram totalidades singulares capazes de produzir um "prazer próprio" por um jogo de inferências, de expectativas e de respostas emocionais, pelo lado do leitor. Nesse sentido, o romance moderno nos ensina a expandir a noção de ação imitada (ou representada) até o ponto em que podemos dizer que um princípio *formal* de composição preside à reunião das mudanças suscetíveis de afetar seres semelhantes a nós, individuais ou coletivos, seres dotados de um nome próprio, como no romance moderno do século XIX, ou simplesmente designados por uma inicial (K...), como em Kafka, até seres no limite inomináveis, como em Beckett.

Portanto, a história do gênero romance não nos impõe, de modo algum, renunciar ao termo intriga para designar o correlato da inteligência narrativa. Contudo, não devemos limitar-nos a essas considerações históricas sobre a extensão do gênero romanesco para entender o que pôde passar por uma derrocada da intriga. Há uma razão mais dissimulada para a redução do conceito de intriga a simples fio condutor da história, a esquema ou a resumo dos incidentes. Se a intriga, reduzida a esse esqueleto, pôde parecer uma injunção exterior, artificial mesmo e até arbitrária, foi porque, desde o nascimento do romance e até o fim de sua idade de ouro, no século XIX, um problema mais urgente que o da arte de compor ocupou o primeiro plano: a *verossimilhança*. A substituição de um problema pelo outro foi facilitada pelo fato de a conquista da verossimilhança ter sido feita sob a bandeira da luta contra as "convenções", a começar contra o que se entendia por intriga, com referência à epopeia, à tragédia e à comédia em suas formas antiga, elisabetana ou clássica (no sentido francês da palavra). Lutar contra as convenções e em prol da verossimilhança constituía assim uma única e mesma batalha. Foi essa preocupação de agir conforme a verdade, no sentido de ser fiel à realidade, de igualar a arte à vida, que mais contribuiu para ocultar os problemas de composição narrativa.

E, contudo, esses problemas não tinham sido abolidos: só tinham sido deslocados. Basta pensar na variedade dos procedimentos romanescos postos em ação na aurora do romance inglês para satisfazer ao propósito de pintar a vida na sua verdade cotidiana. Assim, Defoe, em *Robinson Crusoé*, recorre à pseudoautobiografia, imitando inúmeros diários, memórias, autobiografias autênticas redigidos na mesma época por homens educados na disciplina calvinista do exame cotidiano da consciência. Depois dele, Richardson, em *Pamela* e em *Clarissa*, acredita poder descrever com mais fidelidade a experiência privada – por exemplo, os conflitos entre o amor romântico e a instituição do casamento – recorrendo a um procedimento artificial como a troca epistolar[9], a despeito de suas evidentes desvantagens: fraco poder seletivo, invasão da insignificância e da verborragia, estagnação e repetição. Mas, aos olhos de um romancista como Richardson, as vantagens eram indiscutivelmente maiores. Fazendo sua heroína escrever no ato, o romancista podia dar a impressão de uma proximidade extrema entre a escrita e o sentimento. Além disso, o recurso ao tempo presente contribuía para transmitir essa impressão de imediatez, propiciando a transcrição quase simultânea dos sentimentos experimentados e de suas circunstâncias. Simultaneamente, eram eliminadas as dificuldades insolúveis da pseudoautobiografia,

---

9. De *Pamela* a *Clarissa*, vemos mesmo o procedimento epistolar se refinar: em vez de uma correspondência simples, como no primeiro romance, entre a heroína e seu pai, *Clarissa* tece simultaneamente duas trocas de cartas, entre a heroína e sua confidente e entre o herói e seu confidente. O desenrolar paralelo de duas correspondências atenua as desvantagens do gênero pela multiplicação dos pontos de vista. Pode-se perfeitamente chamar de intriga essa sutil combinação epistolar que alterna a visão feminina e a visão masculina, a contenção e a volubilidade, a lentidão dos desenvolvimentos e o ímpeto dos episódios violentos. O autor, tão consciente quanto senhor de sua arte, pôde se vangloriar de não haver nenhuma digressão em sua obra que não procedesse do assunto e não contribuísse para ele, o que define *formalmente* a intriga.

entregue unicamente aos recursos de uma memória inverossímil. Finalmente, o procedimento permitia que o leitor partilhasse a situação psicológica pressuposta pelo próprio recurso à troca epistolar, a saber, a sutil mistura de contenção e expansão que ocupa a alma de quem decide confiar à pena a expressão de seus sentimentos íntimos – que corresponde, pelo lado do leitor, a uma mistura não menos sutil entre a indiscrição de um olhar através do buraco da fechadura e a impunidade de uma leitura solitária.

O que provavelmente impediu esses romancistas de refletir sobre o artifício das convenções, que era o preço a pagar por sua busca do verossímil, foi a convicção que tinham em comum com os filósofos empiristas da linguagem, de Locke a Reid: a convicção de que a linguagem pode ser purgada de todo elemento figurativo, considerado puramente decorativo, e reduzida à sua vocação primeira, que é, segundo Locke, "transmitir o conhecimento das coisas" (*to convey the knowledge of things*). Essa confiança na função espontaneamente referencial da linguagem, reduzida a seu uso literal, não é menos importante que a vontade de reduzir o pensamento conceitual à sua suposta origem na experiência do particular. Na verdade, essa vontade não poderia existir sem aquela confiança: afinal, como apresentar pela linguagem a experiência do particular, se a linguagem não pode ser reduzida à pura referencialidade ligada à sua suposta literalidade?

É fato que, transposto para o domínio literário, esse retorno à experiência e à linguagem simples e direta levou à criação de um gênero novo[10], definido pelo propósito de estabelecer a

---

10. Não por acaso o romance inglês foi chamado de *novel*. Mendilow e Watt citam declarações surpreendentes de Defoe, Richardson e Fielding que atestam sua convicção de inventar um gênero literário inédito, no sentido próprio do termo. Do mesmo modo, a palavra original, que na Idade Média denotava o que existiu desde o início, passa a significar o que é não derivado, independente, de primeira mão, em suma, "*novel or fresh in character or style*" [novo ou recente em caráter ou estilo] (Jan Watt).

A história contada deverá ser nova e os personagens, seres particulares colocados em circunstâncias particulares. Não é exagerado ligar a essa confiança na língua simples e direta a escolha, evocada acima, por personagens de baixa

mais exata correspondência possível entre a obra literária e a realidade que ela imita. Implícita a esse projeto, está a redução da *mímesis* à imitação-cópia, em um sentido totalmente estranho à *Poética* de Aristóteles. Não é de espantar, então, que nem a pseudoautobiografia nem a fórmula epistolar tenham verdadeiramente colocado um problema a seus usuários. A memória não é suspeita de falsificação, quer o herói conte depois do acontecimento ou se expresse no ato. Até mesmo em Locke e Hume ela é o suporte da causalidade e da identidade pessoal. Assim, considera-se que apresentar a textura da vida cotidiana, na sua mais íntima proximidade, é uma tarefa acessível e, afinal, não problemática.

Não deixa de ser um grande paradoxo o fato de ter sido a reflexão sobre o caráter altamente *convencional* do discurso romanesco assim estabelecido que tenha levado, em seguida, à reflexão sobre as condições formais da própria ilusão de proximidade e, exatamente por isso, ao reconhecimento do estatuto fundamentalmente *fictício* do próprio romance. No final das contas, a transcrição instantânea, espontânea e sem artifícios da experiência, na literatura epistolar, não é menos convencional que a compilação do passado por uma memória supostamente infalível, como no romance pseudoautobiográfico. Com efeito, o gênero epistolar supõe ser possível transferir pela escrita, sem perda de potência persuasiva, a força de representação ligada à palavra viva ou à ação cênica. À crença, exprimida por Locke, no valor referencial direto da linguagem desprovida de ornamentos e figuras, soma-se a crença na autoridade da coisa impressa que, na ausência da voz viva, a substituiria[11]. Talvez fosse necessário, num primeiro tempo, que o propósito

---

extração, dos quais Aristóteles dissera não serem nem melhores nem piores do que nós, mas semelhantes a nós. Deve-se também considerar um corolário da vontade de fidelidade à experiência o abandono das intrigas tradicionais, extraídas do tesouro da mitologia, da história ou da literatura anterior, e a invenção de personagens sem passado lendário, de histórias sem tradição anterior.

11. Sobre esse curto-circuito entre o íntimo e o impresso, e sobre a incrível ilusão de identificação entre o herói e o leitor que daí resulta, cf. Jan Watt, *The Rise of the Novel, op. cit.*, pp. 196-7.

declarado de ser verossímil fosse confundido com o de "representar" a realidade da vida, para que se apagasse uma concepção estreita e artificial da intriga e para que, num segundo tempo, os problemas de composição fossem trazidos para o primeiro plano por uma reflexão sobre as condições formais de uma representação verídica. Em outras palavras, talvez fosse necessário banir as convenções em nome do verossímil para se descobrir que o preço a pagar é um maior refinamento na composição e, portanto, a invenção de intrigas cada vez mais complexas e, nesse sentido, sempre mais afastadas do real e da vida[12]. Apesar dessa suposta astúcia da razão na história do gênero romanesco, permanece o paradoxo de ter sido o refinamento da técnica narrativa, suscitado pela preocupação com a fidelidade à realidade cotidiana, que tenha chamado a atenção para aquilo que Aristóteles chamava, em sentido amplo, imitação de uma ação pelo ordenamento dos fatos em uma intriga. Quantas convenções, quantos artifícios não são acaso necessários para escrever a vida, ou seja, para dela compor, pela escrita, um simulacro persuasivo?

---

12. Na história do romance inglês, *Tom Jones*, de Fielding, ocupa um lugar excepcional. Se foi durante muito tempo preterido por *Pamela* ou *Clarissa*, de Richardson, foi por terem encontrado nestes últimos um retrato mais elaborado dos caracteres, em detrimento da intriga no sentido restrito do termo. A crítica moderna restitui a *Tom Jones* uma certa preeminência, em razão do tratamento muito elaborado que dá à estrutura narrativa, do ponto de vista do jogo entre o tempo que se leva para narrar e o tempo narrado. A ação central é relativamente simples, mas subdividida em uma série de unidades narrativas relativamente independentes e de tamanho diferente, dedicadas a episódios separados por intervalos mais ou menos longos e que envolvem, por sua vez, lapsos de tempo muito variáveis: no total, três grupos com seis subconjuntos constituindo oito volumes e vinte capítulos. Colocavam-se consideráveis problemas de composição, exigindo uma grande variedade de procedimentos, mudanças incessantes, contrapontos surpreendentes. Não por acaso Fielding foi mais sensível à continuidade entre o romance e as formas antigas da tradição narrativa que Defoe e Richardson, que desdenhavam a epopeia de origem homérica, tendo considerado o romance uma "epopeia cômica em prosa". Jan Watt, que cita essa fórmula, aproxima-a do comentário de Hegel, na *Estética*, segundo o qual o romance seria uma manifestação do espírito da epopeia influenciada por um conceito moderno e prosaico da realidade (*The Rise of the Novel*, op. cit., p. 239).

De fato, é um grande paradoxo – que só será plenamente exposto na nossa meditação sobre o vínculo entre configuração e refiguração – que o império das convenções tenha tido de aumentar na mesma proporção da ambição representativa do romance, durante seu mais longo período, o realismo romanesco. Nesse sentido, as três etapas grosseiramente definidas acima – romance de ação, romance de caráter, romance de pensamento – balizam uma dupla história: a da conquista de novas regiões pelo princípio formal de configuração, mas também a da descoberta do caráter cada vez mais convencional da aventura. Essa segunda história, essa história em contraponto, é a da tomada de consciência do romance como *arte da ficção*, segundo o famoso título de Henry James.

Numa primeira fase, a vigilância formal permanece subordinada à motivação realista que a engendrou; fica até mesmo dissimulada sob a intenção representativa. A verossimilhança ainda é uma província do verdadeiro, sua imagem e semelhança. É mais verossímil o que considera mais acuradamente o familiar, o comum, o cotidiano, por oposição ao maravilhoso da tradição épica e ao sublime do drama clássico. A sorte da intriga se decide então nesse esforço quase desesperado de aproximar assintoticamente o artifício da composição romanesca de um real que se esquiva à proporção que se multiplicam suas exigências formais de composição. Tudo se passa como se apenas convenções cada vez mais complexas pudessem igualar o natural e o verdadeiro; e como se a complexidade crescente dessas convenções fizesse recuar para um horizonte inacessível o próprio real que a arte ambiciona igualar e "representar". Por isso, o apelo ao verossímil não podia ocultar durante muito tempo o fato de a verossimilhança não ser apenas símile do verdadeiro, mas simulação do verdadeiro. Diferença sutil que se transformaria em abismo. À medida, efetivamente, que o romance se conhece melhor como arte da ficção, a reflexão sobre as condições formais da produção dessa ficção entra em competição aberta com a motivação realista por trás da qual inicialmente se dissimulara. A idade de ouro do romance no século XIX pode ser caracterizada por um equilíbrio precário entre a intenção cada vez mais fortemente afirmada de fidelidade à realidade e a consciência cada vez mais aguda do artifício de uma composição bem-sucedida.

Esse equilíbrio viria um dia a ser rompido. Se, efetivamente, o verossímil é apenas a simulação do verdadeiro, o que seria a ficção, sob o regime dessa simulação, se não a habilidade de um fazer-acreditar, graças ao qual o artifício é *considerado* um testemunho autêntico da realidade e da vida? A arte da ficção se desvela então como arte da ilusão. A partir desse momento, a consciência do artifício minará por dentro a motivação realista, até se voltar contra ela e destruí-la.

Atualmente, ouvimos dizer que apenas um romance sem intriga, sem personagem e sem organização temporal discernível é mais autenticamente fiel a uma experiência em si mesma fragmentada e inconsistente do que o romance tradicional do século XIX. Mas, então, a defesa de uma ficção fragmentada e inconsistente não se justifica mais do que, em outros tempos, a defesa da literatura naturalista. O argumento de verossimilhança foi simplesmente deslocado: antes, era a complexidade social que exigia o abandono do paradigma clássico; hoje, é a suposta incoerência da realidade que requer o abandono de todo e qualquer paradigma. Assim, a literatura, somando ao caos da realidade o caos da ficção, reduz a *mímesis* à sua mais débil função, a de replicar ao real copiando-o. Por sorte, o paradoxo permanece o mesmo: é multiplicando os artifícios que a ficção sela sua capitulação.

Podemos então nos perguntar se o paradoxo inicial não se inverteu: no início, era a intenção representativa que motivava a convenção. No final do percurso, é a consciência da ilusão que subverte a convenção e motiva o esforço para se libertar de todo paradigma. A questão dos limites e, talvez, a do esgotamento das metamorfoses da intriga surgem dessa inversão.

2. Perenidade: uma ordem dos paradigmas?

A discussão precedente versou sobre a capacidade de expansão do princípio formal de figuração por intriga, para além de sua exemplificação primeira na *Poética* de Aristóteles. A demonstração exigiu um certo recurso à história literária, especificamente à do romance. Isso significa que a história literária poderia substituir a crítica? Na minha opinião, a crítica não pode identificar-se com ela nem ignorá-la. Não pode eliminá-la, porque é a familiaridade com as obras, tal como surgiram na sucessão das culturas de que somos os herdeiros, que instrui a inteligência narrativa, antes que a narratologia construa o simulacro intemporal delas. Nesse sentido, a inteligência narrativa retém, integra e recapitula sua própria história. A crítica, contudo, não pode se limitar a registrar, na sua pura contingência, o nascimento das obras singulares. Sua função específica é discernir um estilo de desenvolvimento, uma ordem em movimento, que transforma essa sequência de acontecimentos numa herança significativa. O empreendimento merece ao menos ser tentado, se é verdade que a função narrativa já tem uma inteligibilidade própria, antes que a racionalidade semiótica se ponha a rescrever-lhe as regras. No capítulo programático da primeira parte, propus comparar essa inteligibilidade pré-racional com a do esquematismo, do qual procedem, segundo Kant, as regras do entendimento categorial. Mas esse esquematismo não é intemporal. Ele próprio procede da sedimentação de uma prática que tem uma história específica. É essa sedimentação que dá ao esquematismo o estilo histórico único que chamei de tradicionalidade.

A tradicionalidade é o fenômeno, irredutível a qualquer outro, que permite que a crítica se mantenha a meio caminho entre a contingência de uma simples história dos "gêneros", dos "tipos" ou das "obras" singulares que fazem parte da função narrativa e uma eventual lógica dos possíveis narrativos que escaparia a toda história. A ordem que pode surgir dessa autoestruturação da tradição não é nem histórica nem a-histórica, mas trans-histórica, no sentido de atravessar a história de um modo mais cumulativo que simplesmente aditivo. Mesmo que a ordem comporte rupturas, mudanças repentinas de paradigmas, esses próprios cortes não são simplesmente esquecidos; tampouco fazem esquecer o que os precede e aquilo de que nos separam: também fazem parte do fenômeno de tradição e de seu estilo cumulativo[13]. Se o fenômeno de tradição não comportasse essa potência de ordem, tampouco seria possível apreciar os fenômenos de distanciamento que iremos considerar na próxima seção, nem colocar a questão da morte da arte narrativa pelo esgotamento de seu dinamismo formador. Esses dois fenômenos, o distanciamento e a morte, são somente o avesso do problema que colocamos agora: o de uma ordem dos paradigmas, no nível do esquematismo da inteligência narrativa e não da racionalidade semiótica.

Foi essa consideração que me ligou à *Anatomia da crítica* de Northrop Frye[14]. A teoria dos *modos* que lemos no seu primeiro Ensaio e mais ainda a dos *arquétipos* que lemos no terceiro Ensaio são incontestavelmente sistemáticas. Mas a sistematicidade operante nesse caso não é do mesmo grau que a racionalidade característica da semiótica narrativa. Pertence ao esquematismo da inteligência narrativa na sua tradicionalidade. Visa somente extrair uma tipologia dessa esquematização sempre em via de formação. Por isso, não pode se apoiar em sua coerência ou em suas virtudes dedutivas, mas somente em sua capacidade de considerar, por um processo indutivo aberto, o maior número possível de obras incluídas em nossa herança cultural. Já tentei, em outro escrito[15], uma reconstrução da *Anatomia da crítica*, que ilustra a tese segundo a qual o sistema das configurações narrativas proposto por Northrop Frye subsume-se ao esquematismo trans-histórico da inteligência narra-

---

13. Nesse sentido, nem a noção de mudança de paradigma segundo Kuhn nem a de corte epistemológico segundo Foucault contradizem de forma radical uma análise da tradição segundo Gadamer. Os cortes epistemológicos se tornariam insignificantes – no sentido próprio do termo – se não caracterizassem o próprio estilo da tradicionalidade, a maneira única como ela se autoestruturou. É no modo do corte que ainda estamos submetidos à eficácia da história, segundo a forte expressão *Wirkungsgeschichte* de Gadamer, que será discutida isoladamente na quarta parte.
14. Northrop Frye, *The Anatomy of Criticism, Four Essays*, Princeton University Press, 1957.
15. "Anatomy of Criticism or the Order of Paradigms", in *Center and Labyrinth. Essays in Honour of Northrop Frye*, Toronto, Buffalo, Londres, University of Toronto Press, 1983, pp. 1-13.

tiva, e não à racionalidade a-histórica da semiótica narrativa. Cito aqui os fragmentos que convêm à minha demonstração.

Consideremos inicialmente a teoria dos *modos*, que corresponde mais exatamente ao que chamo aqui de esquematismo narrativo: entre esses modos, vamos nos deter naqueles que o autor chama de modos *ficcionais*, para distingui-los dos modos *temáticos*, no sentido de que eles só concernem às relações estruturais internas à fábula, excluindo seu conteúdo[16]. A distribuição dos modos ficcionais é feita em função de um critério de base, a saber, o poder de ação do herói, que pode ser, como lemos na *Poética* de Aristóteles, maior que o nosso, menor que o nosso ou comparável ao nosso.

Frye aplica esse critério em dois planos paralelos prévios, o plano do trágico e o do cômico, que não são modos propriamente ditos, mas classes de modos. Nos modos trágicos, o herói é isolado da sociedade (a isso corresponde uma distância estética comparável do lado do espectador, como vemos nas emoções "depuradas" de temor e piedade); nos modos cômicos, o herói é reincorporado à sociedade. É pois nos dois planos, o plano do trágico e o do cômico, que Frye aplica o critério dos graus de poder da ação. Distingue assim em cada um deles cinco modos, divididos em cinco colunas. Na primeira coluna, a do mito, o herói é superior a nós por natureza (*in kind*): os mitos são em geral as histórias dos deuses; no plano do trágico, temos os mitos dionisíacos, que celebram os deuses moribundos; no plano do cômico, temos os mitos apolíneos, em que o herói divino é recebido na sociedade dos deuses. Na segunda coluna, a do maravilhoso (*romance*), a superioridade do herói não é mais de natureza, mas de grau com relação aos outros homens e ao meio ambiente deles: a essa categoria pertencem os contos e as lendas; no plano trágico, temos a narrativa maravilhosa de tom elegíaco: morte do herói, morte do santo

---

16. O paralelismo entre modos ficcionais e modos temáticos é garantido pela ligação entre *mŷthos* e *diánoia* na *Poética* de Aristóteles, completada pelo tratado de Longino sobre o Sublime. "Fable and theme" considerados juntos constituem a história contada (*story*), enquanto a *diánoia* designa *"the point of the story"*.

mártir etc. – a isso corresponde, do lado do auditor, uma qualidade especial de temor e de piedade apropriada ao maravilhoso; no plano cômico, temos a narrativa maravilhosa de tom idílico: a pastoral, o *western*. Na terceira coluna, a do mimético elevado (*high mimetic*), o herói é superior apenas aos outros homens, não ao meio ambiente deles, como vemos na epopeia e na tragédia; no plano trágico, o poema celebra a queda do herói: a *catarse* que lhe corresponde recebe da *harmatía* trágica sua nota específica de piedade e de temor; no plano cômico, temos a comédia antiga de Aristófanes: respondemos ao ridículo com uma mescla de simpatia e de riso punitivo. Na quarta coluna, a do mimético baixo, o herói não é mais superior nem ao seu meio nem aos outros homens: é igual a eles; no plano trágico, encontramos o herói patético, isolado exterior e interiormente, desde o impostor (*alazón*) até o "filósofo" obcecado por si mesmo, ao modo de Fausto ou Hamlet; no plano cômico, temos a comédia nova de Menandro, a intriga erótica, baseada em encontros fortuitos e reconhecimentos, a comédia doméstica, o romance picaresco que conta a ascensão social do pilantra; é aqui que devemos colocar a ficção realista descrita no parágrafo precedente. Na quinta coluna, a da ironia, o herói é inferior a nós em poder e em inteligência: nós o olhamos de cima; pertence ao mesmo modo o herói que finge parecer inferior ao que é na verdade, que se esforça em dizer menos para significar mais; no plano trágico, temos toda uma coleção de modelos que respondem de maneira variada às vicissitudes da vida com um humor desprovido de paixão e que se prestam ao estudo do isolamento trágico como tal: o leque é amplo, desde o *pharmakós* ou vítima expiatória, passando pelo herói da condenação inevitável (Adão, na narrativa do Gênese, o senhor K., no *Processo* de Kafka), até a vítima inocente (o Cristo dos Evangelhos e, próximo a ele, entre a ironia do inevitável e a ironia do impertinente, Prometeu); no plano da comédia, temos o *pharmakós* expulso (Shylock, Tartufo), o cômico punitivo, que só não desemboca no linchamento pela barreira do jogo, e todas as paródias da ironia trágica, cujos recursos diversos são explorados pelo romance policial ou pelo romance de ficção científica.

Duas teses anexas corrigem a aparente rigidez taxionômica de tal classificação. De acordo com a primeira, a ficção, no Ocidente, não para de deslocar seu centro de gravidade de cima para baixo, ou seja, do herói divino para o herói da tragédia e da comédia irônica, incluindo a paródia da ironia trágica. Essa lei de descida não é forçosamente uma lei de decadência, se considerarmos sua contrapartida. Inicialmente, à medida que diminui o sagrado da primeira coluna e o maravilhoso da segunda, vemos aumentar a tendência mimética, sob a forma do mimético elevado, depois do mimético baixo, e ampliarem-se os valores de plausibilidade, depois de verossimilhança (pp. 69-70). Destacamos aqui um aspecto importante de nossa análise anterior sobre a relação entre convenção e verossimilhança. Além disso, com a diminuição do poder do herói, os valores da ironia se liberam e ganham livre curso. Em certo sentido, a ironia está potencialmente presente desde que haja um *mŷthos* em sentido amplo: efetivamente, todo *mŷthos* implica "um retiro irônico para fora do real". Isso explica a aparente ambiguidade do termo mito: no sentido de mito sagrado, o termo designa a legião de heróis superiores a nós em todos os aspectos; no sentido aristotélico de *mŷthos*, abrange todo o império da ficção. Os dois sentidos estão interligados pela ironia. A ironia inerente ao *mŷthos* aparece então ligada ao conjunto dos modos ficcionais. Está implicitamente presente em todo *mŷthos*, mas só se torna um "modo distinto" em razão do declínio do mito sagrado. É a esse preço que a ironia constitui um "modo final", segundo a lei de descida evocada acima. Essa primeira tese anexa introduz, como vemos, uma orientação na taxionomia.

De acordo com a segunda tese, a ironia reporta, de uma maneira ou outra, ao mito (pp. 59-60; pp. 66-7). Northrop Frye anseia surpreender, no último grau da escala da comédia irônica, através da ironia do *pharmakós*, do inevitável ou do impertinente, um sinal de retorno ao mito, sob a forma do que ele chama de "mito irônico".

Essa orientação da taxionomia, de acordo com a primeira tese, assim como sua circularidade, de acordo com a segunda, definem o estilo da tradicionalidade europeia e ocidental, segundo Northrop Frye. Na verdade, essas duas regras de leitura pareceriam inteiramente arbitrárias se a teoria dos *modos* não encontrasse sua chave hermenêutica na teoria dos *símbolos*, que ocupa os três outros grandes Ensaios da *Anatomia da crítica*. Um símbolo literário é, essencialmente, uma "estrutura verbal hipotética", em outras palavras, uma suposição e não uma asserção, na qual a orientação "para dentro" supera a orientação "para fora", que é a dos signos de vocação extrovertida e realista[17].

O símbolo assim compreendido fornece uma chave hermenêutica para a interpretação da cadeia ao mesmo tempo descendente e circular dos modos ficcionais. Recolocados nos contextos literários apropriados, os símbolos passam efetivamente por uma série de "fases", comparáveis aos quatro sentidos da exegese bíblica medieval, como o padre Lubac reconstruiu magnificamente para nós[18].

A primeira fase, chamada de *literal*, corresponde ao primeiro sentido da hermenêutica bíblica. Ela se define muito exatamente por levar a sério o caráter hipotético da estrutura poética. Entender um poema literalmente é entender o todo que ele constitui tal como se apresenta; é, apesar do paradoxo aparente, ler o poema como poema. Dessa perspectiva, o romance realista é o que melhor satisfaz a esse critério da fase literal do símbolo.

Com a segunda fase, chamada de *formal*, que lembra o sentido alegórico da hermenêutica bíblica, o poema recebe uma estrutura de sua imitação da natureza, sem nada perder de sua qualidade hipotética; da natureza, o símbolo tira uma *imagística* que coloca toda literatura numa relação oblíqua, indireta, com a natureza, graças à qual ela pode não apenas agradar, mas instruir[19].

---

17. Dessa perspectiva, o romance realista pode ser acusado de confundir símbolo e signo. A ilusão romanesca, pelo menos em seus primórdios, nasce da fusão de duas tentativas heterogêneas em princípio: compor uma estrutura verbal autônoma e representar a vida real.
18. Henri de Lubac, *Exégèse médiévale. Les quatre sens de l'Écriture*, Paris, Aubier, 5 vols., 1959-1962.
19. Minha tentativa de separar somente por abstração a *configuração* da *refiguração* repousa em uma concepção próxima à de Northrop Frye sobre as *fases* do símbolo. A refiguração, de fato, é sob muitos ângulos uma retomada, no

A terceira fase é a do símbolo como *arquétipo*. Não devemos nos precipitar e denunciar, com o dedo em riste, o "junguismo" aparente da crítica arquetípica própria a esse estágio. O que esse termo ressalta, em primeiro lugar, é a recorrência das mesmas formas verbais, nascidas do caráter eminentemente comunicável da arte poética, que outros designaram com o termo intertextualidade; é essa recorrência que contribui para a unificação e a integração de nossa experiência literária[20]. Nesse sentido, reconheço no conceito de arquétipo um equivalente do que chamo aqui de esquematismo oriundo da sedimentação da tradição. Além disso, o arquétipo integra a uma ordem convencional estável a imitação da natureza que caracteriza a segunda fase; esta comporta suas próprias recorrências: o dia e a noite, as quatro estações, a vida e a morte etc. Ver a ordem da natureza como imitada por uma ordem correspondente de palavras é um empreendimento perfeitamente legítimo, se soubermos que essa ordem é construída com base na concepção mimética da imagem, que se edifica com base na concepção hipotética do símbolo[21].

A última fase do símbolo é a do símbolo como *mônada*. Essa fase corresponde ao sentido anagógico da antiga exegese bíblica. Por mônada, Frye entende a capacidade da experiência

---

nível de *mímesis* III, dos aspectos do mundo da ação pré-compreendidos no nível de *mímesis* I, através de sua configuração narrativa (*mímesis* II), em outras palavras, através dos modos "ficcionais" e "temáticos" de Northrop Frye.

20. "Os poemas são feitos a partir de outros poemas, os romances a partir de outros romances. A literatura configura a si mesma" (*Poetry can only be made out of other poems, novels out of other novels. Literature shapes itself...*) (p. 97).

21. A crítica arquetípica, nesse sentido, não difere fundamentalmente da praticada por Bachelard na sua teoria da imaginação "material", regida pelos "elementos" da natureza – água, ar, terra, fogo –, cuja metamorfose Frye persegue no meio da linguagem; aparenta-se igualmente à maneira como Mircea Eliade ordena as hierofanias segundo as dimensões cósmicas do céu, da água, da vida etc., que não deixam de ser acompanhadas por rituais falados ou escritos. Também para Northrop Frye, o poema, na sua fase arquetípica, imita a natureza como processo cíclico expresso nos ritos (p. 178). Mas é a civilização que é então pensada nessa tentativa de extrair da natureza uma "forma humana total".

imaginária de se totalizar a partir de um centro. Não há dúvida de que todo o trabalho de Northrop Frye pressupõe a tese de que toda ordem arquetípica remete a um "centro da ordem das palavras" *"centre of the order of words"* (p. 118). Toda nossa experiência literária aponta para ele. Contudo, nós nos equivocaríamos inteiramente sobre o alcance da crítica arquetípica, e mais ainda sobre o da crítica anagógica, se nela discerníssemos uma vontade de controle, ao modo das reconstruções racionalizantes. Bem ao contrário, os esquemas provenientes dessas duas últimas fases indicam uma ordem não controlável até na sua composição cíclica. Com efeito, a imagística, cuja ordem secreta procuramos discernir – por exemplo, a ordem das quatro estações –, é dominada do alto pela imagística apocalíptica que, sob formas difíceis de enumerar, gira em torno da reconciliação na unidade: unidade do Deus uno e trino, unidade da humanidade, unidade do mundo animal no símbolo do Cordeiro, do mundo vegetal no da Árvore da Vida, do mundo mineral no da Cidade Celeste. Além disso, esse simbolismo tem seu avesso demoníaco na figura de Satã, do tirano, do monstro, da figueira estéril, do "mar primitivo", símbolo do "caos". Finalmente, essa estrutura polar é, por sua vez, unificada pela potência do *Desejo* que configura simultaneamente o infinitamente desejável e seu contrário, o infinitamente detestável. Numa perspectiva arquetípica e anagógica, toda imagística literária está ao mesmo tempo aquém dessa imagística apocalíptica de conclusão e em busca dela[22]. O símbolo do Apocalipse pode polarizar as imitações literárias do ciclo das estações, porque, nesta fase, rompido o laço com a ordem natural, esta só pode, então, ser imitada, de modo a se tornar uma imensa reserva de imagens. A literatura inteira pode assim ser globalmente caracterizada como busca, tanto nos modos do maravilhoso, do mimético elevado e do mimético baixo, quanto no modo irônico represen-

---

22. Recolocada sob o símbolo maior do Apocalipse, a mítica das quatro estações, na qual esse símbolo naturalmente se insere, perde definitivamente qualquer caráter naturalista. Na fase arquetípica do símbolo, a natureza ainda é aquilo que contém o homem. Na sua fase anagógica, o homem é aquele que contém a natureza, sob o signo do infinitamente Desejável.

tado pela sátira²³. E é a título de busca que toda nossa experiência literária reporta-se a essa "ordem de conjunto do verbo²⁴".

Para Northrop Frye, a progressão da ordem hipotética para a anagógica é uma aproximação jamais acabada da literatura como sistema. É esse *télos* que, retroativamente, torna plausível uma ordem arquetípica, que configura por sua vez o imaginário, e finalmente organiza a ordem hipotética em sistema. Foi esse, em certo sentido, o sonho de Blake e mais ainda o de Mallarmé, que declara: "Tudo no mundo existe para desembocar num livro."²⁵

Ao final desse exame de um dos mais vigorosos trabalhos de recapitulação da tradição literária do Ocidente, a tarefa do filósofo não consiste em discutir sua execução, mas, considerando-a plausível, em refletir sobre as condições de possibilidade de uma tal passagem da história literária à crítica e à anatomia da crítica.

Três pontos relativos à nossa pesquisa sobre a composição da intriga e sobre o tempo merecem ser sublinhados.

Em primeiro lugar, é porque as culturas produziram obras que podem ser aparentadas entre si segundo semelhanças de família, operando, no caso dos modos narrativos, no próprio âm-

---

23. Discuto no ensaio já citado a tentativa de Northrop Frye de fazer corresponder os modos narrativos aos mitos da Primavera, do Verão, do Outono e do Inverno.
24. "Quando a arte de Dante, ou de Shakespeare, atinge o apogeu, como em *A tempestade*, temos a impressão de estarmos prestes a perceber o tema e a razão de toda nossa experiência, de penetrarmos até o centro profundamente calmo da ordem verbal (*into the still center of the order of words*, p. 117)."
25. Quando Northrop Frye escreve: "*The conception of a total Word is the postulate that there is such a thing as an order of words...*" (p. 126) [A concepção da Palavra total é o postulado de que existe algo como uma ordem de palavras], seria um grave erro ver um eco teológico nessa fórmula. Para Northrop Frye, a religião dedica-se demasiado ao *que é* e a literatura ao *que pode ser* para que literatura e religião se confundam. A cultura e a literatura que a exprime encontram sua autonomia precisamente no modo imaginário. Essa tensão entre o possível e o efetivo impede que Northrop Frye dê ao conceito de ficção a amplitude e o poder abrangente que lhe confere Frank Kermode na obra que discutiremos em breve, em que o Apocalipse ocupa um lugar comparável ao que Northrop Frye lhe outorga na sua crítica arquetípica (Terceiro Ensaio).

bito da composição da intriga, que uma busca de *ordem* é possível. Em seguida, essa ordem pode ser atribuída à imaginação produtiva, cujo esquematismo ela constitui. Finalmente, enquanto ordem do imaginário, ela comporta uma dimensão temporal irredutível, a da tradicionalidade.

Cada um desses três pontos nos mostra, na composição da intriga, o correlato de uma autêntica inteligência narrativa que precede, de fato e de direito, toda reconstrução do narrar em um grau segundo de racionalidade.

3. Declínio: fim da arte de narrar?

Investigamos exaustivamente a ideia de que o esquematismo que rege a inteligência narrativa se desdobra numa história que conserva um estilo idêntico. Agora é preciso explorar a ideia oposta: esse esquematismo permite desvios que, atualmente, fazem com que esse estilo difira de si mesmo a tal ponto que sua identidade se torna irreconhecível. Seria então preciso incluir, no estilo de tradicionalidade da narrativa, a possibilidade de sua morte?

Pertence à própria ideia de tradicionalidade – ou seja, à modalidade epistemológica do "fazer tradição" – o fato de identidade e diferença nela estarem inextricavelmente misturadas. A identidade de estilo não é a identidade de uma estrutura lógica acrônica; ela caracteriza o esquematismo da inteligência narrativa, tal como ele se constitui numa história cumulativa e sedimentada. Por isso, essa identidade é trans-histórica e não intemporal. Torna-se então pensável que os paradigmas produzidos por essa autoconfiguração da tradição tenham engendrado, e continuem a engendrar, variações que ameaçam a identidade de estilo ao ponto de anunciar-lhe a morte.

Os problemas postos pela arte de *terminar* a obra narrativa constituem com relação a isso uma excelente pedra de toque. Como, na tradição ocidental, os paradigmas de composição são ao mesmo tempo paradigmas de fecho, pode-se esperar que o eventual esgotamento dos paradigmas torne-se legível na dificuldade de concluir a obra. O que torna ainda mais legítimo ligar os dois problemas é que o único aspecto formal a ser preservado da noção aristotélica de *mŷthos* é, para além de seus desdobramentos sucessivos em "gêneros" (tragédia, romance etc.) e em "tipos" (tragédia elizabetana, romance do século XIX etc.), o critério de unidade e de completude. O *mŷthos*, como sabemos, é a imitação de uma ação una e completa. Ora, uma ação é una e completa se tiver um começo, um meio e um fim, ou seja, se o começo introduzir o meio, se o meio – peripécia e reconhecimento – conduzir ao fim e se o fim concluir o meio. Então, a configuração se sobrepõe ao episódio, a concordância à discordância. É pois legítimo considerar sintoma do fim da tradição da composição da intriga o abandono do critério de completude e, assim, o propósito deliberado de não terminar a obra.

Importa, em primeiro lugar, deixar clara a natureza do problema e não confundir duas questões, a primeira relativa a *mímesis II* (configuração) e a segunda, a *mímesis III* (refiguração). Dessa perspectiva, uma obra pode ser *fechada* quanto à configuração e *aberta* quanto ao impacto que pode exercer no mundo do leitor. A leitura, como diremos na quarta parte, é precisamente o ato que efetua a transição entre o efeito de fechamento conforme a primeira perspectiva e o efeito de abertura conforme a segunda. Na medida em que age, toda obra acrescenta ao mundo algo que não estava ali antes; mas o puro excesso que podemos atribuir à obra enquanto ato, seu poder de interromper a repetição, como diz Roland Barthes na *Introduction à l'analyse structurale du récit* [Introdução à análise estrutural da narrativa], não contradiz a necessidade de fechamento. Os fechos "cruciais"[26]

---

26. John Kucich, "Action in the Dickens Ending: *Bleak House* and *Great Expectations*", *Narrative Endings*, número especial de *XIXth Century Fiction*, University of California Press, 1978, p. 88. O autor chama de "cruciais" os fechos nos quais a ruptura exercida suscita a espécie de atividade que Georges Bataille caracteriza como "dispêndio". O autor exprime, além disso, sua dívida com relação à obra de Kenneth Burke, principalmente *A Grammar of Motives* (Nova York, Braziller, 1955; Berkeley, University of California Press, 1969) e *Language as Symbolic Action. Essays on Life, Literature and Method* (Berkeley, University of California Press, 1966). Destacaremos a última observação de Kucich: "*In all crucial endings, the means of causing that gap to appear is the end*" [Em todos os fechos cruciais, os meios que causam esse abismo são o próprio fecho] (artigo citado, p. 109).

são talvez os que melhor acumulam os dois efeitos. Não é um paradoxo dizer que uma ficção bem fechada abre um abismo em nosso mundo, ou seja, na nossa apreensão simbólica do mundo. Antes de nos voltarmos para a obra magistral de Frank Kermode, *The Sense of an Ending* [O sentido de um fim], não será inútil dizer algumas palavras sobre as dificuldades, talvez insuperáveis, com as quais defronta toda busca de um *critério* de fechamento em poética.

Alguns, como J. Hillis Miller, consideram o problema insolúvel[27]. Outros, como Barbara Herrstein Smith, procuraram apoio nas soluções propostas para o problema do fechamento no domínio, conexo, da poesia lírica[28]. As regras de fechamento são efetivamente mais fáceis de identificar e descrever nesse domínio; é o caso dos fechos de caráter gnômico, sentencioso ou epigramático; além disso, a evolução do poema lírico, do soneto do Renascimento até o verso livre e o poema visual de hoje, pas-

---

27. J. Hillis Miller, "The Problematic of Ending in Narrative", in *Narrative Endings*, declara: *"No narrative can show either its beginning nor its ending"* (art. cit., p. 4) [Nenhuma narrativa pode mostrar nem seu começo nem seu fim]. E ainda: *"The aporia of ending arises from the fact that it is impossible even to tell whether a given narrative is complete"* (p. 5) [A aporia do final vem do fato de ser impossível até mesmo dizer se uma dada narrativa está completa]. É verdade que o autor toma como referência a relação entre nó (*desis*) e desfecho (*lusis*) na *Poética* de Aristóteles e multiplica "com brio" as aporias do nó. Ora, o lugar desse texto na *Poética* é muito discutido, na medida em que a operação de criar o nó e o desfecho escapa ao critério do começo e do fim claramente posto no capítulo canônico consagrado por Aristóteles à intriga. Os incidentes contados podem ser intermináveis como são, de fato, na vida; a narrativa como *mýthos* é terminável. O que acontece depois do fim não é pertinente para a configuração do poema. Exatamente por isso existe o problema do bom fechamento e, como diremos mais adiante, do antifechamento.

28. Um dos inúmeros méritos da obra de Barbara Herrstein Smith, *Poetic Closure, A Study of How Poems End* (The University of Chicago Press, 1968), é oferecer à teoria da narrativa não apenas um notável modelo de análise, mas sugestões precisas para estender à *"poetic closure"* em geral suas observações limitadas à *"lyric closure"*. A transposição é facilmente justificável: trata-se, nos dois casos, de obras que se destacam do pano de fundo das transações da linguagem comum, para interrompê-las; trata-se, além disso, nos dois casos, de obras *miméticas*, no sentido particular de imitarem uma "enunciação" cotidiana: argumento, declaração, lamento etc.; ora, a narrativa literária imita não apenas a ação, mas a narrativa comum tomada nas transações da vida cotidiana.

sando pelo poema romântico, permite acompanhar com precisão o destino dessas regras; finalmente, as soluções técnicas que a poesia lírica oferece para o problema do fechamento reportam-se às *expectativas* do leitor criadas pelo poema, expectativas às quais o fechamento traz "um sentimento de acabamento, de estabilidade, de integração" (*op. cit.*, p. VIII). O fecho só terá esse efeito se a experiência de configuração for não apenas dinâmica e contínua, mas suscetível de rearranjos retrospectivos, que fazem a própria resolução aparecer como a aprovação final que sela uma boa forma.

Mas, por mais esclarecedor que seja o paralelismo entre fechamento poético e lei de boa forma, ele encontra seu limite no fato de, no primeiro caso, a configuração ser uma obra de linguagem e o sentimento de acabamento poder ser obtido por outros meios; assim, o próprio acabamento admite muitas variantes, entre as quais é preciso integrar a surpresa: ora, é bem difícil dizer quando um término inesperado se justifica. Um fim decepcionante pode convir perfeitamente à estrutura da obra, se ela pretender deixar o leitor com expectativas residuais. É igualmente difícil dizer em que caso a decepção é mais exigida pela própria estrutura da obra que um fim "fraco" de fechamento.

Transposto para o plano narrativo, o modelo lírico sugere um estudo cuidadoso da relação entre a maneira de terminar uma narrativa e seu grau de integração, que depende do aspecto mais ou menos episódico da ação, da unidade dos caracteres, da estrutura argumentativa e daquilo que mais tarde chamaremos de estratégia de persuasão, que constitui a retórica da ficção. A evolução do fechamento lírico tem também seu paralelo no fechamento narrativo: da narrativa de aventura ao romance bem construído e, depois, ao romance sistematicamente fragmentado, o princípio estrutural opera um ciclo completo que, de certo modo, volta, de maneira muito sutil, ao episódico. As resoluções requeridas por essas mudanças estruturais são, consequentemente, muito difíceis de identificar e classificar. Uma das dificuldades provém da confusão sempre possível entre o fim da ação imitada e o fim da ficção enquanto tal. Na tradição do romance realista, o fim da obra tende a se confundir com o fim da ação representada; tende, então, a simular o repouso do sistema de interações que forma a trama da história contada. Esse tipo de fecho foi buscado pela maioria dos romancistas do século XIX. Assim, é relativamente fácil, comparando-se o problema da composição e sua solução, dizer se o fim é acertado ou não. Não é mais o caso quando o artifício literário, em virtude da reflexibilidade de que falamos mais acima, incide em seu caráter fictício; o fecho da obra é então o da própria operação fictícia. Essa inversão de perspectiva caracteriza a literatura contemporânea. O critério do fechamento certo é, nesse caso, bem mais difícil de administrar, particularmente quando deve concordar com o tom de irresolução da obra inteira. Finalmente, a satisfação das expectativas toma, também aqui, formas variadas, se não opostas. Uma conclusão inesperada pode frustrar nossas expectativas moldadas por convenções antigas, mas revelar um princípio de ordem mais profundo. Embora todo fechamento responda a expectativas, não as satisfaz necessariamente. Pode deixar expectativas residuais. Um fecho não conclusivo convém a uma obra que levanta propositadamente um problema que o autor considera insolúvel; não deixa contudo de ser um fecho deliberado e pensado, que realça de maneira reflexiva o caráter interminável da temática da obra inteira. A inconclusão declara de certo modo a irresolução do problema colocado[29]. Mas concordo com Barbara Herrstein Smith quando afirma que o *antifechamento*[30] depara com um limite para além

---

29. Barbara Herrstein Smith fala a esse respeito de *"self-closural reference"* (*Poetic Closure, op. cit.*, p. 172), a obra se referindo a si mesma enquanto obra por sua maneira de concluir ou não concluir.

30. Barbara Herrstein Smith distingue entre o *"anti-closure"* [antifechamento] – que ainda conserva uma ligação com a necessidade de concluir por aplicar recursos reflexivos da linguagem ao inacabamento temático da obra e por recorrer a formas cada vez mais sutis de fecho – e o *"beyond closure"* [para além do fechamento]. Com o *"anti-closure"* e suas técnicas de "sabotagem" da linguagem, pode-se dizer: "Se o traidor – a linguagem – não pode ser exilado, podemos desarmá-lo e torná-lo prisioneiro" (p. 254). Com o *"beyond closure"*, é preciso dizer: "o traidor – a linguagem – foi aqui dominado: não apenas desarmado, mas decapitado" (p. 266). O que impede o autor de transpor esse limiar é a convicção de que, como imitação de *"utterance"* [discurso], a linguagem poética não pode escapar à tensão entre linguagem literária e não literária. Quando, por exemplo, a surpresa deliberada é substituída pelo aleatório, quando, na

do qual nos defrontamos com a alternativa de excluir a obra do domínio da arte ou de renunciar à mais fundamental pressuposição da poesia, a saber, que ela é uma imitação dos usos não literários da linguagem, entre os quais o uso comum da narrativa como arranjo sistemático dos incidentes da vida. A meu ver, é preciso ousar escolher a primeira opção: para além de toda suspeita, é preciso confiar na formidável instituição da linguagem. É uma aposta que se justifica por si mesma.

É essa alternativa – e, no sentido próprio do termo, essa questão de confiança – que Frank Kermode toma a peito na sua obra justamente famosa, *The Sense of an Ending*[31]. Sem querer, ele retoma o problema do ponto em que Northrop Frye o deixara quando reportava o Desejo de completude do universo do discurso ao *tema apocalíptico*, considerado no plano da crítica anagógica. É também a partir das metamorfoses do tema apocalíptico que Kermode tenta retomar, num plano mais elevado, a discussão sobre a arte de concluir, sobre a qual a pura crítica literária tem bastante dificuldade de concluir. Mas, agora, o quadro é o de uma teoria da ficção bastante diferente da teoria do símbolo e do arquétipo de Northrop Frye.

Admitindo que são expectativas específicas do leitor que regem nossa necessidade de dar um fim sensato à obra poética, Kermode se volta para o mito do Apocalipse que, nas tradições do Ocidente, foi o que mais contribuiu para estruturar essas expectativas, dispondo-se a dar ao termo ficção uma amplitude que ultrapassa em todos os aspectos o domínio da ficção literária: teológica através da escatologia judaico-cristã, histórico-política através da ideologia imperial viva até a queda do Santo

---

poesia concreta, não há mais nada para ler, mas apenas para olhar, o crítico se vê então confrontado com uma mensagem de intimidação que lhe diz: "Deixa aqui toda bagagem linguística" (p. 267). Mas a arte não pode romper com a *formidável instituição da linguagem*. É por isso que suas últimas palavras anunciam o "*yet... however*" [e, contudo...] que leremos em Frank Kermode relativamente à resistência dos paradigmas à erosão: "*Poetry ends in many ways, but poetry, I think, has not yet ended*" (p. 271) [Poesias acabam de vários modos, mas a poesia, penso eu, ainda não acabou].

31. Frank Kermode, *The Sense of an Ending, Studies in the Theory of Fiction*, Londres, Oxford, Nova York, Oxford University Press, 1966.

Império Romano-Germânico, epistemológica através da teoria dos modelos, literária através da teoria da intriga. À primeira vista, essa sequência de abordagens parece incongruente: o Apocalipse não é em primeiro lugar um modelo de mundo, enquanto a *Poética* de Aristóteles só propõe o modelo de uma obra verbal? A passagem de um plano a outro e, em particular, de uma tese cósmica a uma tese poética, encontra contudo uma justificativa parcial no fato de a ideia de fim do mundo ser-nos transmitida por meio do escrito que, no cânone bíblico aceito no Ocidente cristão, conclui a Bíblia. O Apocalipse pôde significar assim ao mesmo tempo o fim do mundo e o fim do Livro. A congruência entre mundo e livro vai ainda mais longe: o começo do livro é a respeito do Começo e o fim do livro, a respeito do Fim; nesse sentido, a Bíblia é a grandiosa intriga da história do mundo e cada intriga literária é uma espécie de miniatura da grande intriga que une o Apocalipse ao Gênese. Assim, o mito escatológico e o *mŷthos* aristotélico se unem na maneira de ligar um começo a um fim e de propor à imaginação o triunfo da concordância sobre a discordância. Não é, com efeito, impertinente aproximar da *peripéteia* aristotélica os tormentos dos Últimos Tempos da perspectiva do Apocalipse.

É precisamente no ponto de junção entre discordância e concordância que as transformações do mito escatológico podem esclarecer nosso problema do fechamento poético. Observemos em primeiro lugar o notável poder, atestado durante muito tempo pelo apocalíptico, de sobreviver a todos os desmentidos do acontecimento: a esse respeito, o Apocalipse oferece o modelo de uma predição incessantemente infirmada e contudo jamais descreditada e, assim, de um fim que é, por sua vez, incessantemente adiado. Além disso, e por implicação, a infirmação da predição relativa ao fim do mundo suscitou uma transformação propriamente qualitativa do modelo apocalíptico: de iminente, o fim tornou-se imanente. Consequentemente, o Apocalipse rearranja os recursos de sua imagística sobre os Últimos Tempos – tempos de Terror, de Decadência e de Renovação – para se tornar um mito da Crise.

Essa transformação radical do paradigma apocalíptico encontra seu equivalente na crise que afeta a composição literária. E essa crise se dá tanto no plano do fechamento da obra quanto no do desgaste do paradigma da concordância.

Frank Kermode vê o signo precursor dessa substituição do fim iminente pela Crise, que passa a ser uma *peripéteia* indefinidamente distendida, na tragédia elizabetana. Esta lhe parece ter raízes mais profundas no apocalíptico cristão do que na *Poética* de Aristóteles. Embora Shakespeare ainda possa ser considerado *"the greatest creator of confidence"** (p. 82), seu trágico é um testemunho do momento em que o Apocalipse passa da iminência para a imanência: "A tragédia apropria-se das figuras do Apocalipse, da morte e do julgamento, do céu e do inferno, mas o mundo passa para as mãos de sobreviventes esgotados" (p. 82). A restauração final da ordem parece débil diante dos Terrores que a precedem. É mais o tempo da Crise que se reveste dos traços de quase eternidade[32] – que, no Apocalipse, pertenciam exclusivamente ao Fim –, para se tornar o verdadeiro tempo dramático. Por exemplo, *King Lear*: seu suplício tende para um fim incessantemente adiado; para além do pior, há pior ainda; e o próprio fim é apenas uma imagem do horror da Crise; *King Lear* é assim a tragédia do sempiterno na ordem da desgraça. Com *Macbeth*, a peripécia torna-se uma paródia da ambiguidade profética, *"a play of prophecy"*. Também aqui o equívoco devasta o tempo; todos conhecem o famoso verso, em que o herói percebe as decisões a serem tomadas *"all meeting together in the same juncture of time"***[33]. É que *"the play of Crisis"*

---

* O maior criador de confiança. (N. da T.)

32. Remeto às observações esclarecedoras de Frank Kermode sobre o *Aevum*, o perpétuo, o sempiterno. O autor discerne no tempo trágico a "terceira ordem de duração" (*The Sense of an Ending, op. cit.*, pp. 70 ss.), entre o tempo e a eternidade, que a teoria medieval atribuía aos anjos. Quanto a mim, ligarei, na quarta parte, essas qualidades temporais a outros aspectos do tempo narrativo que marcam a liberação deste último com relação à simples sucessão linear.

** Todas juntas, ao mesmo tempo. (N. da T.)

33. Frank Kermode aproxima muito justamente esse horrível dilaceramento do tempo em *Macbeth* da *distentio* agostiniana, como o próprio autor das *Confissões* a viveu na prova da conversão sempre diferida: "Quando? Quando? Amanhã, sempre amanhã" (*Quamdiu, Quamdiu, "cras et cras"*, VIII, 12, 28). Mas, em *Macbeth*, a quase eternidade da decisão diferida é o inverso da paciência

engendra um tempo da Crise que mais uma vez traz as marcas do sempiterno, mesmo que essa eternidade – "*between the acting of a dreadful thing/ And the first motion*"* – seja somente o simulacro e a usurpação do Eterno Presente. Nem é necessário lembrar a que ponto *Hamlet* pode ser considerado "*another play of protracted crisis*"**.

Essa transição do Apocalipse para a tragédia elizabetana[34] abre caminho para expormos uma parte da cultura e da literatura contemporânea em que a Crise substituiu o Fim, em que a Crise se tornou transição sem fim. A impossibilidade de concluir torna-se assim o sintoma da infirmação do próprio paradigma. É no romance contemporâneo que percebemos melhor a junção dos dois temas: declínio dos paradigmas e, portanto, fim da ficção – e a impossibilidade de concluir o poema e, portanto, ruína da ficção do fim[35].

Essa descrição da situação contemporânea, de resto bem conhecida, importa menos que o juízo que o crítico pode fazer sobre ela à luz do destino do Apocalipse. A ficção do Fim, como dissemos, nunca deixou de ser infirmada e, contudo, nunca foi desacreditada. Seria também esse o destino dos paradigmas literários? A Crise, também aqui, significaria ainda para nós Ca-

---

do Cristo no Jardim das Oliveiras, à espera de seu *kairós* – "*a significant season*" (p. 46) [Um momento significativo]. Essa oposição entre *khrónos* – tempo retilíneo – e *kairós* – tempo sempiterno – remete ao tema de nossa quarta parte.

* Entre a realização de uma coisa pavorosa / E o primeiro movimento para isso. (N. da T.)

** Outra peça de uma crise prolongada. (N. da T.)

34. A insistência do autor sobre esse ponto é significativa (pp. 25, 27, 28, 30, 38, 42, 49, 55, 61 e principalmente 82, 89).

35. Ler o quarto estudo de Kermode, *The Modern Apocalypse*. Nele são descritas e discutidas a pretensão de nossa época de se acreditar especial, sua convicção de ter entrado numa crise perpétua. Nele é discutido o paradoxo que constitui a pretensa "tradição do Novo" (Harold Rosenberg). No que concerne mais particularmente ao romance contemporâneo, assinalo que o problema do fim dos paradigmas se põe em termos inversos aos dos primórdios do romance. No início, a segurança da representação realista mascarava a insegurança da composição romanesca. Na outra extremidade do percurso, a insegurança posta a nu pela convicção de que o real é informe se volta contra a própria ideia de composição ordenada. A escrita se torna seu próprio problema e sua própria impossibilidade.

tástrofe e Renovação? Essa é a convicção profunda de Kermode, que eu compartilho inteiramente.

A Crise não marca a ausência de todo fim[36], mas a conversão do fim iminente em fim imanente. Não podemos, segundo o autor, distender a estratégia da infirmação e da *peripéteia* ao ponto de a questão do fechamento perder todo o sentido. Mas, pode-se perguntar, o que é um fim imanente quando o fim não é mais um fecho?

A questão conduz toda a análise a um ponto de perplexidade. Esse ponto seria intransponível se considerássemos somente a *forma* da obra e negligenciássemos as *expectativas* do leitor. Pois é exatamente aí que o paradigma de consonância se refugia, pois é aí que se origina. O que parece intransponível é, em última instância, a expectativa do leitor de que alguma consonância finalmente prevaleça. Essa expectativa implica que nem tudo seja *peripéteia*, sob pena de a própria *peripéteia* se tornar insignificante, já que nossa expectativa de ordem seria frustrada em todos os sentidos. Para que a obra ainda capte o interesse do leitor, é preciso que a dissolução da intriga seja entendida como um sinal dirigido ao leitor para cooperar com a obra, para ele mesmo fazer a intriga. É preciso esperar alguma ordem para se decepcionar por não encontrá-la; e essa decepção só gera satisfação se o leitor, tomando o lugar do autor, faz a obra que o autor empenhou-se em desfazer. A frustração não pode ser a última palavra. Para isso, é preciso que o trabalho de composição pelo leitor não se tenha tornado impossível. Pois o jogo da expectativa, da decepção e do trabalho de recomposição da ordem só permanece praticável se as condições para que isso aconteça são incorporadas ao contrato tácito ou expresso que o autor estabelece com o leitor: eu desfaço a obra e vocês a refazem – o melhor possível. Mas, para que o próprio contrato não seja um engodo, é preciso que o autor, longe de abolir toda convenção de composição, introduza novas conven-

---

36. "*Crisis, however facile the conception, is inescapably a central element in our endeavours towards making sens of our world*" (p. 94) [A crise, apesar de fácil concepção, é inevitavelmente um elemento central de nosso esforço para tornar nosso mundo compreensível].

ções mais complexas, mais sutis, mais dissimuladas, mais ardilosas que as do romance tradicional, em suma, convenções que ainda derivam destas últimas por intermédio da ironia, da paródia, do sarcasmo. Desse modo, os golpes mais audaciosos assestados nas expectativas paradigmáticas não saem do jogo de "deformação regrada", graças ao qual a inovação nunca deixou de replicar à sedimentação. Um salto absoluto fora de toda expectativa paradigmática é impossível.

Essa impossibilidade é particularmente notável no tratamento do *tempo*. Rejeitar a cronologia é uma coisa; recusar todo princípio substitutivo de configuração é outra. É impensável que a narrativa possa dispensar toda e qualquer configuração. O tempo do romance pode romper com o tempo real: essa é a própria lei da entrada na ficção. Não pode deixar de configurá-lo segundo novas normas de organização temporal que ainda sejam percebidas pelo leitor como temporais, graças às novas expectativas com relação ao tempo da ficção que exploraremos na quarta parte. Acreditar que acabamos com o tempo da ficção porque sacudimos, desarticulamos, invertemos, atropelamos, reduplicamos as modalidades temporais às quais os paradigmas do romance "convencional" nos habituaram é acreditar que o único tempo concebível seja precisamente o tempo cronológico. É duvidar dos recursos que a ficção tem para inventar suas próprias medidas temporais, é duvidar que esses recursos possam encontrar no leitor expectativas, relativas ao tempo, infinitamente mais sutis que as relacionadas com a sucessão retilínea[37].

É preciso, então, adotar a conclusão que Frank Kermode tira do fim de seu primeiro estudo e que seu quinto estudo confirma, a saber, que expectativas de alcance comparável às engendradas pelo Apocalipse têm o poder de persistir e, contudo, mudam e, mudando, encontram uma nova pertinência.

---

37. Faço aqui alusão às páginas que Frank Kermode consagra a Robbe-Grillet e à escrita labiríntica (pp. 19-24). Frank Kermode destaca, com razão, o papel intermediário representado pelas técnicas narrativas de Sartre e Camus, na *Náusea* e no *Estrangeiro*, sobre o caminho da dissidência reivindicado por Robbe-Grillet.

Essa conclusão esclarece singularmente o que já afirmei sobre o estilo de tradicionalidade dos paradigmas. Oferece, além disso, um critério para a "discriminação dos modernismos" (p. 114). Para o modernismo mais antigo, o de Pound, Yeats, W. Lewis, Eliot e mesmo de Joyce (cf. as páginas esclarecedoras sobre Joyce, pp. 113-4), o passado permanece uma fonte de ordem, mesmo quando é ironizado e denegrido. Para o modernismo mais novo, que o autor chama de cismático, a ordem é o que deve ser denegado. A esse respeito, Beckett marca a virada em direção ao cisma, *"the shift towards schism"* (p. 115). Ele é "o teólogo perverso de um mundo que sofreu uma queda e que, experimentando uma encarnação que muda todas as relações entre passado, presente e futuro, não quer ser, contudo, redimido" (p. 115). Nesse sentido, conserva um vínculo irônico e paródico com os paradigmas cristãos e é essa ordem, invertida pela ironia, que preserva a inteligibilidade. "Ora, tudo o que preserva a inteligibilidade coíbe o cisma" (p. 116). "O cisma é desprovido de sentido fora de toda referência a algum estado anterior; o absolutamente Novo é simplesmente ininteligível, mesmo a título de novidade" (*ibid.*). "... a novidade por si mesma implica a existência daquilo que não é novo – um passado" (p. 117). Nesse sentido, "a novidade é um fenômeno que afeta a totalidade do passado; nada por si só pode ser novo" (p. 120). E H. Gombrich disse melhor que ninguém: *"The innocent eye sees nothing"** (*op. cit.*, p. 102).

Essas máximas vigorosas nos levam ao limiar do que chamei de questão de confiança (veremos mais adiante que fomos muito felizes na escolha): por que não podemos – por que não devemos – escapar a algum paradigma de ordem, por mais refinado, sinuoso e labiríntico que seja?

Frank Kermode não facilitou a resposta para si mesmo, na medida em que sua própria concepção da relação entre a ficção literária e o mito religioso no apocalipse corre o risco de solapar os fundamentos de sua confiança na sobrevivência dos paradigmas que regem a expectativa de fechamento do ponto

---

* O olhar inocente nada vê. (N. da T.)

de vista do leitor. A passagem do fim iminente ao fim imanente é, com efeito, segundo ele, obra do "ceticismo dos intelectuais", que se opõe à crença ingênua na realidade do Fim esperado. O estatuto de fim imanente é, então, o de um mito desmitologizado, no sentido de R. Bultmann, ou, na minha opinião, o de um mito partido, segundo Paul Tillich. Se reportarmos à literatura o destino do mito escatológico, toda ficção, inclusive a ficção literária, assumirá também a função do mito partido. O mito tornado literário conserva, é verdade, a perspectiva cósmica, como vimos em Northrop Frye; mas a crença que o sustenta é corroída pelo "ceticismo dos intelectuais". A diferença é aqui total entre Northrop Frye e Frank Kermode. Precisamente onde o primeiro discernia a orientação de todo o universo do discurso para o "centro profundamente calmo da ordem verbal", Kermode pressente, ao modo nietzschiano, uma necessidade de consolo diante da morte, que transforma, de certo modo, a ficção num engodo[38]. Um tema insistente, que atravessa todo o livro, é que as ficções do fim, sob suas diversas formas – teológicas, políticas e literárias –, têm a ver com a morte ao modo de consolo. Daí a tonalidade ambígua e desconcertante – a *Unheimlichkeit**, diria eu – que faz o fascínio de *The Sense of an Ending*[39].

Instaura-se assim um divórcio entre veracidade e consolo. Consequentemente, o livro não cessa de oscilar entre a inven-

---

38. A expressão *"the consoling plot"* (p. 31) [a intriga que consola] torna-se um quase pleonasmo. Não menos importante que a influência de Nietzsche é aqui a do poeta Wallace Stevens, em particular na última seção de suas *Notes toward a Supreme Fiction*.

* A estranheza. (N. da T.)

39. Daí a dupla determinação do próprio termo *Ending*, fecho, fim. O fim é ao mesmo tempo o fim do mundo: o Apocalipse; o fim do Livro: o livro do Apocalipse; o fim sem fim da Crise; o mito do fim de século; o fim da tradição dos paradigmas: o cisma; a impossibilidade de dar um fim ao poema: a obra inacabada; finalmente, a morte: o fim do desejo. Essa dupla determinação explica a ironia do artigo indefinido em *The Sense of an Ending*. Com o fim, nunca chegamos ao fim: *"The imagination,* diz o poeta Wallace Stevens, *is always at the end of an era"* (citado, p. 31) [A imaginação está sempre no final de uma era].

cível suspeita de que as ficções mentem e trapaceiam, na medida em que consolam[40], e a convicção, igualmente invencível, de que as ficções não são arbitrárias, na medida em que respondem a uma necessidade que não controlamos, a necessidade de imprimir o selo da ordem ao caos, do sentido ao não sentido, da concordância à discordância[41].

Essa oscilação explica que Frank Kermode responda à hipótese do cisma, que não passa, no final das contas, da consequência mais extrema do "ceticismo dos intelectuais" com relação a toda ficção de concordância, com um simples: "*e contudo...*". Assim, após ter evocado, com Oscar Wilde, "*the decay of lying*"*, ele exclama: "*And yet, it is clear, this is an exaggerated statement of the case. The paradigms do survive, somehow. If there was a time when in Steven's words, 'the scene was set', it must be allowed that*

---

40. Uma outra exploração possível da relação entre ficção e mito partido estaria ligada à função de substituição exercida pela ficção literária com relação às Narrativas que ditavam as regras no passado de nossa cultura. Uma suspeita de outra ordem poderia então surgir: a suspeita de que a ficção tenha usurpado a autoridade das Narrativas fundadoras e que esse desvio de poder tenha provocado, segundo a expressão de Edward W. Said, um efeito de *molestação*, se entendermos por isso a ferida que o escritor inflige a si próprio quando toma consciência do caráter ilusório e usurpado da autoridade que exerce como autor (*auctor*), capaz não apenas de influenciar mas de *submeter* a seu poder o leitor (*Beginnings: Intention and Method*, Baltimore e Londres, The Johns Hopkins University Press, 1975, pp. 83-4 ss.); para uma análise detalhada do par autoridade-molestação, cf. "Molestation and Authority in Narrative Fiction", in *Aspects of Narrative*, J. Hillis Miller, org. Nova York, Columbia University Press, 1971, pp. 47-68.

41. Seria preciso destacar o fracasso, a esse respeito, de uma justificativa simplesmente biológica ou psicológica do desejo de concordância, mesmo que se constate que este último encontra um *apoio* no gestaltismo perceptivo, como vimos em Barbara Herrstein Smith, e como acontece a Frank Kermode sugerir partindo da simples pancada do relógio: "Perguntamos o que ele diz, e convimos que diz *tic-tac*. Através dessa ficção nós o humanizamos, fazemos com que fale nossa linguagem... *tic* é um humilde gênese, *tac* um frágil apocalipse; e, de qualquer modo, mal se pode dizer que *tic-tac* seja uma intriga." Os ritmos biológicos e perceptivos nos remetem irrevogavelmente à linguagem: um *suplemento* de intriga e de ficção se insinua assim que fazemos o relógio *falar* e, com esse suplemento, vem "o tempo do romancista" (p. 46).

* A decadência da mentira. (N. da T.)

it has not yet been finally and totally struck. The survival of the paradigms is as much our business as their erosion"[42] (p. 43).

Se Frank Kermode meteu-se em tal beco sem saída, não foi por ter imprudentemente posto, e prematuramente resolvido, o problema das relações entre "ficção e realidade" (um estudo inteiro lhe é consagrado), em vez de mantê-lo num certo suspense, como tentamos fazer aqui, isolando os problemas de configuração, sob o signo de *mímesis* II, dos problemas de refiguração, sob o signo de *mímesis* III? Northrop Frye me parece, no geral, ter sido mais prudente na colocação do problema, atribuindo ao mito do Apocalipse somente um estatuto literário, sem se pronunciar sobre o significado religioso que pode assumir na perspectiva escatológica de uma história da salvação. Northrop Frye parece, à primeira vista, mais dogmático que Frank Kermode em sua definição do mito escatológico como "centro tranquilo...". Mostra-se, finalmente, mais reservado que ele, não permitindo que literatura e religião se misturem: é com base na ordem hipotética dos símbolos, como dissemos, que se edifica sua reunião anagógica. Em Frank Kermode, a contaminação constante da ficção literária pelo mito partido constitui simultaneamente a força e a fraqueza do livro: sua força, pela amplitude dada ao reino da ficção, sua fraqueza, em razão do conflito entre a confiança nos paradigmas e o "ceticismo dos intelectuais" ensejado pela aproximação entre a ficção e o mito partido. Quanto à solução, digo que é prematura no sentido de que ele não deixou outra perspectiva ao desígnio de dar sentido à vida a não ser a defendida por Nietzsche em *A origem da tragédia*, a saber, a necessidade de lançar um véu apolíneo sobre a fascinação dionisíaca do caos, se não quisermos morrer por ter ousado contemplar o nada. Parece-me legítimo, no atual estágio de nossa meditação, deixar de reserva outras relações possíveis entre a ficção e a realidade do agir e

---

42. "E, contudo, isso é claro, a proposição é exagerada. De fato, os paradigmas sobrevivem, de um modo ou de outro. Se houve um tempo em que, na expressão de Stevens, 'o cenário estava montado', é preciso dizer que o derradeiro golpe, o golpe fatal, ainda não foi assestado. A sobrevivência dos paradigmas nos interessa tanto quanto seu desaparecimento."

do padecer humanos além do consolo reduzido à mentira vital. Tanto a transfiguração como a desfiguração, tanto a transformação como a revelação, têm também seus direitos que devem ser preservados.

Se, assim, nos restringimos a só falar do mito apocalíptico em termos de ficção literária, devemos encontrar na necessidade de configurar a narrativa raízes que não sejam o horror ao informe. Considero, por meu lado, que a busca de concordância faz parte das pressuposições incontestáveis do discurso e da comunicação[43]. Ou discurso coerente ou violência, dizia

---

43. Iuri Lotman, *Struktura khudožestvenogo teksta*, Moscou, 1970 (trad. fr. *La structure du texte artistique*, prefácio de Henri Meschonnic, Paris, Gallimard, 1973). O autor dá uma solução propriamente estrutural ao problema da perenidade das formas de concordância. Desenhemos, com ele, a série dos círculos concêntricos que se estreitam progressivamente ao redor do último, o do "assunto", no sentido de intriga, cujo centro passa a ser, por sua vez, a noção de acontecimento. Partimos da definição mais geral de *linguagem*, concebida como "sistema de comunicação que utiliza signos ordenados de modo particular" (p. 35); obtemos assim a noção de *texto*, concebido como sequência de signos transformados em um único signo por meio de regras especiais; passamos em seguida à noção de *arte*, enquanto "sistema modelizante secundário", e de arte verbal ou literatura, enquanto um desses sistemas secundários edificado sobre o das línguas naturais. Ao longo dessa cadeia de definições, vemos especificar-se gradativamente um princípio de *delimitação*, portanto de inclusões e não inclusões, inerente à noção de texto. Marcado por uma fronteira, um texto é transformado em uma unidade integral de sinais. A noção de *fechamento* não está longe: é introduzida pela de *quadro*, comum à pintura, ao teatro (a ribalta, a cortina), à arquitetura e à escultura. Em certo sentido, o começo e o fim da intriga limitam-se a especificar a noção de quadro em função da noção de texto: não existe intriga sem *quadro*, isto é, sem uma "fronteira separando o texto artístico do não texto" (p. 299). Considerado de um ponto de vista mais espacial que temporal, o quadro faz da obra artística "um espaço de uma certa forma delimitado, re-produzindo na sua finitude um objeto infinito – um mundo exterior com relação à obra" (p. 309). (Não esqueceremos essa noção de *modelo finito de um universo infinito* quando abordarmos a noção de mundo do texto em nosso capítulo IV.) A noção de *acontecimento* figura então o centro desse jogo de anéis (pp. 324 ss.). A determinação decisiva que faz do acontecimento um conceito preciso e, consequentemente, especifica o "assunto" (a intriga) entre todos os quadros temporais possíveis é bastante inesperada e mesmo sem paralelo na teoria literária. Lotman imagina, em primeiro lugar, o que seria um texto sem intriga e sem acontecimento; seria um sistema puramente classificatório,

Éric Weil na *Lógica da filosofia*. A pragmática universal do discurso não diz outra coisa: a inteligibilidade não deixa de preceder a si mesma e de justificar a si mesma.

Dito isso, é sempre possível recusar o discurso coerente. Também isso lemos em Éric Weil. Aplicada à esfera da narrativa, essa recusa significa a morte de todo paradigma narrativo, a morte da narrativa.

É essa possibilidade que Walter Benjamin evocava com pavor em seu famoso ensaio, *Der Erzähler*[44] [*O narrador*]. Talvez estejamos no final de uma era em que narrar não tem mais lugar porque, dizia ele, *os homens não têm mais experiência para partilhar*. E via no reino da informação publicitária o sinal desse retirar-se sem volta da narrativa.

Talvez, efetivamente, sejamos as testemunhas – e os artesãos – de uma certa morte, a morte da arte de contar, de onde procede a arte de narrar em todas as suas formas. Talvez o romance também esteja morrendo como narração. Nada, efetivamente, permite excluir que a experiência cumulativa que, pelo menos no campo cultural do Ocidente, ofereceu um estilo histórico identificável, esteja hoje ferida de morte. Os paradigmas de que se falou anteriormente também não passam de depósitos sedimentados da tradição. Nada exclui, pois, que a metamorfose da intriga encontre em algum lugar um limite para além do

---

um simples inventário (por exemplo, de lugares, como um mapa geográfico): em termos de cultura, seria um sistema fixo de campos semânticos (ordenados notoriamente de modo binário: rico *vs* pobre, nobre *vs* vil etc.). Quando há, então, acontecimento? "O acontecimento no texto é o deslocamento do personagem através da fronteira do campo semântico" (p. 326). Uma imagem fixa do mundo é pois necessária para que alguém possa transgredir suas barreiras e seus interditos internos: o acontecimento é essa travessia, essa transgressão. Nesse sentido, "o texto com assunto é construído com base no texto sem assunto como negação desse" (p. 332). Não é um comentário admirável da *peripéteia* de Aristóteles e da *discordância* de Kermode? E podemos acaso conceber uma cultura que não tivesse nem campo semântico determinado nem travessia de fronteira?

44. Walter Benjamin, *Der Erzähler, Betrachtungen zum Werk Nikolaj Lesskows* (1936), in *Illuminationen*, Frankfurt-am-Main, Suhrkampf, 1969, pp. 409-36; trad. fr. de Maurice de Gandillac, "Le narrateur", in *Poésie et Révolution*, Paris, Denoël, 1971, pp. 139-69.

qual não se poderá mais reconhecer o princípio formal de configuração temporal que faz da história narrada uma história una e completa. E contudo... E contudo. Talvez seja necessário, *apesar de tudo*, confiar na demanda de concordância que estrutura ainda hoje a expectativa dos leitores e acreditar que novas formas narrativas, que ainda não sabemos nomear, e que já estão nascendo, irão atestar que a função narrativa pode se metamorfosear, mas não morrer[45]. Pois não temos a menor ideia do que seria uma cultura em que não se soubesse mais o que significa *narrar*.

---

45. Barbara Herrstein Smith e Frank Kermode concordam a esse respeito: "*Poetry ends in many ways, but poetry, I think, has not yet ended*" (*op. cit.*, p. 271) [Poesias acabam de vários modos, mas a poesia, penso eu, ainda não acabou], escreve Herrstein; "*The paradigms survive, somehow... The survival of paradigms is as much our business as their erosion*" (*op. cit.*, p. 43) [Os paradigmas sobrevivem de algum modo... A sobrevivência dos paradigmas nos interessa tanto quanto seu desaparecimento], escreve Kermode.

2. AS INJUNÇÕES SEMIÓTICAS DA NARRATIVIDADE

O confronto entre a *inteligência* narrativa, nascida de uma familiaridade ininterrupta ao longo da história com as modalidades de composição da intriga, e a *racionalidade* reivindicada pela semiótica narrativa foi colocado na introdução deste volume sob a sigla do *aprofundamento*. Por aprofundamento designamos a busca das estruturas profundas, que se manifestariam na superfície da narrativa pelas configurações narrativas concretas.

É fácil perceber o porquê dessa empreitada. Nossas análises precedentes nos colocaram diante dos paradoxos do estilo de tradicionalidade da função narrativa. Embora possamos reivindicar uma certa perenidade para esses paradigmas, ela está longe de igualar a intemporalidade atribuída às essências: permanece, ao contrário, embrenhada na história das formas, dos gêneros e dos tipos. A evocação final de uma eventual morte da arte de narrar desvelou, até, a precariedade que acompanha com sua sombra essa perenidade da função narrativa, contudo presente nas centenas de culturas étnicas identificadas pela antropologia cultural.

O que motiva a pesquisa semiótica, ante essa instabilidade do durável, é essencialmente a ambição de fundar a perenidade da função narrativa em regras de jogo subtraídas à história. A seus olhos, a pesquisa precedente deve parecer maculada de um historicismo impenitente. Se, por seu estilo de tradicionalidade, a função narrativa pode reivindicar a perenidade, é preciso fundar esta última em inunções acrônicas. Em suma, é preciso trocar a história pela estrutura.

Como? Por uma revolução metodológica comparável àquela que, na epistemologia da historiografia, tentou sobrepor uma racionalidade de tipo lógico à compreensão imanente à própria produção das narrativas. Essa revolução metodológica pode ser caracterizada aqui por três grandes traços.

Trata-se em primeiro lugar de se aproximar tanto quanto possível de um procedimento dedutivo com base em modelos construídos de maneira axiomática. Essa escolha encontra sua justificativa no fato de sermos confrontados com uma variedade quase infinita de expressões narrativas (orais, escritas, gráficas, gestuais) e de classes narrativas (mito, folclore, fábula, romance, epopeia, tragédia, drama, filme, história em quadrinhos, sem falar da história, da pintura e da conversação). Essa situação torna qualquer abordagem indutiva impraticável. Resta apenas a via dedutiva, ou seja, a construção de um modelo hipotético de descrição, do qual algumas subclasses fundamentais poderiam ser derivadas[1].

Ora, em que disciplina que trata dos fatos de linguagem esse ideal de racionalidade é mais bem satisfeito do que na linguística? A segunda característica da semiótica narrativa consistirá pois em construir seus modelos na órbita da linguística. Essa formulação bastante ampla permite abarcar tentativas bem diferentes das quais as mais radicais se esforçam em derivar, a partir das estruturas da língua de nível inferior ao da frase, os valores estruturais das unidades mais longas que a frase. O que a linguística propõe aqui pode ser resumido da seguinte maneira: é sempre possível separar, em uma linguagem dada, o código da mensagem ou, para falar como Saussure, isolar a língua da fala. É o código, a língua, que são sistemáticos. Dizer que a língua é sistemática significa, além disso, admitir que seu aspecto sincrônico, ou seja, simultâneo, pode ser isolado de seu aspecto diacrônico, ou seja, sucessivo e histórico. Quanto à orga-

---

1. Roland Barthes, "Introduction à l'analyse structurale des récits", *Communications*, 8, 1966; retomado em *Poétique du récit*, Paris, Éd. du Seuil, 1977. É essa edição que citamos aqui.

nização sistemática, ela pode por sua vez ser dominada, se for possível reduzi-la a um número finito de unidades diferenciais de base, os signos do sistema, e estabelecer o conjunto combinatório das regras que engendram todas as suas relações internas. Sob essas condições, uma estrutura pode ser definida como um conjunto fechado de relações internas entre um número finito de unidades. A imanência das relações, quer dizer, a indiferença do sistema com relação à realidade extralinguística, é um corolário importante da regra de fechamento que caracteriza uma estrutura.

Como sabemos, foi em primeiro lugar à fonologia, depois à semântica lexical e às regras sintáticas que esses princípios estruturais foram aplicados com maior sucesso. A análise estrutural da narrativa pode ser considerada uma das tentativas de estender ou transpor esse modelo a entidades linguísticas acima do nível da frase, a frase sendo a entidade última para o linguista. Ora, o que encontramos para além da frase é o *discurso* no sentido preciso da palavra, ou seja, uma sequência de frases que apresentam, por sua vez, regras próprias de composição (uma das tarefas da retórica clássica foi, durante muito tempo, ocupar-se desse aspecto ordenado do discurso). E a narrativa é, como acabamos de dizer, uma das classes mais vastas de discurso, ou seja, de sequências de frases submetidas a uma certa ordem.

Agora, a extensão dos princípios estruturais da linguística pode significar diversas espécies de derivações, indo da vaga analogia à estrita homologia. Essa segunda possibilidade é fortemente defendida por Roland Barthes na época de sua "Introdução à análise estrutural das narrativas": "A narrativa é uma grande frase, assim como toda frase constativa é, de certa maneira, o esboço de uma pequena narrativa" (p. 12). Levando seu pensamento às últimas consequências, Roland Barthes declara: "A homologia que sugerimos aqui não tem apenas valor heurístico: implica uma identidade entre a linguagem e a literatura" (*ibid.*).

Uma terceira característica geral, cujas implicações são imensas no caso da narrativa, é a seguinte: entre as propriedades estruturais de um sistema linguístico, a mais importante é seu caráter orgânico. Por isso deve-se entender a prioridade do todo sobre as partes e a hierarquia de níveis que daí resulta. É preciso observar, neste ponto, que os estruturalistas franceses atribuíram maior importância a essa capacidade integrativa dos sistemas linguísticos que os partidários de modelos puramente distribuicionistas do estruturalismo americano. "Seja qual for o número de níveis propostos e seja qual for a definição dada, não podemos duvidar que a narrativa seja uma hierarquia de instâncias."[2]

Essa terceira característica é de longe a mais importante: corresponde muito exatamente ao que descrevemos no plano da inteligência narrativa como operação configurante. É ela que a semiótica vai se dedicar a reconstruir com os recursos hierarquizantes e integrativos de um modelo lógico. Quer distingamos, com Todorov, o nível da *história*, que comporta por sua vez dois níveis de integração, o das ações, com sua lógica, e o dos personagens, com sua sintaxe, e o nível do *discurso*, que abrange os tempos, os aspectos e os modos da narrativa[3] – ou, com Roland Barthes, o nível das *funções*, ou seja, dos segmentos de ação,

---

2. Roland Barthes, "Les niveaux de sens", *Poétique du récit*, p. 14. Sobre a presumida homologia entre linguagem e literatura, Todorov cita a frase de Valéry: "A Literatura é, e não pode deixar de ser senão uma espécie de extensão e de aplicação de certas propriedades da linguagem" ("Langage et Littérature", in *Poétique de la prose*, Paris, Éd. du Seuil, 1971, p. 32). Desse ponto de vista, os procedimentos de estilo (entre outros, as figuras retóricas) e os procedimentos de organização da narrativa, o papel cardeal das noções de sentido e de interpretação, são manifestações das categorias linguísticas na narrativa literária (*ibid.*, pp. 32-41). A homologia torna-se mais precisa quando se tenta aplicar à narrativa as categorias gramaticais do nome próprio, do verbo e do adjetivo, para descrever o agente-sujeito e a ação-predicado, assim como os estados de equilíbrio e desequilíbrio. Uma gramática da narrativa é, assim, possível. Mas não devemos esquecer que essas categorias gramaticais serão mais bem entendidas se conhecermos sua manifestação na narrativa. Cf. Todorov, "La grammaire du récit", in *Poétique de la prose, op. cit.*, pp. 118-28. Ressalto que a gramática da narrativa marca sua originalidade com relação à da língua quando passamos da proposição (ou frase) à unidade sintática superior (ou sequência) (*ibid.*, p. 126). É nesse nível que a gramática da narrativa poderia se igualar à operação de composição da intriga.

3. "Les catégories du récit littéraire", *Poétique de la prose, op. cit.*, pp. 131-57. Essa distinção me pareceu mais pertinente no próximo capítulo.

formalizados no sentido de Propp e de Bremond[4], depois o das *ações* e dos *actantes* (como em Greimas) e, enfim, ainda com Todorov, o da *narração*, em que a narrativa é a ocasião de uma troca entre um doador e um receptor de narrativa, o que em todo caso é dado como certo é que a narrativa apresenta a mesma combinação que a língua entre dois processos fundamentais: articulação e integração, forma e sentido[5].

É essencialmente esse concurso entre articulação e integração que iremos explorar nas páginas que seguem, com base na revolução metodológica que conseguiu eliminar a história em prol da estrutura. O fio condutor de nossa pesquisa será pois o progresso realizado pela semiótica na reconstrução do caráter simultaneamente articulado e integrado da composição da intriga, num nível de racionalidade em que a relação entre forma e sentido está desconectada de toda referência à tradição narrativa. A substituição do estilo de tradicionalidade da função narrativa pelas injunções "acrônicas" será a pedra de toque dessa reconstrução. A semiótica narrativa satisfará melhor essas três grandes características quanto mais conseguir, na expressão de Roland Barthes, *descronologizar* e *relogificar* a narrativa. Fará isso subordinando todo aspecto sintagmático e, portanto, temporal da narrativa a um aspecto paradigmático e, portanto, acrônico, correspondente[6].

---

4. Cf., mais adiante, pp. 68 ss.
5. Roland Barthes retoma aqui a distinção de Benveniste entre a *forma* que produz unidades por segmentação e o *sentido* que reúne essas unidades em unidades de nível superior.
6. Essa exigência é satisfeita até as últimas consequências por Claude Lévi-Strauss em suas *Mitológicas*. Os leitores da *Antropologia estrutural* se lembrarão do ensaio sobre a "estrutura dos mitos" e a análise estrutural do mito de Édipo que é ali proposta ("The Structural Study of Myth", *Journal of American Folklore*, vol. LXVIII, n.º 270, X-XII, pp. 418-44; reproduzido na coletânea *Myth. A symposium*, Bloomington, 1958, pp. 50-66; versão francesa (com alguns acréscimos) com o título "La structure des mythes", in *Anthropologie structurale*, Paris, Plon, 1958, pp. 227-55; cf., também, do mesmo autor, *La geste d'Asdiwal*, Paris, EPHE, pp. 2-43). Como sabemos, o desenvolvimento anedótico do mito é ali abolido em prol de uma lei combinatória que não vincula entre si frases temporais, e sim o que o autor chama de pacotes de relações, como a superestimação das relações de sangue oposta à sua subestimação, a relação de dependência

Para entender o ponto crucial do debate aberto por essa extensão da linguística à semiótica narrativa, é preciso entender a revolução que a mudança estratégica de plano operada por essa última constitui. Nunca é demais insistir na transformação do próprio objeto de estudo que a análise estrutural implica quando é transferida da fonologia ou da semântica lexical para narrativas como o mito, o conto, a narrativa heroica. Na sua aplicação a unidades subfrásticas – do fonema ao monema e ao lexema – a análise estrutural não lida com objetos já inseridos nas redes de uma elaboração simbolizante. Não entra pois em concorrência com nenhuma outra prática em que seu objeto de estudo já figurasse como um objeto cultural distinto[7]. A narrativa de ficção, em contrapartida, já é, enquanto narrativa, objeto de uma prática e de uma compreensão antes da entrada em cena da semiótica. Desse ponto de vista, a situação é aqui igual à da história, em que a pesquisa de profundidade e de caráter científicos foi precedida pela lenda e pela crônica. É por essa razão que se impõe a comparação entre o significado que a racionalidade semiótica pode assumir com relação à inteligência narrativa e o destino atribuído ao modelo nomológico em historiografia na nossa segunda parte. De maneira similar, o ponto crucial da discussão, em narratologia, concerne, efetivamente, ao grau de autonomia que é conveniente dar ao processo de logicização e de descronologização com relação à inteligência da intriga e ao tempo da intriga.

---

para com a terra (autoctonia) oposta à liberdade com relação à terra. A lei estrutural do mito será a matriz lógica da solução proposta para essas contradições. Abstemo-nos, aqui, de qualquer incursão no domínio da mitologia e fazemos com que a narrativa de ficção comece na epopeia, abstração feita da filiação e da dependência desta com relação ao mito. Manteremos a mesma reserva quando abordarmos, na quarta parte – em particular por ocasião do calendário –, o problema das relações entre tempo histórico e tempo mítico.

7. Monique Schneider, de quem tomo essa observação decisiva ("Le temps du conte", in *La narrativité*, Paris, Éd. du CNRS, 1979, pp. 85-7), insiste na transformação em um objeto integralmente inteligível do caráter "maravilhoso" que o conto deve à sua inserção numa prática iniciática anterior, e se propõe a "despertar os poderes que permitem ao conto resistir à captura lógica" (*ibid.*). Não me apegarei aos poderes ligados ao caráter "maravilhoso" do conto, mas aos recursos de inteligibilidade que ele já possui enquanto criação cultural anterior.

No que concerne à *logicização*, a questão consiste em saber se uma solução semelhante à que foi proposta para a historiografia vale para a narratologia. Nossa tese, como todos lembram, era que a explicação nomológica não podia substituir a compreensão narrativa, mas apenas ser interpolada, em virtude do adágio: explicar mais é entender melhor. E, se a explicação nomológica não podia substituir a compreensão narrativa, era porque, dizíamos, ela empresta desta última os traços que preservam o caráter irredutivelmente histórico da história. Será preciso dizer, também aqui, que a semiótica, cujo direito de existir está fora de questão, só conserva seu qualificativo de narrativa na medida em que o empresta da inteligência prévia da narrativa, cuja envergadura foi mostrada no capítulo precedente?

Quanto à *descronologização*, que é o simples reverso da logicização[8], ela põe, de novo, fundamentalmente em questão a relação entre tempo e ficção. Já não se trata apenas, como no capítulo precedente, da historicidade da função narrativa (o que chamamos de seu estilo de tradicionalidade), mas do caráter diacrônico da própria história contada, na sua relação com a dimensão sincrônica ou, mais precisamente, *acrônica*, das estruturas profundas da narratividade. Dessa perspectiva, a mudança de vocabulário relativa ao tempo narrativo não é inocente: fa-

---

8. Na época em que escrevia a "Introdução à análise estrutural da narrativa", Roland Barthes declarava que a "análise atual tende... a 'descronologizar' o conteúdo narrativo e a 'relogificá-lo', a submetê-lo ao que Mallarmé chamava, a respeito da língua francesa, '*os primitivos raios fulminantes da lógica*'" (p. 27). Ele acrescentava, com relação ao tempo: "A tarefa é conseguir dar uma descrição estrutural da ilusão cronológica; cabe à lógica narrativa dar conta do tempo narrativo" (*ibid.*). Para o Barthes da "Introdução...", é na própria medida em que a racionalidade analítica substitui a inteligibilidade narrativa que o tempo narrativo se resolve em "ilusão cronológica". Na verdade, a discussão dessa asserção nos faz sair do quadro de *mímesis* II: "O tempo, efetivamente, não pertence ao discurso propriamente dito, mas ao referente; a narrativa e a língua só conhecem um tempo semiológico; o 'verdadeiro' tempo é uma ilusão referencial, 'realista', como mostra o comentário de Propp, e é a esse título que a descrição estrutural deve tratá-lo" (*ibid.*, p. 27). Discutiremos a pretensa ilusão referencial na quarta parte. Tudo o que diremos neste capítulo concerne ao que o próprio Roland Barthes chama de *tempo semiológico*.

lar de sincronia e de diacronia⁹ já é se colocar na órbita da nova racionalidade que ultrapassa a inteligência narrativa, que se acomodava maravilhosamente bem à caracterização tanto aristotélica como agostiniana do tempo como concordância discordante. A questão posta pela logicização volta, idêntica, a respeito da descronologização: a diacronia da narrativa se deixaria reinterpretar exclusivamente com os recursos da gramática das estruturas profundas segundo a semiótica? Ou manteria com a estrutura temporal da narrativa descrita na nossa primeira parte a mesma relação de autonomia declarada e de dependência não dita que tentamos estabelecer entre a explicação e a compreensão no plano da historiografia?

1. A morfologia do conto segundo Propp[10]

Duas razões me levaram a abrir o debate sobre a logicização e a descronologização das estruturas narrativas com um estudo

---

9. Devemos lembrar a reticência do historiador, evocada por Le Goff, em adotar o vocabulário da sincronia e da diacronia; cf. vol. 1, p. 360.

10. V. J. Propp, *Morfologija skazki*, col. "Voprosy poetiki", n.º 12, Gosudarstvennyi institut istorii iskusstva, Leningrado, 1928; trad. ingl. com o título de *Morphology of the Folktale*, 1.ª ed., Indiana University Research Center in Anthropology, Folklore and Linguistics, Publ. 10, Bloomington, 1958; 2.ª ed., revisada e editada com um prefácio de Louis A. Wagner; nova introdução de Alan Dundes, Austin-Londres, University of Texas Press, 1968. A tradução francesa (Paris, Éd. du Seuil, 1965 e 1970) segue a segunda edição russa, corrigida e ampliada, Leningrado, Nauka, 1969; é completada pela tradução do artigo de Propp de 1928, "Les transformations des contes merveilleux", que podemos ler também na coletânea dos textos formalistas russos, reunidos por Tzvetan Todorov, *Théorie de la littérature. Textes des formalistes russes*, Paris, Éd. du Seuil, 1966. A obra de Propp que tomamos aqui como ponto de partida de nosso próprio percurso constitui, de fato, um dos pontos culminantes da corrente de estudos literários conhecida com o nome de formalismo russo (1915-1930). Tzvetan Todorov resume as principais noções metodológicas que devemos aos formalistas russos e as compara às da linguística dos anos 1960 em "L'héritage méthodologique du formalisme", in *Poétique de la prose, op. cit.*, pp. 9-29. Deve-se atentar para as noções de literariedade, de sistema imanente, de nível de organização, de traço (ou signo) distintivo, de motivo e de função, de classificação tipológica. E principalmente para a noção de transformação, à qual voltaremos mais adiante.

crítico da *Morfologia do conto*, de Propp. É, por um lado, com base numa morfologia, ou seja, numa "descrição dos contos segundo suas partes construtivas e as relações dessas partes entre si e com o conjunto" (p. 28) que a operação de logicização é lançada pelo mestre do formalismo russo. Ora, essa morfologia filia-se abertamente a Lineu[11], ou seja, a uma concepção taxionômica da estrutura, mas também mais discretamente a Goethe, ou seja, a uma concepção orgânica da estrutura[12]. Podemos, a partir disso, nos perguntar se a resistência do ponto de vista orgânico ao ponto de vista taxionômico já não fala, no interior da morfologia, a favor de um princípio de configuração irredutível ao formalismo. Por outro lado, a concepção linear da organização do conto proposta por Propp deixa sua tentativa a meio caminho de uma completa descronologização da estrutura narrativa. Assim, podemos também nos perguntar se as razões que impediram de abolir a dimensão cronológica do conto não são as mesmas que impediram que o ponto de vista orgânico fosse absorvido pelo ponto de vista taxionômico e, assim, que a morfologia satisfizesse a uma exigência mais radical de logicização.

A morfologia de Propp se caracteriza essencialmente pelo primado dado às *funções* sobre os personagens. Por função, o autor entende segmentos de ação, mais exatamente ideias de ação como: afastamento, interdição, transgressão, interrogação, informação, impostura, cumplicidade, para só nomear as sete funções iniciais; essas funções aparecem, idênticas, em todos os contos, sob incontáveis vestimentas concretas, e podem ser definidas independentemente dos personagens que realizam as ações.

A primeira das quatro teses fundamentais enunciadas no início da obra define muito exatamente esse primado da função

---

11. A ambição de Propp de tornar-se o Lineu do conto maravilhoso é claramente declarada (p. 21). O objetivo dos dois cientistas é, efetivamente, idêntico: descobrir a espantosa unidade oculta sob o labirinto das aparências (*Prefácio*). Os meios são também os mesmos: subordinar a abordagem histórica à abordagem estrutural (p. 125), os "motivos", ou seja, os conteúdos temáticos, aos traços formais (p. 13).

12. Goethe fornece nada menos que cinco epígrafes ao longo do livro.

na morfologia: "Os acontecimentos constantes, permanentes do conto, são as funções do personagem, sejam quais forem os personagens e seja qual for a maneira como essas funções são preenchidas. Essas funções são as partes constitutivas do conto" (p. 81). Ora, no comentário que se segue a essa definição, vemos despontar a competição que anunciei entre o ponto de vista orgânico e o ponto de vista taxionômico: "por função, entendemos a ação de um personagem, definida do ponto de vista de seu significado no desenrolar da intriga" (p. 31). Essa referência à intriga como unidade teleológica corrige antecipadamente a concepção puramente aditiva das relações entre as funções no interior do conto.

Contudo, é essa concepção aditiva que se afirma progressivamente nas teses seguintes. Inicialmente, na segunda: "O número de funções que o conto maravilhoso contém é limitado" (p. 31). Tocamos aqui num postulado comum a todos os formalistas: as aparências são infinitas, mas os componentes básicos são finitos. Deixando de lado a questão dos personagens, cujo número, como veremos mais adiante, é bastante limitado (Propp os reduz a sete), é às funções que Propp aplica esse princípio de enumeração finita. Apenas um alto grau de abstração na definição das funções permite reduzir seu número a algumas dezenas, mais exatamente a 31[13]. Aqui, nossa questão inicial retorna sob uma nova forma: qual é o princípio do fechamento da série? Teria a ver com o que acabamos de chamar de intriga ou com algum outro fator de integração de caráter serial?

A terceira tese decide em favor da segunda interpretação: "A sucessão das funções é sempre *idêntica*" (p. 32). A identidade da sucessão faz a identidade do conto. É verdade que essa tese marca o lugar irredutível da cronologia no modelo de Propp e que é esse aspecto do modelo que dividirá seus sucessores: alguns, mais próximos dele, conservarão em seus modelos um fator cronológico; outros, seguindo mais o modelo de Lévi-Strauss, tentarão reduzir esse fator a uma combinatória subjacente, tão desprovida quanto possível de caráter temporal. Contudo, em-

---

13. Esse número é inteiramente comparável ao dos fonemas num sistema fonológico.

bora em virtude da terceira tese o modelo de Propp permaneça, como dissemos, a meio caminho entre a descronologização e a relogicização da narrativa, é preciso ressaltar desde já que a temporalidade preservada no próprio nível do modelo permanece sendo precisamente uma cronologia, no sentido de uma sucessão regular. Propp nunca se pergunta em que tempo suas funções se sucedem; interessa-se somente pela ausência de arbitrariedade na sucessão. É por isso que o axioma da sucessão é desde o início considerado um axioma de ordem. Uma sucessão idêntica basta para fundar a identidade do próprio conto.

A quarta tese completa a terceira, afirmando que todos os contos russos, fazendo suceder as mesmas funções, constituem uma única e mesma narrativa: "Todas as funções conhecidas no conto se dispõem segundo uma única narrativa" (p. 32). Consequentemente, "todos os contos maravilhosos pertencem ao mesmo tipo no que concerne à estrutura" (p. 33). Nesse sentido, todos os contos russos do *corpus* não passam de variantes de um único conto, que é uma entidade singular feita da sucessão das funções que, ao contrário, são por essência genéricas. A série das 31 funções merece ser chamada de protoforma *do* conto maravilhoso, da qual todos os contos conhecidos são variantes. Esta última tese autorizará os sucessores de Propp a opor estrutura e forma. A forma é a forma do único conto que subjaz a todas suas variantes; a estrutura será um sistema combinatório muito mais independente das intrigas, comparado à configuração cultural particular do conto russo[14].

As quatro teses de Propp colocam, cada qual a seu modo, a questão da persistência do pensamento orgânico herdado de Goethe no discurso taxionômico recebido de Lineu; a mesma questão volta a se pôr, quer se trate da relação circular entre a

---

14. Essa limitação do campo das investigações explica a extrema prudência de Propp com relação a toda extrapolação fora do domínio do conto russo. No próprio interior desse domínio, a liberdade de criação é estritamente medida pela imposição da sucessão das funções na série unilinear. O contador só é livre para omitir funções, para escolher tal espécie no interior do gênero de ações definido pela função, para dar esse ou aquele atributo a seus personagens, enfim, para escolher, no tesouro da língua, seus meios de expressão.

definição da noção de função e o desenvolvimento da intriga (primeira tese), do princípio de fechamento na enumeração das funções (segunda tese), da espécie de necessidade que preside a seu encadeamento (terceira tese) e, finalmente, do estatuto da protoforma, simultaneamente singular e típica, a que se reduz a cadeia única das trinta e uma funções (quarta tese).

A demonstração detalhada que se segue ao enunciado das teses mostra claramente o conflito latente entre uma concepção mais *teleológica* da ordem das funções e uma concepção mais *mecânica* de seu encadeamento.

Em primeiro lugar, é surpreendente que "a exposição de uma situação inicial" (p. 36) não seja contada como uma função, "apesar de representar um elemento morfológico importante" (p. 36). Qual? Precisamente o de abrir a narrativa. Ora, essa abertura, que corresponde ao que Aristóteles chama de "começo", só se define teleologicamente, com relação à intriga considerada como um todo. É por isso que Propp não a conta em sua enumeração das funções, que derivam de um princípio estrito de segmentação linear.

Podemos, em seguida, observar que as sete primeiras funções enumeradas acima são ao mesmo tempo identificadas separadamente e definidas como formando um subconjunto, "a parte preparatória do conto" (p. 42); consideradas juntas, com efeito, essas funções introduzem o malfeito ou seu duplo, a carência. Ora, essa nova função não é uma função qualquer: ela "dá ao conto seu movimento" (p. 42). Essa função corresponde muito exatamente ao que Aristóteles chama de nó (*desis*) da intriga, que demanda o desenlace (*lusis*). Com relação a esse nó, "podemos considerar as sete primeiras funções a parte preparatória do conto, ao passo que a intriga se arma no momento do malfeito" (p. 42). A esse título, o malfeito (ou a carência) constitui o pivô da intriga considerada como um todo. O número considerável de espécies de malfeito (Propp conta 19!) sugere que seu alto grau de abstração se deve menos à sua extensão genérica, mais vasta que a das outras funções, que à sua posição-chave com relação à armação da intriga. Dessa perspectiva, é notável que Propp não proponha um termo genérico para designar o malfeito e a carência. O que o malfeito e a carência têm em comum é o fato de desencadearem uma busca. Com relação à busca, malfeito e carência têm a mesma função: "No primeiro caso, a carência é criada de fora, no segundo, é reconhecida de dentro. Podemos comparar essa carência a um zero, que na sequência dos números representa um valor determinado" (p. 46). (Não podemos deixar de pensar aqui na casa vazia segundo Claude Lévi-Strauss na famosa "Introduction à l'oeuvre de Marcel Mauss".) Com efeito, o malfeito (ou a carência) é a seu modo precisamente um começo, um início (p. 45) da busca. Ora, a busca não é propriamente nenhuma das funções em particular, mas proporciona ao conto o que chamamos mais acima de seu "movimento". A partir desse momento, a noção de busca não nos abandonará mais: Propp chega até a estender ao subconjunto VIII-XI (da entrada em cena do herói até sua partida) o poder, anteriormente atribuído ao malfeito, de engendrar a ação: "Esses elementos, observa ele, representam o nó da intriga; a ação se desenvolve em seguida" (p. 51). Essa observação atesta bem a afinidade entre nó e busca no encadeamento das funções. O subconjunto seguinte (XI-XIV), da prova do herói até a recepção do objeto mágico, dramatiza a tomada de posse, pelo herói, do meio de reparar o mal sofrido; a primeira tem valor de preparação e a última de realização, e inúmeras combinações se oferecem para fazê-las se corresponder, como vemos no quadro da página 59, que anuncia as tentativas de combinatória do primeiro modelo de Greimas.

As funções que se seguem – da viagem à vitória sobre o agressor (XV-XVIII) – formam também um subconjunto pelo fato de conduzirem à reparação (XIX). Propp diz desta última função que ela "está ligada com o malfeito (ou com a carência) a partir do momento em que se arma a intriga. É aqui que o conto atinge seu ápice" (p. 66). Por isso o retorno (XX) do herói não é assinalado com uma letra, mas com uma flecha invertida (↓) que corresponde à partida designada por ↑. Não haveria melhor maneira de destacar a prevalência do princípio de unidade teleológica sobre o de segmentação e de simples sucessão entre funções. Do mesmo modo, as funções seguintes (XX-XXVI) só fazem retardar o desenlace com novos perigos, novos combates, novos socorros, marcados pela intervenção de um falso herói e pela submissão do herói a uma tarefa difícil. Essas figuras repetem malfeito, nó e desenlace. Quanto às últimas funções, do reconhecimento do herói (XXVII) à punição do falso herói (XXX) e ao casamento (XXXI), elas formam um último subconjunto que desempenha o papel de conclusão com relação à intriga considerada como um todo e com relação ao nó da intriga: "o conto termina nesse ponto" (p. 79). Mas que necessidade obriga a concluir assim? É estranho que Propp fale aqui de "necessidade lógica e estética" (p. 79) para caracterizar o encadeamento da série. É em razão dessa necessidade dupla que o "esquema" constituído pela série unilinear das 31 funções desempenhará o papel de "unidade de medida" (p. 84) com relação aos contos considerados individualmente[15]. Mas o que confere uma tal unidade à série?

Uma parte da resposta reside no papel representado pelos personagens na síntese da ação. Para estes últimos, Propp distingue sete classes: o agressor, o doador (ou o provedor), o auxiliar, a pessoa buscada, o mandante, o herói, o falso herói. Lembramos que Propp começou por dissociar os personagens das funções, a fim de definir o conto unicamente pelo encadeamento destas últimas. Contudo, nenhuma função pode ser definida sem sua atribuição a um personagem, pelo fato de os substantivos que definem a função (interdição, malfeito etc.) remeterem a verbos de ação que sempre requerem um agente[16].

---

15. Se o esquema pode servir de unidade de medida para os contos particulares é sem dúvida porque o conto maravilhoso não coloca nenhum problema de desvio comparável ao que coloca o romance moderno. Para empregar o vocabulário do capítulo precedente relativo à tradicionalidade: no conto popular, o paradigma e a obra singular tendem a ser correspondentes. É sem dúvida por causa dessa correspondência que o conto maravilhoso fornece um terreno tão fértil para o estudo das injunções narrativas, o problema das "deformações regradas" reduzindo-se à omissão de certas funções ou à especificação dos traços genéricos pelos quais uma função se define.

16. De fato, Propp coloca no início da definição de cada função uma proposição narrativa que coloca em cena ao menos um personagem. Essa observação, como veremos, levará Claude Bremond à sua definição do "papel" como conjunção de um actante e de uma ação. Mas Propp já escrevera no início de sua obra: "Por função, entendemos a ação de um personagem definida do ponto de vista de sua significação no desenrolar da intriga" (p. 31).

Além disso, a maneira como, no coração da narrativa, os personagens se ligam às funções vai no sentido contrário à segmentação que presidiu à distinção das ditas funções; os personagens se reportam a agrupamentos que constituem, para cada um deles, sua esfera de ação. O conceito de *esfera de ação* introduz então um novo princípio sintético na distribuição das funções: "Inúmeras funções se agrupam logicamente segundo certas esferas. Essas esferas correspondem aos personagens que realizam as funções. São esferas de ação" (p. 96)... "O problema da distribuição das funções pode ser resolvido no âmbito do problema da distribuição das esferas de ação entre os personagens" (p. 97). Existem três possibilidades: ou a esfera de ação corresponde exatamente ao personagem (o mandante envia o herói); ou um personagem ocupa várias esferas de ação (três para o agressor, duas para o doador, cinco para o auxiliar, seis para a pessoa buscada, quatro para o herói, três para o falso herói); ou uma única esfera de ação se divide entre vários personagens (por exemplo, a partida visando a busca coloca em jogo o herói e o falso herói).

São assim os personagens que medeiam a busca; quer o herói sofra a ação do agressor no momento em que se arma a intriga, quer tente reparar o malfeito ou suprir a carência, quer o provedor, por seu lado, forneça ao herói o meio de reparar o erro, em todos esses casos são os personagens que presidem à unidade do subconjunto de funções que permitem à ação engendrar-se e à busca desenvolver-se. Podemos nos perguntar, a esse respeito, se toda composição da intriga não procede de uma gênese mútua entre o desenvolvimento de um caráter e o de uma história contada[17]. Por isso, não é de espantar que Propp nomeie ainda outros elementos de ligação, diferentes das funções e dos personagens: as motivações, as formas de entrada em cena dos personagens com seus atributos ou seus acessórios: "essas cinco categorias de elementos determinam não apenas a es-

---

17. Cf. a demonstração de Frank Kermode, em *The Genesis of Secrecy, On the Interpretation of Narrative, op. cit.*, pp. 75-99: de um Evangelho a outro, vemos os personagens de Pedro e de Judas se precisarem à medida que se ampliam as sequências que lhes dizem respeito nas sucessivas narrativas da Paixão.

trutura do conto, mas o conto em seu conjunto" (p. 117). Ora, a função da composição da intriga, desde a definição do *mŷthos* por Aristóteles, não é precisamente reunir elementos tão diversos naquilo que chamamos uma síntese do heterogêneo, da qual a historiografia nos forneceu as ilustrações mais complexas?

As considerações finais de Propp aplicadas ao "conto como totalidade" (pp. 112 ss.) confirmam a concorrência que percebêramos ao longo de toda a obra entre as duas concepções da ordem que colocamos sob a respectiva égide de Goethe e de Lineu. O conto é ao mesmo tempo uma série (Propp diz também esquema) e uma sequência. Uma série: "o conto maravilhoso é uma narrativa construída segundo a sucessão regular das funções citadas nas suas diferentes formas, com ausência de algumas em determinada narrativa e repetição de algumas em outra" (p. 98). Uma sequência: "Do ponto de vista morfológico, podemos chamar conto maravilhoso todo desenvolvimento que parte de um malfeito (*A*) ou de uma carência (*a*) e passa pelas funções intermediárias para chegar ao casamento (*W*) ou a outras funções utilizadas como desenlace. Chamamos esse desenvolvimento sequência. Cada novo malfeito ou cada nova carência dá lugar a uma nova sequência. Um conto pode compreender várias sequências, e quando analisamos um texto é preciso em primeiro lugar determinar de quantas sequências ele se compõe"[18] (pp. 112-3). A meu ver, essa unidade de contagem – o *xod* – que suscita uma nova combinatória[19] não resulta da segmentação em funções, mas a precede; constitui o guia teleológico na distribuição das funções ao longo da cadeia e rege os subconjuntos tais como fase preparatória, nó da intriga, atraso, desenlace. Referidos a essa única impulsão, os segmentos des-

---

18. O termo francês *séquence* [sequência] seria a tradução apropriada do termo russo *xod*? Noto que o tradutor inglês escreve: "*This type of development is termed by us as a move* (xod): *each new act of vilainy, each new lack creates a new move* etc." (trad. ingl., p. 92). O tradutor inglês reserva o termo "*sequence*" para designar o que o tradutor francês chama de *ordre* [ordem] – devemos entender por isso a sucessão uniforme das funções (trad. fr., p. 31; ingl., p. 21).

19. A continuação do capítulo é dedicada às diversas maneiras como o conto liga as sequências (*moves*) entre si por adição, interrupção, paralelismo, intersecção etc. (pp. 122-7).

contínuos da série desempenham o papel da reviravolta, da peripécia e do reconhecimento no *mýthos* trágico. Em poucas palavras, constituem o "meio" da intriga. E o tempo narrativo já não é a simples sucessão de segmentos exteriores uns aos outros, e sim a duração tendida entre um começo e um fim.

Não concluo dessa revisão crítica que o protoconto de Propp coincide com o que, desde o início, chamamos de intriga. O protoconto reconstruído por Propp não é um conto; assim, não é contado por ninguém a ninguém. É um produto da racionalidade analítica: a fragmentação em funções, a definição genérica das funções e sua colocação num único eixo de sucessão são operações que transformam o objeto cultural inicial em um objeto científico. Essa transformação é patente quando a reescrita algébrica de todas as funções, fazendo desaparecer as denominações ainda emprestadas da linguagem ordinária, só deixa lugar para uma pura sucessão de 31 signos justapostos. Essa sucessão já não é sequer um protoconto, pois já não é de modo algum um conto: é uma série, ou seja, o vestígio linear de uma sequência (ou *move*).

Concluindo, a racionalidade, que produz essa série a partir da fragmentação do objeto cultural inicial, não pode substituir a inteligência narrativa inerente à produção e à recepção do conto, porque *não cessa de emprestar dessa inteligência para se constituir a si mesma*. Nenhuma das operações de recorte, nenhuma das operações de seriação das funções pode se permitir não fazer uma referência à intriga como unidade dinâmica e à composição da intriga como operação estruturante. A resistência da concepção orgânica e teleológica da ordem, ao estilo de Goethe, ante a concepção taxionômica e mecânica do encadeamento das funções, ao estilo de Lineu, apareceu-me como um sintoma dessa referência indireta à intriga. Assim, a despeito do corte epistemológico que instaura a racionalidade narratológica, podemos encontrar entre esta e a inteligência narrativa uma filiação indireta comparável à que expusemos, na nossa segunda parte, entre a racionalidade historiográfica e a inteligência narrativa[20].

---

20. Excluímos da análise crítica tudo o que concerne à contribuição da *Morfologia do conto* à história do gênero "conto maravilhoso". Dissemos acima

2. Para uma lógica da narrativa

Daremos um passo no caminho da logicização e da descronologização da narrativa partindo mais dos personagens que das ações e formalizando de maneira apropriada os *papéis* que esses personagens podem desempenhar em todas as narrativas. Poder-se-ia então conceber uma lógica da narrativa, que começaria com um inventário sistemático dos principais papéis narrativos *possíveis,* ou seja, dos lugares suscetíveis de serem ocupados por personagens em torno de qualquer narrativa. Foi o que tentou Claude Bremond em *Logique du récit* [Lógica da narrativa][21]. A questão para nós será a do estatuto dado à intriga e à sua temporalidade em uma lógica da narrativa fundada numa escolha inversa à de Propp.

É, com efeito, de uma reflexão crítica sobre a obra de Propp que procede a ambição lógica do modelo proposto por Claude Bremond.

Fundamentalmente, o autor contesta o modo de encadeamento das "funções" no modelo de Propp: considera que esse encadeamento se faz de modo rígido, mecânico, impositivo, pois não permite alternativas e escolhas (pp. 18-9). Essa injunção explica por que o esquema de Propp só se aplica ao conto russo: este é precisamente essa sequência de 31 funções idênticas. Com isso, o modelo de Propp se limita a ratificar as escolhas culturais que constituíram o conto russo como uma espécie no campo do "contar". Para reabilitar a perspectiva formal

---

o cuidado com que Propp, de acordo nesse ponto com a linguística saussuriana, subordina a história à descrição. Propp não renuncia à sua reserva inicial no capítulo de conclusão. No máximo arrisca-se a sugerir um elo de filiação entre a religião e os contos: "Uma cultura morre, uma religião morre, e seu conteúdo se transforma em conto" (p. 131). Assim, a busca, tão característica do conto, pode proceder da viagem das almas para o outro mundo. Essa observação talvez não seja fora de propósito, se considerarmos que o conto, por sua vez, é uma forma em via de extinção: "Atualmente, as formas novas já não existem" (p. 142). Se isso for verdade, o momento propício para a análise estrutural não é exatamente aquele em que um certo processo criador atingiu o esgotamento?

21. Claude Bremond, "a mensagem narrativa". *Communications,* 4, 1964; retomada em *Logique du récit,* Paris, Éd. du Seuil, 1973, pp. 11-47 e 131-4.

do modelo, é preciso reabrir as alternativas fechadas pela sequência unívoca do conto russo e substituir o trajeto unilinear que ele percorre pelo mapa dos itinerários possíveis.

Mas como reabrir as alternativas fechadas? Questionando, diz Claude Bremond, a necessidade teleológica que vai do fim para o começo: é para poder punir o malvado que a narrativa faz com que se cometa o malfeito. A necessidade regressiva de uma lei de finalidade temporal de certo modo impossibilita ver as alternativas que, ao contrário, uma marcha progressiva encontra: a luta redunda ou na vitória ou na derrota. O modelo teleológico, ao contrário, só conhece a luta vitoriosa (pp. 31-2): "A implicação de luta por vitória é uma exigência lógica; a implicação de vitória por luta é um estereótipo cultural" (p. 25).

Se não quisermos permanecer prisioneiros de uma intriga-tipo, como na série de Propp, é preciso adotar como unidade de base o que Claude Bremond chama de "sequência elementar". Ela é mais curta que a série de Propp, mas mais longa que a função. De fato, para que possamos contar qualquer coisa, é necessário e suficiente que uma certa ação seja conduzida através de três fases: uma situação abrindo para uma possibilidade, a atualização dessa possibilidade, o resultado da ação. Esses três momentos abrem duas alternativas que o seguinte esquema resume (p. 131):

$$\text{eventualidade} \begin{cases} \text{passagem ao ato} \begin{cases} \text{finalização} \\ \text{ausência de finalização} \end{cases} \\ \text{não passagem ao ato} \end{cases}$$

Essa série de opções dicotômicas satisfaz ao duplo caráter de necessidade regressiva e de contingência progressiva.

Uma vez que se escolheu a sequência elementar como unidade narrativa, o problema é passar da sequência elementar às sequências complexas. Aqui, cessa a necessidade lógica e impõe-se a obrigação de "restituir a mobilidade e a variabilidade máximas aos sintagmas fixos que servem de matéria-prima para o conto russo"[22] (p. 30).

Resta formular a noção de *papel* e, depois, compor o vasto repertório dos papéis *possíveis* que deveria substituir o esquema sequencial limitado, como em Propp, a uma intriga-tipo. Essa reformulação procede de uma reflexão sobre a própria noção de função, pivô de toda a análise de Propp. Não esqueçamos a primeira tese fundamental de Propp, a saber, que a função deve ser definida sem levar em conta os personagens da ação, abstraindo-se, assim, de um agente ou de um paciente determinado. Ora, declara Claude Bremond, a ação é inseparável daquele que a sofre ou a faz. Dois argumentos são propostos. Uma função exprime um interesse ou uma iniciativa, que põem em jogo um paciente ou um agente. Além disso, várias funções se encadeiam, se a sequência diz respeito à história de um mesmo personagem. É preciso pois conjugar um nome-sujeito a um processo-predicado, num termo único que é o papel. O papel será pois definido como "a atribuição a um sujeito-pessoa de um predicado-eventual processo, em ato, ou realizado" (p. 134). Como vemos, a sequência elementar é incorporada ao papel por intermédio do predicado-processo. E a revisão do modelo de Propp termina. A noção de "sequência de ações" pode agora ser substituída pela noção de um "agenciamento de *papéis*" (p. 133).

Aqui começa a *lógica* propriamente dita da narrativa. Consiste no "inventário sistemático dos papéis narrativos principais" (p. 134). O inventário é sistemático num duplo sentido: engendra, por especificações (ou determinações) sucessivas, papéis cada vez mais complexos, cuja representação linguística exige um discurso cada vez mais articulado; além disso, engendra por correlação, muitas vezes fundado em uma base binária, grupos de papéis complementares.

---

22. Assim, o encadeamento se faz, seja por simples "um atrás do outro" (maldade, malfeito etc.), seja por "enclave" (como a prova na busca), seja por paralelismo entre séries independentes. Quanto aos nexos sintáticos que sustentam essas sequências complexas, eles são de uma grande variedade: pura sucessão, nexo de causalidade, nexo de influência, relação entre meio e fim.

Uma primeira dicotomia opõe dois tipos de papéis: os pacientes, afetados por processos modificadores ou conservadores, e, por correlação, os agentes iniciadores desses processos[23]. É, aliás, notável que Claude Bremond comece pelos papéis de paciente, considerados os mais simples: "Definimos como desempenhando papel de paciente todas as pessoas que a narrativa apresenta como afetadas, de uma maneira ou outra, pelo curso dos acontecimentos narrados" (p. 139). Esses papéis de paciente não são apenas os mais simples, mas os mais numerosos, pelo fato de o sujeito poder ser modificado por fatores que independem da iniciativa de um agente (pp. 174-5)[24].

Por uma nova dicotomia, distinguem-se dois tipos de papéis de pacientes, segundo a maneira como estes são afetados. Temos, por um lado, as *influências* exercidas sobre a consciência subjetiva que o paciente toma de seu destino; são ou informações, que comandam a série dissimulação, refutação, confirmação; ou afetos: satisfações ou insatisfações, comandando, pela adição de uma variável de tempo, a esperança ou o temor. Temos, por outro lado, as *ações*, exercidas objetivamente sobre o destino do paciente, seja para modificá-lo (melhoria ou deterioração), seja para mantê-lo no mesmo estado (proteção ou frustração).

A nomenclatura dos agentes espelha por um lado a dos pacientes: modificador ou conservador; melhorador ou degradador; protetor ou frustrador. Mas uma série de tipos específicos de agentes está ligada à noção de influência pelo lado do paciente. O estudo desse grupo é certamente uma das mais notáveis contribuições da *Logique du récit* (pp. 241-81). A influência se endereça, no paciente, ao agente eventual, no qual tende a desencadear uma reação: persuasão e dissuasão se exercem tanto no nível das informações que concernem às tarefas a serem realizadas, aos meios a serem empregados ou aos obstáculos a serem superados, quanto dos afetos que o influenciador

---

23. Sobre a correlação agente-paciente, cf. *Logique du récit, op. cit.*, p. 145.

24. Notemos desde já que essa primeira dicotomia parece analiticamente contida na noção de papel, visto que o papel liga um sujeito-nome e um verbo-predicado. Isso não acontecerá com as especificações subsequentes.

pode excitar ou inibir. Se acrescentarmos que a informação ou o móvel podem ser bem ou mal fundados, chegaremos aos papéis, muito importantes, que gravitam ao redor da armadilha e que transformam o influenciador num sedutor e num embusteiro, num dissimulador e num falso conselheiro.

Essa segunda dicotomia confere múltiplos enriquecimentos à noção de papel; em primeiro lugar, através das noções de melhoria ou de deterioração, de proteção ou frustração, ela o introduz no campo das *valorizações*; assim, agente e paciente se veem elevados à categoria de pessoa. Além disso, uma subjetividade capaz de levar em conta uma informação e ser afetada por ela entra num novo campo, o das *influências*. Finalmente, o papel de um agente capaz de iniciativa pertence a um novo campo, o das *ações* no sentido forte do termo.

O inventário se conclui pela consideração do mérito e do desmérito; novos papéis aparecem: do lado do paciente, os de beneficiário de mérito, vítima de desmérito, e, do lado do agente, os de distribuidor de recompensas e punições. Abre-se, assim, um novo campo ao exercício dos papéis, que se soma ao das valorizações, das influências e das ações: o campo das *retribuições*.

Tal é, *grosso modo*, o esquema desse inventário que visa definir os papéis narradores principais (p. 134). Equivale a uma nomenclatura, a uma classificação de papéis. Nesse sentido, o empreendimento cumpre o que promete: não se trata de um quadro das intrigas, como em Northrop Frye, mas de um quadro dos lugares possíveis ocupados pelos personagens eventuais de narrativas eventuais. É nesse sentido que o inventário constitui uma *lógica*.

Ao final dessa breve revisão de *Logique du récit*, coloca-se a questão de saber se uma lógica dos papéis consegue formalizar melhor que uma morfologia das funções o conceito de narrativa num nível de racionalidade superior ao da inteligência narrativa, sem emprestar mais ou menos tacitamente do conceito de intriga os aspectos que garantem o caráter propriamente narrativo da dita lógica.

Comparada à morfologia do conto de Propp, a lógica dos papéis atinge sem dúvida nenhuma um grau mais elevado de formalidade abstrata. Enquanto Propp se limita ao esquema de uma intriga-tipo, a do conto maravilhoso russo, Bremond pode se gabar de poder aplicar sua nomenclatura dos papéis a toda espécie de mensagem narrativa, inclusive a narração histórica (prefácio, p. 7); seu campo de investigação é precisamente o dos *possíveis* narrativos. Além disso, o quadro dos papéis narrativos realiza imediatamente uma descronologização mais completa da narrativa, na medida em que a nomenclatura dos papéis equivale a estabelecer o quadro paradigmático dos principais lugares suscetíveis de ser ocupados por qualquer personagem da narrativa. Formalização mais avançada, descronologização mais completa, o modelo de Bremond pode reivindicar os dois títulos.

Em contrapartida, podemos nos perguntar se a ausência de toda consideração sintagmática no inventário dos papéis não priva o papel de seu caráter propriamente *narrativo*. De fato, nem a noção de papel, nem a de nomenclatura de papéis têm, enquanto tais, caráter propriamente narrativo, a não ser por referência tácita à sua situação na narrativa, que nunca é tematizada de maneira explícita. Pelo fato de o papel não ter seu lugar definido na intriga, a lógica dos papéis provém ainda de uma semântica da ação anterior à lógica narrativa.

Vamos precisar o argumento seguindo a ordem de exposição proposta acima. Lembremos que a noção de papel é precedida pela de "sequência elementar", que passa pelos três estágios que toda ação deve percorrer, da eventualidade à efetuação e ao sucesso. Concordo plenamente que essa sequência constitui uma condição de narratividade que é uma grave carência no modelo de Propp, em virtude das alternativas e das escolhas que ela abre. Mas uma condição de narratividade não equivale a um componente narrativo. Só se torna um componente narrativo se alguma intriga traçar um percurso, feito de todas as escolhas operadas entre os ramos das sucessivas alternativas. Bremond diz, com razão, que "o processo assumido pela sequência elementar não é amorfo. Já tem sua estrutura própria, que é a de um vetor" (p. 33). Mas essa "vetorialidade" que se impõe ao narrador, quando este "apropria-se dela para transformá-la na matéria-prima de sua narrativa" (*ibid.*), não é acaso emprestada da intriga, que transforma as condições lógicas do fazer em lógica efetiva da narrativa? A série de escolhas opcionais, constitutiva da sequência elementar, não é acaso projetada sobre a lógica da ação pela condução da narrativa? É verdade que Bremond completa sua noção de sequência elementar com a de séries complexas. Mas sob qual condição estas se transformam em narrativa? Especificar uma sequência através de outra sequência, como no encadeamento por enclave, ainda não é fazer narrativa, é fazer um quadro para uma lógica da ação, como na teoria analítica da ação[25]. Para se fazer narrativa, ou seja, conduzir concretamente uma situação e personagens de um começo a um fim, é necessária a mediação do que é considerado aqui um simples arquétipo cultural (p. 35) e que não é nada mais nada menos que a intriga. Fazer intriga é encontrar uma "boa forma" tanto no plano da consecução quanto no da configuração[26]. A narrativa, a meu ver, introduz no fazer injunções complementares às de uma lógica dos possíveis narrativos. Ou, para dizer a mesma coisa de outro modo, uma lógica dos possíveis narrativos não passa, ainda, de uma lógica da ação. Para se tornar lógica da narrativa, deve-se inflectir em direção a configurações culturalmente reconhecidas, em direção a esse esquematismo da narrativa operante nas intrigas tipo herdadas da tradição. Apenas por esse esquematismo o fazer se torna contável. É função da intriga inflectir a lógica dos *possíveis* práxicos na direção de uma lógica dos *prováveis* narrativos.

Essa dúvida relativa ao estatuto propriamente narrativo da sequência elementar e das séries complexas reflete-se na própria noção de *papel* narrativo, aproximada, pelo autor, da noção de "proposição narrativa" de Todorov[27]. É o lugar certo para lem-

---

25. A. Danto, *Analytical Philosophy of Action*, Cambridge University Press, 1973. A. I. Goldman, *A Theory of Human Action*, Englewood Cliffs, N.J., Prentice-Hall, 1970.

26. Bremond aplica essa noção de "boa forma" à sequência tipo de Propp (p. 38).

27. (Cf. Tzvetan Todorov, "La grammaire du récit", in *Poétique de la prose*. Paris, Éd. du Seuil, 1971, pp. 118-28.) A proposição narrativa procede da con-

brar o que A. Danto dizia das frases narrativas: para que haja um enunciado narrativo, é preciso que dois acontecimentos sejam mencionados, que um seja visado e que o outro forneça a descrição sob a qual o primeiro é considerado. Portanto, é apenas numa intriga que um papel é narrativo. A ligação de uma ação a um agente é o dado mais geral de uma semântica da ação e só concerne à teoria da narrativa na medida em que a semântica da ação condiciona evidentemente a teoria da narrativa.

Quanto ao inventário sistemático dos papéis principais, ele concerne à teoria da narratividade na medida em que, segundo admite o próprio autor, os papéis fixados num quadro "são os que podem aparecer não apenas numa narrativa, mas pela narrativa e para a narrativa: pela narrativa, no sentido de que o surgimento ou a exclusão de um papel, em tal instante da narração, é sempre deixado à discrição do narrador, que escolhe calá-lo ou falar dele; para a narrativa, no sentido de que a definição dos papéis aí se opera, como quis Propp, do ponto de vista de seu significado no desenrolar da intriga" (p. 134). Não conseguiríamos descrever, melhor que nesse texto, a relação circular entre papel e intriga. Infelizmente, o inventário sistemático dos papéis principais já não a leva absolutamente em consideração, sem ter, aliás, nenhuma condição de substituí-la[28]. Falta "a síntese dos papéis na intriga" (p. 322), cujo lugar vago é a única coisa que o autor designa. Ora, essa síntese não de-

---

junção entre um nome próprio (sujeito gramatical vazio de propriedades internas) e dois tipos de predicados, um que descreve um estado de equilíbrio ou de desequilíbrio (adjetivo), outro, a passagem de um estado a outro (verbo). As unidades formais da narrativa são assim paralelas às partes do discurso (nome, adjetivo, verbo). É verdade que, para além da proposição, as unidades sintáticas que correspondem à *sequência* atestam "que não existe teoria linguística do discurso" (p. 125). Isso significa admitir que a intriga mínima completa, que consiste no enunciado de um equilíbrio, de uma ação transformadora e, por fim, eventualmente, de um novo equilíbrio, provém de uma gramática específica aplicada às regras das transformações narrativas (cf. "Les transformations narratives", *ibid.*, pp. 225-40).

28. "... Tendo nossa análise decomposto a intriga em seus elementos constitutivos, os papéis, resta pôr à prova o procedimento, inverso e complementar, que opera sua síntese na intriga" (p. 136).

pende mais da lógica da narrativa, entendida no sentido do léxico e da sintaxe dos papéis e, assim, da gramática. A síntese dos papéis na intriga não se encontra no final de uma combinatória de papéis. A intriga é um movimento; os papéis são lugares, posições ocupadas no curso da ação. Conhecer todos os lugares suscetíveis de serem ocupados – conhecer todos os papéis – *ainda não é conhecer nenhuma intriga*. Uma nomenclatura, por mais ramificada que seja, não constitui uma história contada. É preciso ainda acrescentar cronologia e configuração, *mŷthos* e *diánoia*. Essa operação é, como notava L. Mink, um ato de julgamento, proveniente do "tomar juntamente". Para dizer a mesma coisa de outro modo, a intriga provém de uma *práxis* do contar e, assim, de uma pragmática da fala, não de uma gramática da língua. Essa pragmática é suposta, mas não pode ser constituída no âmbito da gramática dos papéis[29].

Resulta dessa diluição do laço entre o papel e a intriga que as "necessidades conceituais imanentes ao desenvolvimento dos papéis" (p. 133) provêm mais de uma semântica e de uma lógica da ação que de uma lógica verdadeiramente narrativa. Como podemos constatar, o enriquecimento progressivo da tábua dos papéis, pelo jogo combinado das especificações e das correlações que fazem passar sucessivamente os papéis do campo das valorizações ao das influências, depois ao das iniciativas e, enfim, ao das retribuições, coloca-se facilmente sob a égide de uma semântica da ação emprestada à linguagem comum[30]. Mas a

---

29. À pergunta: "Um outro sistema dos papéis tão satisfatório quanto, ou talvez melhor, seria concebível?", o autor responde: "Devemos provar que a lógica dos papéis da qual nos gabamos se impõe, em toda a parte e sempre, como o único princípio de uma organização coerente dos acontecimentos na intriga" (p. 327). Falando da metafísica das faculdades do ser humano sobre a qual se edifica o sistema, ele acrescenta: "É a própria atividade narrativa que nos impõe as categorias como condições de uma estruturação da experiência narrada" (p. 327).

30. O autor prefere uma outra expressão: "O apoio buscado numa metafísica das faculdades do ser humano para organizar o universo dos papéis é (...) essencial ao nosso procedimento" (p. 314). De fato, ela já presidia à constituição da sequência elementar: eventualidade, passagem ao ato, finalização; é ela que ensina que podemos ser o paciente ou o agente de toda modificação. Não é de espantar, então, que seja ainda ela que reja as noções de valorização,

diluição do laço entre papel e intriga não vai até sua abolição: não é a conveniência dos papéis à sua composição da intriga que orienta secretamente a ordenação do sistema de papéis em função dos campos sucessivos nos quais entram? Não é a práxis narrativa operante em toda composição da intriga que recruta, de algum modo, por intermédio da semântica da ação, os predicados capazes de definir papéis narrativos, em razão de sua aptidão para fazer entrar as estruturas do agir humano na órbita narrativa?

Se a hipótese é correta, o léxico dos papéis narrativos não constitui um sistema anterior e superior a toda composição da intriga. E a intriga não é o resultado das propriedades combinatórias do sistema, mas o princípio seletivo que diferencia teoria da ação e teoria da narrativa.

3. A semiótica narrativa de A. J. Greimas

A semiótica narrativa de A. J. Greimas, como a lemos em *Du Sens*[31] [Do sentido] e em *Maupassant* [*Maupassant: a semiótica do texto*][32], foi precedida de um primeiro esforço de mode-

---

influência, iniciativa e retribuição. Preside, além disso, à constituição ulterior dos nexos sintáticos brevemente evocados acima: relação de simples coordenação entre desenvolvimentos sucessivos, de causa a efeito, entre meio e fim, de implicação (degradação implica eventualidade de proteção; desmérito, eventualidade de punição). O autor reivindica, aliás, o direito de recorrer à língua natural para "comunicar o sentimento intuitivo da organização lógica dos papéis na narrativa" (p. 309).

31. A. J. Greimas, *Du Sens*, Paris, Éd. du Seuil, 1970. O núcleo teórico da obra é constituído pelos dois estudos intitulados "Les jeux des contraintes sémiotiques", em colaboração com François Rastier (inicialmente publicado em inglês em *Yale French Studies*, 1968, n.º 41, com o título "The Interaction of Semiotic Constraints", e "Éléments d'une grammaire narrative", publicado em *L'Homme*, 1969, IX, 3). Os dois estudos são retomados em *Du Sens*, pp. 135-86.

32. *Maupassant: la sémiotique du texte, exercices pratiques*, Paris, Éd. du Seuil, 1976. Cf., também, *Sémiotique, Dictionnaire raisonné de la théorie du langage*, em colaboração com J. Courtés, Paris, Hachette, 1979. O presente trabalho estava terminado quando foi publicado A. J. Greimas, *Du Sens II*, Paris, Éd. du Seuil, 1983.

lização publicado em *Sémantique structurale*[33] [Semântica estrutural]. Já vemos presente nessa obra a ambição de construir um modelo rigorosamente acrônico e de derivar os aspectos irredutivelmente diacrônicos da narrativa, tal como a contamos ou recebemos, pela introdução de regras de transformação apropriadas. Essa ambição comanda a primeira decisão estratégica, a de não partir, ao contrário de Propp, das funções, ou seja, de segmentos de ação formalizados, os quais, como vimos, obedecem a uma ordem sequencial, e sim dos atores que são chamados de *actantes* para se distinguir dos personagens concretos nos quais seus papéis se encarnam. A vantagem dessa escolha é dupla: como vemos já em Propp, a lista dos actantes é mais curta que a das funções (lembramos da definição do conto russo como narrativa de sete personagens); além disso, suas interações se prestam imediatamente a uma representação mais *paradigmática* que *sintagmática*.

Exporemos mais adiante o quanto o modelo actancial se radicalizou e ao mesmo tempo se enriqueceu nas formulações posteriores da semiótica narrativa. Contudo, já em seu estágio primitivo, ele deixa transparecer as principais dificuldades de um modelo acrônico quanto ao tratamento do *tempo narrativo*.

O modelo tem, como ambição primeira, fundar o inventário dos papéis actanciais, cuja lista parece puramente contingente, em alguns caracteres universais da ação humana. E, se não podemos proceder a uma descrição exaustiva das possibilidades combinatórias da ação humana no nível da superfície, precisamos encontrar no próprio discurso o princípio de construção em seu nível profundo. Greimas segue aqui uma sugestão do linguista francês Lucien Tesnière, segundo o qual a frase mais simples já é um pequeno drama implicando um processo, atores e circunstâncias. Esses três componentes sintáticos engendram as classes do verbo, dos nomes (dos que participam do processo) e dos advérbios. Essa estrutura básica transforma a frase em "um espetáculo que o *homo loquens* se dá a si mesmo". A vantagem do modelo de Tesnière é múltipla; primeiro, está enrai-

---

33. A. J. Greimas, *Sémantique structurale*, Paris, Larousse, 1966.

zado numa estrutura de língua; segundo, oferece uma grande estabilidade, em razão da permanência da distribuição dos papéis entre os componentes sintáticos; finalmente, apresenta um caráter de limitação e de fechamento que convém à pesquisa sistemática. É portanto tentador extrapolar da sintaxe do enunciado elementar à do discurso, em virtude do axioma de homologia entre língua e literatura evocado acima.

Que um modelo actancial ainda não satisfaça plenamente às exigências sistemáticas do estruturalismo evidencia-se pelo fato de a extrapolação da sintaxe do enunciado na sintaxe do discurso requerer inventários de papéis extraídos pelos analistas anteriores de diversos *corpus* empiricamente dados (o conto russo de Propp, as "200.000 situações dramáticas" de Étienne Souriau). O modelo actancial procede assim do ajuste mútuo entre uma abordagem dedutiva, regida pela sintaxe, e uma abordagem indutiva, proveniente de inventários anteriores de papéis. Daí o caráter compósito do modelo, que mistura a construção sistemática e diversos "arranjos" de ordem prática.

Esse ajuste mútuo encontra seu equilíbrio num modelo de seis papéis, que repousam em três pares de categorias actanciais (cada uma delas constituindo uma oposição binária). A primeira categoria opõe o sujeito ao objeto: tem como base sintática a forma A *deseja* B; além disso, encontra apoio nos inventários consultados: é, com efeito, na esfera do desejo que a relação transitiva ou teleológica opera (o herói se põe em busca da pessoa procurada, em Propp). A segunda categoria repousa na relação de *comunicação*: um destinador se opõe a um destinatário; ainda aqui, a base é sintática: toda mensagem liga um emissor a um receptor; encontramos assim o mandante de Propp (o rei encarrega o herói de uma missão etc.) e o mandante fundido com o próprio herói. O terceiro eixo é *pragmático*: opõe o adjuvante e o oponente. Esse eixo se compõe seja com a relação do desejo, seja com a relação da comunicação, que podem ser, ambas, auxiliadas ou impedidas; Greimas admite que a base sintática é aqui menos evidente, embora certos advérbios (tranquilamente, contudo), certos particípios circunstanciais ou, finalmente, os aspectos do verbo em certas línguas, façam as vezes de base sintática; no mundo dos contos maravilhosos, esse par é representado por forças benevolentes e malevolentes. Em suma, o modelo combina três relações: de *desejo*, de *comunicação* e de *ação*, todas elas repousando numa oposição binária.

Apesar do caráter laborioso de seu estabelecimento, o modelo seduz por sua simplicidade e elegância; além disso, ao contrário do de Propp, distingue-se por sua capacidade de ser aplicado a microuniversos tão variados quanto heterogêneos. Contudo, não é nessas possibilidades temáticas que o teórico está interessado, mas nos sistemas de relações entre os lugares possíveis.

É na passagem dos personagens às ações ou, em termos mais técnicos, dos actantes às funções, que se traça o destino do modelo. Lembramos que Propp fixara-se num inventário de 31 funções sucessivas, a partir das quais definia as esferas de ação dos personagens e os próprios personagens. Num modelo actancial, é nas regras de transformação das três relações, de desejo, de comunicação e de ação, que repousa a empresa, que Greimas caracteriza como um trabalho de "redução" e de "estruturação". Antecipando o segundo modelo, o de *Du Sens,* Greimas propõe caracterizar todas as transformações que resultam de uma categoria sêmica qualquer como espécies de *conjunção* e de *disjunção*. Na medida em que, nos *corpus* considerados, a narrativa aparece no plano sintagmático como um processo que decorre do estabelecimento de um contrato e se desenvolve, depois, da ruptura do contrato à sua restauração, a redução do sintagmático ao paradigmático é obtida pela assimilação do contrato a uma conjunção entre mando e aceitação, sua ruptura a uma disjunção entre interdição e violação, sua restauração a uma nova conjunção (a aceitação do adjuvante na prova qualificante, a liquidação da carência na prova principal, o reconhecimento na prova glorificante). Dentro desse esquema geral, inúmeras conjunções e disjunções devem ser introduzidas, em função das três relações básicas do desejo, da comunicação e da ação. Mas, no total, entre carência e liquidação da carência, existem somente "identidades a conjugar e oposições a disjuntar" (p. 195). Toda a estratégia torna-se assim uma vasta empresa de esquivamento da diacronia.

Porém, num modelo puramente actancial, essa estratégia não atinge seu objetivo. Contribui, antes, para ressaltar o papel irredutível do desenvolvimento temporal na narrativa, na medida em que essa própria estratégia destaca a noção de prova[34]. Esta constitui o momento crítico da narrativa, caracterizada no plano diacrônico como busca. A prova, com efeito, põe em contato o enfrentamento e a vitória. Ora, a passagem do primeiro à segunda através da luta é perfeitamente aleatória; por isso a relação de sucessão não pode ser reduzida a uma relação de implicação necessária[35]. O mesmo ocorre com o par mando/aceitação, que lança a busca, e também com a própria busca considerada na sua unidade.

A busca, por sua vez, tira seu caráter aleatório do caráter fortemente axiológico introduzido pelas próprias noções de contrato, de violação e de restauração. Enquanto negação da aceitação, a violação é uma negação axiológica tanto quanto uma disjunção lógica. O próprio Greimas percebe nessa ruptura um traço positivo: "a afirmação da liberdade do indivíduo"[36] (p. 210). Assim, a mediação operada pela narrativa enquanto busca não poderia ser apenas lógica: *a transformação dos termos e de suas relações é propriamente histórica*. A prova, a busca, a luta[37] não poderiam pois ser reduzidas ao papel de expressão figurativa de uma transformação lógica; essa é primordialmente a projeção ideal de uma operação eminentemente temporalizante. Em

---

34. "A prova poderia pois ser considerada o núcleo irredutível que daria conta da definição da narrativa em termos de diacronia" (p. 205).

35. Greimas volta essa consideração contra o tratamento dado por Propp a toda a cadeia como uma sequência fixa, enquanto a prova constitui uma certa manifestação de liberdade. Mas o mesmo argumento não poderia ser voltado contra toda a construção de um modelo paradigmático sem dimensão diacrônica originária? Greimas admite-o espontaneamente: "Toda narrativa se reduziria pois a essa estrutura simples, se não subsistisse um resíduo diacrônico, sob a forma de um par funcional – enfrentamento *vs.* vitória – que não se deixa transformar em uma categoria sêmica elementar" (p. 205).

36. No mesmo sentido: "A alternativa que a narrativa coloca é a escolha entre a liberdade do indivíduo (ou seja, a ausência de contrato) e o contrato social aceito" (p. 210).

37. Consequentemente, é a luta, único par funcional não analisável em termos de estrutura acrônica (...) que deve dar conta da transformação" (p. 211).

outras palavras, a mediação operada pela narrativa é essencialmente prática, seja, como o próprio Greimas sugere, por visar a restaurar uma ordem anterior que está ameaçada, seja por visar a projetar uma nova ordem que seria a promessa de uma salvação. Quer a história narrada explique a ordem existente, quer projete uma outra ordem, ela põe, enquanto história, um limite a todas as reformulações puramente lógicas da estrutura narrativa. É nesse sentido que a inteligência narrativa, a compreensão da intriga precedem a reconstrução da narrativa com base numa lógica sintática.

Nossa meditação sobre o tempo narrativo encontra aqui um enriquecimento precioso; já que o elemento diacrônico não pode ser tratado como um resíduo da análise, podemos nos perguntar que qualidade temporal se dissimula sob o vocábulo diacronia, cuja relação de dependência para com os termos sincronia e acronia já sublinhamos. A meu ver, o movimento do contrato à luta, da alienação ao restabelecimento da ordem, movimento constitutivo da busca, não implica apenas um tempo sucessivo, uma cronologia, que é sempre tentador descronologizar e logicizar, como dizíamos acima. A resistência do elemento diacrônico num modelo de vocação essencialmente acrônica parece-me ser o índice de uma resistência mais fundamental, *a resistência da temporalidade narrativa à simples cronologia*[38]. Se a

---

38. Essa tese encontra certo apoio no uso que Todorov faz do conceito de transformação narrativa ("Les transformations narratives", in *Poétique de la prose, op. cit.*). A vantagem é combinar o ponto de vista paradigmático de Lévi-Strauss e de Greimas com o ponto de vista sintagmático de Propp: entre outros efeitos, a transformação narrativa duplica os predicados de ação (fazer), indo das modalidades (dever, poder fazer) às atitudes (gostar de fazer). Além disso, torna possível a narrativa, operando a transição do predicado de ação à sequência, enquanto síntese de diferença e semelhança; em suma, "ela interliga dois fatos sem que esses possam se identificar" (*ibid.*, p. 239). Essa síntese é nada mais nada menos, a meu ver, que aquela já operada e entendida como *síntese do heterogêneo* no plano da compreensão narrativa. Concordo mais uma vez com Todorov quando opõe transformação a sucessão ("Les deux principes du récit", in *Les Genres du discours, op. cit.*). É certo que a noção de transformação parece dever filiar-se à racionalidade narratológica, diferentemente de minha noção de configuração, que me parece fazer parte da inteligência narrativa. A rigor, só poderemos falar de transformação se lhe dermos uma formulação lógica.

cronologia pode ser reduzida a um efeito de superfície, é porque a pretensa superfície foi, antes, privada de sua dialética própria, a saber, a competição entre a dimensão sequencial e a dimensão configurante da narrativa – competição que faz da narrativa uma totalidade sucessiva ou uma sucessão total. Mais fundamentalmente ainda, a espécie de distanciamento entre o contrato e a luta, subjacente a essa dialética, revela o caráter do tempo que Agostinho, na esteira de Plotino, caracterizava como distensão do espírito. Não se deveria mais, então, falar de tempo, mas de temporalização. Essa distensão é, com efeito, um processo temporal que se exprime através dos adiamentos, dos circunlóquios, dos suspenses e de toda a estratégia de procrastinação da busca. A distensão temporal se exprime mais ainda por meio das alternativas, das bifurcações, das conexões contingentes e finalmente pela imprevisibilidade da busca em termos de sucesso e de fracasso. Ora, a busca é o motor da história, na medida em que ela separa e reúne a carência e a supressão da carência, assim como a prova é o nó do processo sem o qual nada aconteceria.

É assim que a sintaxe actancial remete à intriga da *Poética* de Aristóteles e, através desta, ao tempo das *Confissões* de Agostinho.

A semiótica narrativa segundo *Du Sens* e *Maupassant* não constitui propriamente um modelo novo, mas a radicalização e, ao mesmo tempo, o enriquecimento do modelo actancial que acabamos de discutir. Radicalização, no sentido de que o autor tenta remeter as injunções da narratividade a sua fonte última: as injunções ligadas ao funcionamento mais elementar de todo sistema semiótico; a narratividade se justificaria então enquanto

---

Entretanto, na medida em que a narrativa dá lugar a outras transformações além da negação, de que dependem disjunções e conjunções, por exemplo a passagem da ignorância ao reconhecimento, a reinterpretação de acontecimentos já ocorridos, a submissão a imperativos ideológicos (*ibid.*, pp. 67 ss.), parece difícil dar um equivalente lógico a todas as organizações narrativas cuja competência adquirimos em razão de nossa familiaridade com as intrigas tipo herdadas de nossa cultura.

atividade subtraída ao acaso. Enriquecimento, no sentido de que o movimento de redução ao elementar é compensado por um movimento de desenvolvimento em direção ao complexo. A ambição é, pois, pela via regressiva do percurso, remontar a um nível semiótico mais fundamental que o próprio nível discursivo e ali encontrar a narratividade já situada e organizada anteriormente à sua manifestação. Inversamente, pela via progressiva, o interesse da gramática narrativa de Greimas está em compor grau por grau as condições da narratividade a partir de um modelo lógico tão pouco complexo quanto possível e que não comporta inicialmente nenhum caráter cronológico.

A questão é saber se, para dar conta da estrutura das narrativas efetivamente produzidas pelas tradições orais e escritas, as adjunções sucessivas às quais o autor procede para enriquecer seu modelo inicial tiram sua capacidade especificamente narrativa do modelo inicial ou de pressuposições extrínsecas. A aposta de Greimas é que, apesar dessas adjunções, a equivalência entre o modelo inicial e a matriz final pode ser mantida do início ao fim. É essa aposta que precisa ser posta à prova, teórica e praticamente.

Sigamos pois a ordem recomendada pelos "jogos das injunções semióticas": em primeiro lugar, as *estruturas profundas* que definem as condições de inteligibilidade dos objetos semióticos; depois, as estruturas medianas, chamadas de *superficiais*, por contraste com as precedentes, em que a narrativização encontra suas articulações efetivas; enfim, as estruturas de *manifestação*, particulares a essa ou aquela língua e a esse ou aquele material expressivo.

A primeira etapa, a das "estruturas profundas", é a etapa do "modelo constitucional"[39]. Greimas quis resolver o problema de dispor de um modelo que apresente imediatamente um caráter complexo, sem contudo estar inserido numa substância (ou num *medium*) linguístico ou mesmo não linguístico. Com efeito, para poder ser narrativizado, ele tem de ser articulado. O lance de gênio – temos que dizer – foi ter procurado esse ca-

---

39. "Les jeux des contraintes sémiotiques", *Du Sens, op. cit.*, p. 136.

ráter já articulado numa estrutura lógica tão simples quanto possível, a saber, a "estrutura elementar da significação" (*ibid.*). Essa estrutura depende das condições de apreensão do sentido, de qualquer sentido. Se algo – qualquer coisa – significa, não é porque temos alguma intuição de seu sentido, mas porque podemos desenvolver do seguinte modo um sistema absolutamente elementar de relações: branco significa, porque posso articular entre si três relações: uma relação de contradição – branco *vs.* não branco –, de contrariedade – branco *vs.* preto – e de pressuposição – não branco *vs.* preto. Estamos de posse do famoso *quadrado semiótico*, cuja força lógica parece presidir todos os enriquecimentos ulteriores do modelo[40].

Como esse modelo constitucional irá se narrativizar, ao menos virtualmente? Dando uma representação dinâmica do modelo taxionômico, ou seja, do sistema de relações não orientadas constitutivas do quadrado semiótico, em resumo, tratando as *relações* como *operações*. Encontramos aqui o conceito tão importante de transformação, já introduzido pelo modelo actancial sob a forma maior da conjunção e da disjunção. Reformuladas em termos de operações, nossas três relações de contradição, de contrariedade e de pressuposição aparecem como transformações através das quais um conteúdo é negado e outro afirmado. A primeiríssima condição da narratividade nada mais é do que esse pôr em movimento do modelo taxionômico por operações orientadas. Essa primeira referência à narratividade já atesta a atração que exerce, sobre a análise, o objetivo a ser alcançado, qual seja, o de dar conta do caráter *instável* do processo narrativo no nível da manifestação. Por isso é tão importante colocar a estrutura em movimento. Podemos nos perguntar, contudo, se não é a competência adquirida no curso de uma longa convivência com as narrativas tradicionais que nos permite, por antecipação, chamar de *narrativização* a simples reformulação da taxonomia em termos de operações

---

40. Discuto a questão da estrutura lógica do quadrado semiótico nas duas longas notas 4 e 11 de meu artigo "La grammaire narrative de Greimas", *Documents de recherches sémio-linguistiques de l'Institut de la langue française*, École des hautes études en sciences sociales, Paris, CNRS, n.º 15, 1980.

e que exige que procedamos das relações estáveis às operações instáveis.

A segunda etapa – a das estruturas "superficiais", mas ainda não "figurativas" – procede da inserção do modelo constitucional na ordem do *fazer*. Para falar de nível figurativo, seria preciso considerar atores de carne e osso, cumprindo tarefas, passando por provas, atingindo objetivos. No nível no qual nos mantemos aqui, limitamo-nos à gramática do *fazer* em geral. É ela que introduz o segundo estágio constitucional. O enunciado básico é o *enunciado narrativo simples*, do tipo: alguém faz algo. Para transformá-lo em *enunciado-programa*, são-lhe acrescentadas as modalidades diversas que o potencializam: querer fazer, querer (uma coisa), querer ser (um valor), querer saber, querer poder[41].

Alcançamos verdadeiramente o plano narrativo introduzindo em seguida uma relação *polêmica* entre dois programas e, assim, entre um sujeito e um antissujeito. Basta então aplicar a uma sequência sintagmática de enunciados narrativos as regras de transformação oriundas do modelo constitucional para obter, por disjunção, a confrontação e, depois, por modalização, o querer-dominar e a dominação e, finalmente, por conjunção, a atribuição ao sujeito da dominação de um objeto-valor. Chamaremos de *performance* uma sequência sintagmática da forma "confrontação, dominação, atribuição", à qual podemos, além disso, aplicar todas as modalidades do fazer, do querer fazer, do saber fazer e do poder fazer. Falando da *performance* enquanto sequência sintagmática unificada, Greimas escreve: "É provavelmente a unidade mais característica da sintaxe narrativa" (*Du Sens*, p. 173). É, pois, a essa constituição complexa da performance que se aplica o princípio de equivalência

---

41. Nesse estágio, frases narrativas e frases de ação são indiscerníveis. O critério diferencial da frase narrativa proposto por A. Danto em *Analytical Philosophy of History* (*op. cit.*) – descrição de uma ação anterior A em função de uma ação ulterior B, do ponto de vista de um observador cuja posição temporal é posterior a A e B – é ainda inaplicável. Por isso só podemos falar, ainda, de enunciado-programa.

entre gramática profunda e gramática superficial; essa equivalência repousa inteiramente na relação de implicação entre confrontação, dominação e atribuição[42].

A constituição do modelo narrativo conclui-se com a adição da categoria da *transferência*, emprestada da estrutura da troca, à categoria polêmica. Reformulada em termos de troca, a atribuição de um objeto-valor (último dos três enunciados narrativos constitutivos da performance) significa que um sujeito adquire aquilo de que um outro é privado. A atribuição pode assim ser decomposta em duas operações: uma privação, equivalente a uma disjunção, e uma atribuição propriamente dita, equivalente a uma conjunção. As duas juntas constituem a transferência exprimida por dois enunciados translativos.

Essa reformulação leva à noção de *sequência performancial*. É numa tal sequência que se deve ver o esqueleto formal de toda narrativa.

A vantagem dessa reformulação é permitir representar todas as operações anteriores como mudanças de "lugares" – os lugares iniciais e finais das transferências –, em outras palavras, satisfazer a uma sintaxe topológica dos enunciados translativos. Assim, as quatro pontas do quadrado semiótico tornam-se os lugares de onde e para onde as transferências são operadas. Por sua vez, os muitos aspectos da fecundidade dessa sintaxe topológica tornam-se evidentes à medida que se desenvolve a análise topológica nos dois planos do fazer e do querer fazer.

Se considerarmos inicialmente apenas os objetos-valores, adquiridos e transferidos pelo fazer, a sintaxe topológica permitirá representar a sequência ordenada das operações no quadrado semiótico, ao longo das linhas de contradição, contrariedade e pressuposição, como uma *transmissão circular dos valores*. Podemos dizer sem nenhuma hesitação que essa sintaxe topológica das transferências é o verdadeiro motor da narração "enquanto processo criador de valores" (p. 178).

---

42. O enunciado final da performance – chamado de atribuição – "equivale, no plano superficial, à asserção lógica da gramática fundamental" (*Du Sens*, *op. cit.*, p. 175). Discuto, no artigo acima citado, a pertinência lógica dessa equivalência ("La grammaire narrative de Greimas", p. 391).

Se considerarmos agora não mais apenas as operações, mas os operadores[43] – ou seja, no esquema da troca, os destinadores e os destinatários da transferência –, a sintaxe topológica regerá as transformações que afetam a *capacidade* de fazer e portanto de operar as transferências de valores consideradas acima. Em outras palavras, ela regerá a própria *instituição* dos operadores sintáticos, criando sujeitos dotados da virtualidade do fazer.

Esse desdobramento da sintaxe topológica corresponde pois ao desdobramento do fazer e do querer (poder, saber fazer), ou seja, ao desdobramento dos enunciados narrativos em enunciados descritivos e enunciados modais e portanto também ao desdobramento das duas séries de performances: a aquisição é assim a transferência referida seja a valores-objetos, seja a valores modais (adquirir o poder, o saber, o querer fazer).

A segunda série das performances é a mais importante do ponto de vista do desencadeamento do percurso sintático. É preciso que operadores sejam instituídos como podendo e, depois, como sabendo e querendo, para que transferências de objetos de valor se encadeiem por sua vez. Portanto, indagados de onde vem o primeiro actante, deve-se invocar o *contrato* que institui o sujeito do desejo atribuindo-lhe a modalidade do querer. A unidade narrativa particular na qual é posto o querer de um sujeito "sapiente" ou "potente" constitui a primeira performance da narrativa.

A "narrativa acabada" (p. 180) combina a série das transferências de valores objetivos com a série das transferências que instituem um sujeito "sapiente" ou "potente".

As preocupações topológicas de Greimas marcam assim a tentativa mais extrema para levar a extensão do paradigmático tão longe quanto possível no coração do sintagmático. Em nenhum outro lugar o autor se sente mais perto de realizar o velho sonho de fazer da linguística uma álgebra da linguagem[44].

---

43. "É que uma sintaxe dos operadores deve ser construída independentemente da sintaxe das operações: um nível metassemiótico deve ser elaborado para justificar as transferências de valores" (*Du Sens, op. cit.*, p. 178).

44. Numa entrevista dada a Frédéric Nef (in Frédéric Nef *et al.*, *Structures élémentaires de la signification*, Bruxelas, Éd. Complexe, 1976), Greimas declara:

Em suma, no final de seu próprio *percurso*, que vai do plano da imanência ao plano de superfície, a semiótica faz com que a própria narrativa apareça como *percurso*. Mas ela considera esse percurso o estrito homólogo das operações implicadas pela estrutura elementar de significação no plano da gramática fundamental. Ele é "a manifestação linguística da significação narrativizada" (*Du Sens*, p. 183).

Na verdade, mais que terminado, o percurso dos níveis semióticos da narratividade foi interrompido: já terão observado que nada dissemos aqui a respeito do terceiro nível, o nível de manifestação, em que os lugares definidos formalmente no plano da gramática de superfície são preenchidos de maneira figurativa. De fato, o nível figurativo permanece até hoje como o parente pobre da análise semiótica. A razão disso é, ao que parece, que a figuração (axiológica, temática, actancial) não é considerada produto de uma atividade *configurante* autônoma. Daí o nome de manifestação dado a esse nível: como se nele não acontecesse nada de interessante, a não ser a exibição das estruturas subjacentes. Nesse sentido, o modelo oferece figurações sem configuração. Todo o dinamismo da composição da intriga é transferido para as operações lógico-semânticas e para a sintagmatização dos enunciados narrativos em programas, em performances e em sequências de performances. Portanto, não é por acaso que o termo intriga não aparece no vocabulário comentado da semiótica narrativa. Na verdade, ele não poderia estar ali, pois pertence à inteligência narrativa, da qual a racionalidade semiótica procura dar um equivalente ou, melhor, uma simulação. É preciso, pois, esperar que a semiótica narrativa desenvolva um interesse específico pela *figuratividade*, antes que possamos nos pronunciar sobre a sorte reservada aos "jogos das injunções semióticas" no nível figurativo.

"Se considerarmos agora a narração em sua perspectiva sintagmática, em que cada programa narrativo aparece como um processo feito de aquisições e de perdas de valores, de enriquecimentos e empobrecimentos de tema, percebemos que cada passo dado à frente no eixo sintagmático corresponde a 'e se define por' um deslocamento topológico no eixo paradigmático" (p. 25).

Antes de propor algumas reflexões críticas sobre o modelo semiótico, gostaria de ressaltar o intenso espírito de pesquisa que anima a obra de Greimas e a de sua escola. Já notamos a que ponto o modelo semiótico radicaliza e enriquece o primeiro modelo actancial. Devemos, pois, considerar *Du Sens* como um simples corte transversal numa pesquisa em curso. *Maupassant* já traz complementos, alguns dos quais antecipam remanejamentos importantes. Citarei três.

No plano das estruturas profundas, Greimas começou corrigindo o caráter acrônico das operações de transformação aplicadas ao quadrado semiótico, acrescentando-lhes estruturas aspectuais: a *duratividade*, que resulta da temporalização de um estado e caracteriza todo processo contínuo; em seguida, os dois aspectos pontuais que delimitam os processos: a *incoatividade* e a *terminatividade* (é o caso, no conto de Maupassant, *Dois amigos*, dos termos "morrendo" e "nascendo"; podemos acrescentar a interatividade à duratividade); finalmente, a relação de tensão – a *tensividade* –, instaurada entre um sema durativo e um dos semas pontuais, e que se exprime em expressões como "bastante próximo", "demasiado", "longe".

Não é fácil definir o lugar dessas estruturas aspectuais com relação às estruturas profundas, de um lado, e às estruturas discursivas coextensivas ao fazer, de outro. De um lado, com efeito, as estruturas aspectuais são equiparadas a operações lógicas: a oposição permanência/ incidência rege a oposição duratividade/pontualidade. Do mesmo modo, as posições temporais antes/durante/depois são consideradas "posições temporalizadas" (p. 71) de relações lógicas de anterioridade/concomitância/posterioridade; quanto à articulação permanência/incidência, ela é apenas a "adaptação ao tempo" do par contínuo *vs.* descontínuo. Com essas expressões, porém, só se consegue recuar a relação com o tempo. Por outro lado, podemos nos perguntar se considerações aspectuais podem ser introduzidas antes de todo encadeamento sintagmático, de todo percurso discursivo; é por essa razão que, na análise detalhada das sequências do conto de Maupassant, os traços aspectuais são introduzidos por ocasião de seus investimentos discursivos. Não conseguimos ver, com efeito, como relações lógicas se temporalizariam se não houvesse nenhum processo que exigisse uma estrutura sintagmática do discurso segundo a linearidade temporal. A introdução das estruturas aspectuais no modelo não se faz, pois, sem dificuldades.

Um segundo acréscimo importante – também na imbricação do nível lógico-semântico e de seu investimento discursivo – contribui para dinamizar ainda mais o modelo, sem enfraquecer sua base paradigmática. Diz respeito ao caráter fortemente *axiologizado* dos conteúdos a serem colocados no ápice do quadrado semiótico. Assim, todo o conto *Dois amigos* se desenrola numa isotopia dominante, em que vida e morte constituem o eixo dos contrários, com seus contraditórios cruzados: não vida, não morte. Eles não são actantes – senão teríamos de falar deles com as categorias do fazer –, mas conotações *eufóricas* e *disfóricas*, capazes de fundar toda narrativa. Grande parte do tratamento semiótico ulterior consistirá em atribuir personagens a esses lugares, mas também entidades levemente antropomorfizadas, como o Sol, o Céu, a Água, o Monte Valeriano. Tudo indica que esses valores axiológicos profundos representam mais que estereótipos culturais ou ideologias. Os valores respectivos da vida e da morte são assumidos por todos os homens; o que é próprio a tal cultura, a tal escola de pensamento, a tal contador é aplicar esses valores-chave a figuras determinadas, como no nosso conto que coloca o Céu do lado da não vida e a Água do lado da não morte. O interesse dessa disposição dos valores eufóricos e disfóricos no nível mais profundo possível é não apenas garantir a estabilidade da narrativa em seu desenrolar, mas, acrescentando o axiológico ao lógico, favorecer a narrativização do modelo fundamental. Acaso não aprendemos com Aristóteles que as mudanças prioritariamente tratadas pelo drama são as que transformam a fortuna em infortúnio e vice-versa? Mas, ainda uma vez, o lugar dessas determinações axiológicas no esquema geral não é tão fácil de estabelecer. Em primeiro lugar, também aqui é difícil não se referir aos papéis temáticos que essas conotações afetam, ou seja, aos sujeitos discursivos que aí desenvolvem um percurso narrativo. Em seguida, o caráter polêmico já está subentendido na oposição dos valores. Contudo, essas oposições devem supostamente preceder os papéis e os sujeitos nas suas relações polêmicas.

Um terceiro acréscimo ao modelo elementar é ainda mais difícil de distinguir de suas aplicações discursivas. Contudo, sua anterioridade lógica com relação ao fazer e aos actantes e seu caráter francamente paradigmático garantem-lhe um lugar bem próximo das estruturas profundas. Concerne aos *destinadores*, cujos actantes e papéis temáticos são os delegados, as encarnações e as figurações, segundo o nível hierárquico variável dos próprios destinadores e de seus representantes narrativizados: assim, em *Dois amigos*, a Vida, a Morte e seus contraditórios são destinadores, mas também Paris, a Prússia etc. À noção de destinador liga-se a noção de mensagem e, assim, de envio, e portanto de colocação em movimento, de dinamização. Na primeira vez que o autor a introduz em seu texto, ele destaca precisamente esta função: "transformar uma axiologia, dada como sistema de valores, em uma sintagmatização operatória" (p. 62). É verdade que a semiótica da narrativa só a introduz no momento em que pode fazer corresponder a ela uma distribuição actancial; mas o importante, para a teoria, é que essa distribuição recobre o conjunto da narrativa; por isso o autor pode falar do "estatuto protoactancial do destinador"[45] (p. 63). Assim se superpõem no quadrado semiótico termos lógicos, predicados axiológicos e destinadores, antes que possamos nele inscrever atores figurativos.

Mais consideráveis ainda são os complementos que *Maupassant* traz à gramática do *fazer* e, assim, ao plano francamente discursivo. O conto moderno exige com efeito levar em consideração processos que se desenrolam no plano *cognitivo*, quer se trate de observação ou de informação, de persuasão ou de interpretação, de embuste, de ilusão, de mentira ou de segredo. Greimas responde a essa solicitação (que tem sua origem na

---

45. O par destinador-destinatário prolonga o do mando em Propp ou o do contrato inaugural no primeiro modelo actancial de Greimas, contrato em virtude do qual o herói recebe a competência de fazer. Mas o par destinador-destinatário está colocado agora num plano mais radical de formalização. Existem, com efeito, destinadores individuais, sociais ou mesmo cósmicos.

função dramática do "reconhecimento" em Aristóteles e também nas célebres análises do *trickster* ou malandro em antropologia) por uma série de decisões metodológicas audaciosas. Em primeiro lugar, desdobra claramente o fazer em *fazer pragmático* e em *fazer cognitivo*, este último instaurando o sujeito competente como sujeito noológico distinto do sujeito somático. Depois, desdobra o fazer cognitivo em dois polos: *o fazer persuasivo*, exercido pelo destinador do fazer cognitivo relativamente ao destinatário, a que corresponde, pelo lado deste último, o *fazer interpretativo*. A vantagem essencial de tratar a dimensão cognitiva em termos de fazer consiste em poder submeter as operações de conhecimento às mesmas regras de transformação que as ações propriamente ditas (Aristóteles já incluíra em seu *mŷthos* os "pensamentos" dos personagens na categoria de *diánoia*); assim, as inferências do parecer ao ser, em que consiste a interpretação, são formas do fazer suscetíveis de se inscrever como as outras num percurso narrativo. Do mesmo modo, a relação polêmica pode afrontar não apenas dois fazeres pragmáticos, mas dois fazeres persuasivos, por exemplo, na discussão, ou ainda dois fazeres interpretativos, por exemplo, na acusação ou na denegação de culpabilidade. A partir de então, quando se fala de relação polêmica, é preciso ter em mente toda essa rica palheta do fazer[46].

Entretanto, a brecha introduzida na teoria até aqui relativamente homogênea do fazer não é negligenciável. Para dar conta da persuasão e da interpretação, é preciso efetivamente recorrer às categorias, novas em semiótica, mas muito antigas em filosofia, do ser e do parecer. Persuadir é fazer acreditar que o que parece é; interpretar é inferir do parecer ao ser. Mas o autor insiste que são conservados para esses termos "o senso de existência semiótico" (p. 107). Chama de relação fiduciária essa passagem de um plano a outro, que instaura os valores denominados certeza, convicção, dúvida, hipótese, embora admita ainda não dispor da categorização certa dos valores fidu-

---

46. Cf. Jacques Escande, *Le Récepteur face à l'Acte persuasif. Contribution à la théorie de l'interprétation (à partir de l' analyse de textes évangéliques)*, tese de doutorado em semântica geral orientada por A. J. Greimas, EHESS, 1979.

ciários (p. 108). Espera, assim, conservar um caráter lógico para as transformações narrativas nas quais um sujeito, por exemplo, camuflando-se, visa a que um outro sujeito interprete o não parecer como não ser; o primeiro se coloca sob a categoria do segredo, que une ser e não parecer. Essa prova, colocada na dimensão cognitiva da narrativa, conserva assim ao mesmo tempo sua inscrição narrativa e seus traços lógicos, pela introdução de um novo quadrado semiótico, o *quadrado de veridição*, constituído a partir da oposição ser *vs.* parecer, completada pelos dois contraditórios respectivos: não ser, não parecer. A verdade marca a conjunção do ser e do parecer, a falsidade a do não parecer e do não ser, a mentira a do parecer e do não ser, o segredo a do ser e do não parecer. O embuste é o fazer persuasivo que consiste em transformar a mentira em verdade (fazer passar por...), ou seja, em apresentar e em fazer aceitar o que parece mas não é como o que parece e é. A ilusão é o fazer interpretativo que corresponde à mentira, aceitando-a ao modo de um contrato com o destinador malandro. O malandro, enquanto papel actancial (o que se faz passar por um outro), é assim suscetível de uma definição precisa no plano da veridição.

A introdução do fazer cognitivo, a distinção entre fazer cognitivo e fazer interpretativo e a instauração da estrutura de veridição constituem as mais consideráveis adições de *Maupassant* à categorização do fazer, principalmente se considerarmos todas as modalizações do poder fazer que lhe estão associadas (inclusive a mais importante de todas em *Dois amigos*: a recusa, ou seja, o querer não poder). Assim, poderemos dar conta, no conto de Maupassant, de uma situação dramática tão considerável quanto a de uma busca ilusória, transformada em vitória secreta[47].

---

47. *Maupassant* sugere outras distinções cada vez mais refinadas no que diz respeito ao fazer. A entrada "fazer", no *index rerum* colocado no fim de *Maupassant* (p. 273), dá uma ideia das ramificações que a teoria é instada a produzir por textos consideravelmente mais sutis que os contos populares. A distinção entre *fazer* e *ser* me parece a mais difícil de manter no quadro da narratividade, na medida em que ela não se inscreve mais no interior do fazer; mas o *ser* em questão liga-se ao fazer por intermédio da ideia de estado, de dispo-

São esses os enriquecimentos mais importantes trazidos por *Maupassant* ao modelo semiótico. Deles eu diria que distendem o modelo sem fazê-lo explodir. (A maior ameaça de ruptura talvez seja posta com a questão da veridição.) Na medida em que não propõem nenhum remanejamento importante do modelo descrito dez anos antes em *Du Sens*, tampouco colocam em causa a crítica que se pode fazer do modelo semiótico de base, em seus três níveis: estruturas profundas, superficiais e figurativas.

A questão fundamental que o modelo de gramática narrativa coloca é saber se a chamada gramática de superfície não é mais rica em potencialidades narrativas que a gramática fundamental, e se esse enriquecimento crescente do modelo ao longo do percurso semiótico não procede de nossa competência em seguir uma história e de nossa familiaridade já estabelecida com a tradição narrativa.

A resposta a essa questão está dada de antemão já na designação inicial da gramática profunda como plano de imanência e da gramática de superfície como plano de manifestação.

Ora, essa questão coloca uma vez mais em jogo, mas com o apoio de um modelo consideravelmente mais refinado, o problema que nos ocupa desde o início deste capítulo: o das relações entre a racionalidade da narratologia e a inteligência narrativa, forjada na prática da composição da intriga. Por isso a discussão deve ser mais cerrada do que nunca.

Minha dúvida inicial, que a argumentação ulterior vai pôr à prova, é que, já no seu estágio mais primordial, a saber, na construção do quadrado semiótico, a análise é teleologicamente guiada pela antecipação do estágio final, a saber, o da narração como processo criador de valores (*Du Sens*, p. 178), no qual eu vejo o equivalente, no plano da racionalidade semiótica, do

---

sição duradoura: por exemplo, a alegria, que marca a instalação num estado eufórico, ou ainda a liberdade, quando os "Dois Amigos", privados de todo poder fazer após sua captura, exercem seu poder de não querer fazer, ou seja, sua recusa, e são assim instaurados em seu *ser-livre*, que se exprime, no final do conto, por seu poder morrer de pé.

que nossa cultura narrativa nos faz compreender como intriga. Entendamos bem: essa dúvida não desqualifica de modo algum a empresa. Questiona a presumida autonomia dos procedimentos semióticos, do mesmo modo que a discussão dos modelos nomológicos em história pôs em questão a autonomia da racionalidade historiográfica com relação à competência narrativa. A primeira parte do debate se dará no plano da gramática profunda.

Deixarei de lado, aqui, a questão da consistência lógica do modelo constitucional. Limitarei a discussão a dois pontos. O primeiro concerne às condições às quais o modelo deve satisfazer para conservar sua eficácia ao longo de todo o percurso semiótico. Tal como está constituído no plano da estrutura elementar de significação, o modelo é um modelo forte. Mas, como muitas vezes acontece com a interpretação num determinado domínio dos modelos construídos *a priori*, algumas de suas exigências devem ser atenuadas para funcionar nesses domínios. Tivemos um exemplo no domínio da historiografia: vimos o quanto o modelo nomológico teve de ser atenuado para afinar-se com a metodologia efetiva implicada pelo ofício de historiador. O modelo taxionômico inicial, por sua vez, só conservará uma significação lógica se permanecer um modelo forte. Ora, ele só conserva toda sua força no nível de uma análise sêmica, se não acabada, ao menos conduzida até o ponto em que permite um "inventário limitado de categorias sêmicas" (p. 161). Com essa condição, a contrariedade constitui uma contrariedade forte, a saber, uma oposição binária entre semas de mesma categoria, como por exemplo a categoria sêmica binária branco *vs.* preto; também a contradição é uma contradição forte: branco *vs.* não branco; preto *vs.* não preto; e a pressuposição de não S_1 por S_2 é verdadeiramente precedida por duas relações de contradição e de contrariedade, no sentido rigoroso que acabamos de expor. Ora, é duvidoso que essas três exigências sejam satisfeitas em seu rigor no domínio da narratividade. Se assim fosse, todas as operações ulteriores deveriam ser tão "previsíveis e calculáveis" (p. 166) quanto o autor declara. *Mas, então, nada aconteceria*. Não haveria acontecimento. Não haveria surpresa. Não haveria nada para contar. Podemos então presumir que a gramática de superfície lidará na maioria das vezes com quase contradições, quase contrariedades, quase pressuposições.

O segundo ponto no qual gostaria de me deter, sempre no plano da gramática profunda, concerne à narrativização da taxionomia, garantida pela passagem das *relações não orientadas* no modelo taxionômico para as *operações orientadas* que dão uma interpretação sintática ao modelo.

De fato, a passagem da ideia de relação estática à de operação dinâmica implica um verdadeiro acréscimo ao modelo taxionômico, que o cronologiza efetivamente, ao menos no sentido de que uma transformação leva tempo. Esse acréscimo é marcado no texto dos *Éléments* pela noção de "produção de sentido pelo sujeito" (*Du Sens*, p. 164). Temos pois, aí, mais do que uma reformulação: a introdução, em pé de igualdade, de um fator sintagmático ao lado do fator paradigmático. A noção de equivalência perde então seu sentido de relação recíproca na passagem da morfologia à sintaxe: pois, em que uma relação estável e sua transformação seriam equivalentes, se é a orientação que é pertinente na segunda? Podemos, então, nos perguntar se a construção do modelo não foi guiada pela ideia das transformações orientadas para fazer aparecer em seus termos inertes.

Essa questão se coloca em todos os níveis: a finalidade de uma operação parece estar na operação seguinte e, finalmente, na ideia acabada de narratividade. É ainda o que observamos na passagem da gramática profunda à gramática de superfície.

O enriquecimento do modelo inicial resulta da contribuição maciça das determinações características do fazer. Ora, todas essas determinações novas não derivam diretamente do modelo taxionômico, mas provêm de uma semântica da ação[48]. Sabe-

---

48. Poderiam objetar que confundimos as categorias antropomórficas do nível de superfície com categorias humanas do nível figurativo (caracterizadas pela existência de objetivos, motivos, escolhas), em resumo, com as categorias práxicas descritas na nossa primeira parte com o título de *mímesis* I. Mas duvido que se possa definir o fazer sem referência ao agir humano, a não ser por intermédio das categorias de quase personagem, quase intriga e quase acontecimento (*Tempo e narrativa*, vol. 1, pp. 290 ss.).

mos, a partir de um saber imanente ao próprio fazer, que o fazer é objeto de enunciados, cuja estrutura difere essencialmente da dos enunciados predicativos da forma *S é P* e dos enunciados relacionais da forma *X está entre Y e Z*. Essa estrutura dos enunciados descritivos da ação foi objeto de trabalhos precisos em filosofia analítica, que examino em *La sémantique de l'action*[49]. Uma característica notável desses enunciados é comportar uma estrutura aberta que vai de "Sócrates fala..." a "Brutus matou César, nos idos de março, no senado romano, com um punhal..." É essa semântica da ação que é de fato pressuposta pela teoria do enunciado narrativo. Fazer, aqui, pode substituir todos os verbos de ação (como *to do* em inglês). Em nenhum outro lugar a contribuição específica da semântica da ação é mais evidente que na passagem, por modalização, dos enunciados sobre o fazer aos enunciados sobre o poder fazer. Por que sabemos, com efeito, que o querer fazer torna o fazer eventual? Não há nada no quadrado semiótico que nos permita pressupor isso. De resto, a tipologia do querer fazer, do querer ser, do querer ter, do querer saber e do poder querer é excelente. Mas deriva, do ponto de vista linguístico, de uma gramática bem específica que a filosofia analítica elaborou de modo extremamente refinado com o nome de lógica intensional. E se, para colocar em forma lógica a relação entre os enunciados modais do tipo "querer que..." e os enunciados descritivos do fazer, é necessária uma gramática original, é a fenomenologia implícita à semântica da ação que dá sentido à declaração de Greimas de que "os enunciados modais que têm o querer como função instauram o sujeito como uma virtualidade do fazer, enquanto dois outros enunciados modais, caracterizados pelas modalidades do saber e do poder, determinam esse eventual fazer de duas maneiras diferentes: como um fazer proveniente do saber ou que se funda unicamente no poder" (p. 175). Essa fenomenologia implícita também vem à luz ao podermos interpretar o enunciado modal como o "desejo de realização" de um programa que está presente sob forma de enunciado des-

---

49. Remeto em particular aos trabalhos de Anthony Kenny, *Action, Emotion and Will*, Londres, Routledge and Kegan Paul, 1963.

critivo e ao mesmo tempo faz parte, enquanto objeto, do enunciado modal (p. 169).

Disso resulta que a relação entre o plano semiótico e o plano práxico é uma relação de precedência mútua. O quadrado semiótico traz sua rede de termos interdefinidos e seu sistema de contradição, contrariedade e pressuposição. A semântica da ação traz as significações maiores do fazer e a estrutura específica dos enunciados que se referem à ação. Nesse sentido, a gramática de superfície é uma gramática mista: semiótico-práxica[50]. Nessa gramática mista, parece bem difícil falar de *equivalência* entre as estruturas desenvolvidas pela semântica da ação e as operações implicadas pelo quadrado semiótico.

Daremos mais um passo na objeção observando que o enunciado narrativo simples permanecerá sendo uma abstração no interior da gramática superficial enquanto não se tiver introduzido a relação polêmica entre programas e entre sujeitos opostos. Já notamos anteriormente que não há nada de especificamente narrativo em uma frase de ação isolada. Apenas uma cadeia de enunciados constitui um sintagma narrativo e permite, retroativamente, chamar de narrativos os enunciados de ação que compõem a cadeia. Nesse sentido, a relação polêmica constitui o primeiro patamar autêntico de narratividade na gramática superficial, sendo o segundo constituído pela noção de performance e o terceiro pela de sequência sintagmática de performances e pela transferência de valores que ela opera.

Consideremos sucessivamente cada um desses patamares, começando pelo primeiro, a representação polêmica das relações lógicas.

Notemos, em primeiro lugar, que essa representação polêmica traz consigo novos aspectos que, antes de ter um significado lógico do tipo contradição ou contrariedade, têm um significado práxico autônomo. O confronto e a luta são figuras da orientação da ação em direção ao outro, que provêm de uma so-

---

50. A situação, a esse respeito, não é diferente da descrita no exame de *Logique du récit*, de Claude Bremond. Também ali a lógica da narrativa repousava em uma fenomenologia e em uma semântica da ação que o autor chamava de "uma metafísica".

ciologia compreensiva, como a de Max Weber, em que vemos efetivamente aparecer a luta (*Kampf*) num estágio bem determinado da constituição progressiva das categorias básicas de seu grande tratado *Wirtschaft und Gesellschaft*[51] (*Economia e sociedade*). A introdução da categoria de luta acentua consequentemente o caráter misto – meio-lógico, meio-práxico – de toda a gramática narrativa.

Observemos, além disso, que a equivalência no plano lógico entre confronto e contradição é incontestável. Parece-me que a noção de confronto coloca em jogo um tipo de negatividade de que Kant, em seu opúsculo *Versuch den Begriff der negativen Größen in die Weltweisheit einzuführen* [*Para introduzir em filosofia o conceito de grandeza negativa*][52], foi o primeiro a mostrar a irredutibilidade à contradição. A oposição de um sujeito a um antissujeito não é a de dois fazeres contraditórios. Suspeitamos que tampouco se aproxime da contrariedade[53].

---

51. Max Weber, *Wirtschaft und Gesellschaft*, 5.ª ed. revisada, Studienausgabe, Tübingen, J. C. B. Mohr (Paul Siebeck), 1972, primeira parte, cap. I, § 8, "Begriff des Kampfs" (p. 20). As categorias precedentes são as de ação social, relação social, orientação da ação (hábitos, costumes), ordem legítima (convenção, direito), fundamento de legitimidade (tradição, fé, validação pela lei).

52. Emmanuel Kant, *Essai pour introduire en philosophie le concept de grandeur négative*, tradução, introdução e notas de Roger Kempf, Paris, Vrin, 1949, cap. II, "L'opposition universelle".

53. Em "L'entretien avec Greimas" (F. Nef, *Structures élémentaires de la signification, op. cit.*, p. 25), o autor insiste que a estrutura polêmica da narração é o que permite estender a articulação *paradigmática* inicial do modelo taxionômico a todo o desenvolvimento *sintagmático* da narração. Opondo um antissujeito a um sujeito, um antiprograma a um programa, multiplicando até mesmo os quadrados actanciais pela fragmentação de todo actante em actante, negactante, entactante, negentactante, a estrutura polêmica garante a infiltração da ordem paradigmática em toda a ordem sintagmática: "Não é de espantar, então, que a análise de textos minimamente complexos obrigue a multiplicar as posições actanciais, revelando assim, ao lado de seu desenvolvimento sintagmático, a articulação paradigmática da narratividade" (*ibid.*, p. 24). Mas podemos dizer também o inverso: é porque acontece algo da ordem do conflito entre dois sujeitos que podemos projetá-lo no quadrado. E essa projeção, por seu lado, é possível porque o próprio quadrado foi tratado "como o lugar em que se efetuam as operações lógicas" (*ibid.*, p. 26), em poucas palavras, foi previamente narrativizado. Todo progresso da "quadratização", de patamar em pa-

O acréscimo das categorias de transferência às categorias polêmicas coloca um problema análogo. Também nesse novo estágio, o recurso implícito à fenomenologia é flagrante: se transferir é privar alguém de algo para dar a outro, há *mais* em privar e dar que em disjungir e conjungir. A privação de um objeto-valor sofrida por um sujeito é uma modificação que o afeta como paciente. O que a última etapa da constituição do modelo acrescenta, pois, é uma fenomenologia do *padecer/agir*, na qual noções como privação e doação adquirem sentido. Toda a linguagem topológica dessa última fase é um misto de conjunções/disjunções lógicas[54] e de modificações que intervêm no campo não apenas prático, mas pático. Essa conclusão não deverá surpreender, se for verdade que a sintaxe topológica das transferências, que duplica o percurso das operações lógicas do quadrado semiótico, "organiza a narração enquanto processo criador de valores" (p. 178). Como essa duplicação passaria de operações sintáticas que, no quadro taxionômico, eram "previsíveis e calculáveis" (p. 166) para um "processo criador de valores"? É preciso que a logicidade seja em algum lugar inadequada à criatividade própria à narrativa. Esse distanciamento evidencia-se no nível da transferência, na medida em que correlação e pressuposição distanciam-se do modelo lógico forte, para exprimir a dissimetria da privação e da atribuição e a *novidade* própria à atribuição. O caráter inovador que se liga à atribuição é ainda mais manifesto quando é o poder, o saber e o querer fazer – ou seja, a própria virtualidade do fazer – que cabem ao sujeito.

Esse distanciamento entre o esquema inicial, em que todas as relações se compensam, e o esquema final, em que valores novos são produzidos, fica mascarado no caso particular dos contos russos de Propp, em que a circulação dos valores desembo-

---

tamar, pode aparecer sucessivamente como o avanço do paradigmático no coração do sintagmático, ou como o acréscimo de novas dimensões sintagmáticas (busca, luta etc.), secretamente finalizadas pela dupla estrutura paradigmática e sintagmática da narrativa acabada.

54. No que se refere à coerência da sintaxe topológica enquanto tal e ao papel atribuído à relação de pressuposição que fecha o percurso entre os polos do quadrado semiótico, cf. minha discussão em "La grammaire narrative de Greimas", art. cit., pp. 22-4.

ca numa restauração do estado inicial. A filha do rei, sequestrada por um traidor que a transfere para outro lugar para escondê-la, é encontrada pelo herói e devolvida aos pais! O próprio Greimas, em *Semântica estrutural*, admitia que a função mais geral da narrativa era restabelecer uma ordem de valores ameaçada. Ora, como bem sabemos, graças ao esquematismo das intrigas produzido pelas culturas de que somos herdeiros, essa restauração caracteriza somente uma categoria de narrativas e talvez, provavelmente, contos. Como são diversas as maneiras como a intriga articula "crise" e "desenlace"! E como são diversas as maneiras como o herói (ou o anti-herói) é modificado pelo curso da intriga! Será mesmo certo que toda narrativa possa ser projetada nessa matriz topológica, que comporta dois programas, uma relação polêmica e uma transferência de valores? Nosso estudo anterior das metamorfoses da intriga nos leva a duvidar.

Para concluir, o modelo de Greimas me parece submetido a uma dupla injunção: lógica por um lado, práxica-pática por outro. Mas só satisfaz à primeira, levando sempre mais adiante a inscrição no quadrado semiótico dos componentes da narratividade introduzida a cada novo patamar, se paralelamente a inteligência que temos da narrativa e da intriga suscitar acréscimos apropriados de ordem francamente sintagmática, sem as quais o modelo taxionômico permaneceria inerte e estéril[55].

Reconhecer esse caráter misto do modelo de Greimas não significa de modo algum refutá-lo: significa, ao contrário, manifestar as condições de sua inteligibilidade, como fizemos na segunda parte deste trabalho com relação aos modelos nomológicos em história.

---

55. O autor não está longe de reconhecê-lo na continuação do "L'entretien" acima citado: "Contudo, trata-se apenas de uma sintaxe manipulando, graças a disjunções e conjunções, enunciados *de estado* e dando da narrativa apenas uma representação estática de uma sequência de estados narrativos. Assim como o quadrado taxionômico só deve ser considerado o lugar em que se efetuam as operações lógicas, as sequências de enunciados de estados são organizadas e manipuladas por enunciados do fazer e por sujeitos transformadores nele inscritos" (*Structures élémentaires de la signification, op. cit.*, p. 26).

3. OS JOGOS COM O TEMPO

O *enriquecimento* do conceito de composição da intriga e, correlativamente, de tempo narrativo, ao qual está dedicado o estudo que se segue, é, sem dúvida, como anunciamos na introdução a esta terceira parte, mais o privilégio da narrativa de ficção que da narrativa histórica, em razão da eliminação de certas injunções próprias a esta última, que serão objeto de um estudo detalhado na nossa quarta parte. Esse privilégio consiste na notável propriedade que tem a narrativa de poder se desdobrar em *enunciação* e *enunciado*. Para introduzir essa distinção, basta lembrarmos que o ato configurante que preside à composição da intriga é um ato judicatório, que consiste em "tomar juntamente"; mais precisamente, é um ato da família do juízo reflexionante[1]. Assim, já tivemos a oportunidade de dizer que narrar já é "refletir sobre" os acontecimentos narrados. Nesse sentido, o "tomar juntamente" narrativo comporta

---

1. Já encontramos nos medievais a asserção plenária da *reflexividade* do juízo. Mas Kant introduz a distinção fecunda entre o juízo determinante e o juízo reflexionante. O juízo determinante se insere inteiramente na objetividade que ele produz. O juízo reflexionante concentra-se em operações através das quais edifica formas estéticas e formas orgânicas na cadeia causal dos acontecimentos do mundo. As formas narrativas constituem nesse sentido uma terceira classe de juízo reflexionante, ou seja, um juízo capaz de tomar como objeto as próprias operações de natureza teleológica através das quais as entidades estéticas e orgânicas tomam forma.

a capacidade de se distanciar de sua própria produção e, consequentemente, de se desdobrar. Essa capacidade que o juízo teleológico tem de se desdobrar retorna, atualmente, numa terminologia puramente linguística, a da *enunciação* e do *enunciado*, a qual, sob a influência de Günther Müller, de Gérard Genette e dos semióticos da escola de Greimas, recebeu direito de cidadania na poética narrativa. Ora, graças a esse deslocamento da atenção do enunciado narrativo para a enunciação, os traços propriamente ficcionais do tempo narrativo ganham um relevo diferente. São de certo modo liberados pelo *jogo* entre os diversos níveis temporais provenientes da reflexividade do próprio ato configurante. Consideraremos várias versões desse jogo, que já começa entre o enunciado e as coisas narradas, mas que o desdobramento em *enunciação* e *enunciado* torna possível.

1. Os tempos do verbo e a enunciação

À guisa de prefácio, gostaria de considerar os recursos que *o sistema dos tempos verbais* oferece à enunciação. Essa investigação pareceu-me pertinente no início dos estudos dedicados aos jogos com o tempo resultante do desdobramento entre enunciação e enunciado, na medida em que os três autores que escolhi interrogar claramente vincularam sua teoria do tempo verbal mais à função de *enunciação do discurso* que à estrutura dos enunciados que permanecem separados, seja da relação com o enunciador, seja da situação de interlocução. Além disso, a solução que esses autores propuseram para a questão da organização dos tempos verbais nas línguas naturais faz surgir um paradoxo que concerne diretamente ao estatuto do tempo na ficção e, assim, do tempo no nível de *mímesis* II.

Por um lado, com efeito, a principal contribuição desta investigação é demonstrar que o sistema dos tempos, que varia de uma língua para outra, não se deixa derivar da experiência fenomenológica do tempo e de sua distinção intuitiva entre presente, passado e futuro. Essa independência do sistema dos tempos verbais contribui para a da composição narrativa em dois níveis: num nível estritamente paradigmático (digamos: no nível do *quadro* dos tempos verbais numa língua dada), o sistema dos tempos oferece um estoque de distinções, de relações e de combinações no qual a ficção vai buscar os recursos de sua própria autonomia com relação à experiência viva; dessa perspectiva, a língua já tem pronto, com o sistema dos tempos, o meio de modular temporalmente todos os verbos de ação ao longo da cadeia narrativa. Além disso, num nível que podemos chamar de sintagmático, os tempos verbais contribuem para a narrativização, não mais apenas pelo jogo de suas diferenças no interior dos grandes paradigmas gramaticais, mas pela sua *disposição sucessiva* na cadeia da narrativa. Que a gramática francesa contenha num mesmo sistema um imperfeito e um *passé simple**, já é um recurso fecundo; mas que a sucessão de um imperfeito e de um *passé simple* produza um efeito de sentido original é um recurso ainda mais admirável. Em outras palavras, a sintagmatização dos tempos verbais é tão essencial quanto sua constituição paradigmática. Mas tanto a primeira quanto a segunda exprimem a autonomia do sistema dos tempos verbais com relação ao que, numa semântica elementar da experiência cotidiana, chamamos tempo.

Por outro lado, permanece aberta a questão de saber até que ponto o sistema dos tempos verbais pode se desvincular da referência à experiência fenomenológica do tempo. A hesitação, sobre esse ponto, das três concepções que iremos discutir é muito instrutiva: ilustra a complexidade da relação que nós próprios reconhecemos entre o tempo da ficção e o tempo da experiência fenomenológica, quer consideremos este último no plano da prefiguração (*mímesis* I) ou no plano da refiguração (*mímesis* III). A necessidade de desconectar o sistema dos tempos verbais da experiência viva do tempo e a impossibilidade

---

* A língua francesa dispõe de dois tempos que correspondem ao pretérito do português: o *passé composé* e o *passé simple*.

A caracterização da concorrência entre eles alimenta muitas investigações sobre os tempos verbais em francês (as famosas pesquisas de E. Benveniste ou de H. Weinrich, sobre as quais Ricoeur discorrerá ao longo deste capítulo), e análises estilísticas (como as de R. Barthes em *O grau zero da escrita*). (N. da T.)

de separá-lo completamente dessa experiência me parecem ilustrar maravilhosamente bem o estatuto das configurações narrativas, simultaneamente *autônomas* com relação à experiência cotidiana e *mediadoras* entre o antes e o depois da narrativa.

Se começamos pela distinção introduzida por Émile Benveniste entre história e discurso[2] e continuamos com a contribuição de Käte Hamburger[3] e Harald Weinrich[4] à problemática do tempo do verbo, é por duas razões.

Por um lado, podemos acompanhar assim o progresso que vai de um estudo realizado numa perspectiva puramente paradigmática a uma concepção que completa o estudo da organização estática dos tempos verbais com a de sua repartição sucessiva no interior das grandes unidades textuais. Por outro, podemos observar, de uma concepção a outra, um progresso na dissociação dos tempos verbais com relação à experiência viva do tempo, e medir as dificuldades que impedem que se vá até o fim dessa tentativa. É nesse ponto que buscaremos a contribuição maior dessas três concepções à nossa própria investigação sobre o grau de autonomia das configurações narrativas com relação à experiência prefigurada ou refigurada do tempo.

Relembro brevemente o sentido da distinção introduzida por Benveniste entre história e discurso. Na história, o locutor não está envolvido: "Aqui, ninguém fala; os acontecimentos parecem se narrar por si mesmos" (p. 241). O discurso, em contrapartida, designa "toda enunciação que supõe um locutor e um ouvinte e, no primeiro, a intenção de influenciar o outro de alguma maneira" (p. 242). Cada modo de enunciação tem seu sistema de tempos: tempos incluídos e tempos excluídos. As-

---

2. Émile Benveniste, "Les relations du temps dans le verbe français", *Problèmes de linguistique générale*, Paris, Gallimard, 1966, pp. 237-50.

3. Käte Hamburger, *Die Logik der Dichtung*, 2.ª ed., Stuttgart, Ernst Klett Verlag, 1957; trad. ingl., *The Logic of Literature*, Ann Arbor, Indiana University Press, 1973.

4. Harald Weinrich, *Tempus, Besprochene und erzählte Welt*, Stuttgart, W. Kohlhammer Verlag, 1964. Há uma tradução francesa com o título *Le Temps*, Paris, Seuil, 1973. Cito a tradução francesa que, na verdade, é uma obra original do autor, cujas divisões e análises diferem frequentemente do original alemão.

sim, a *narrativa* inclui três tempos: o aoristo (ou *passé simple* definido), o imperfeito, o mais-que-perfeito (ao que podemos acrescentar o prospectivo: ele devia ou ia partir); mas a narrativa exclui primordialmente o presente e, junto com ele, o futuro, que é um presente por vir, e o perfeito, que é um presente no passado. Inversamente, o *discurso* exclui um tempo, o aoristo, e inclui três tempos fundamentais, o presente, o futuro, o perfeito. O presente é o tempo básico do discurso, porque marca a contemporaneidade entre a coisa enunciada e a instância de discurso: é, portanto, solidário do caráter autorreferencial da instância de discurso. Por isso, os dois planos de enunciação se distinguem também por uma segunda série de critérios: as categorias de pessoa. A narrativa não pode excluir o presente sem excluir as relações de pessoa: eu-tu; o aoristo é o tempo do acontecimento, fora da pessoa de um narrador.

Como fica a relação entre esse sistema dos tempos verbais e a vivência temporal?

Por um lado, a divisão dos tempos pessoais do verbo francês em dois sistemas distintos deve ser considerada independente da noção de tempo e de suas três categorias: presente, passado e futuro. Como a própria dualidade dos dois sistemas de tempo mostra, nem a noção de tempo, nem as categorias de tempo presente, passado e futuro fornecem "o critério que decidirá sobre a posição ou mesmo sobre a possibilidade de uma forma dada no interior do sistema verbal" (p. 237). Essa declaração é perfeitamente coerente com o descolamento operado pelo conjunto do sistema simbólico no nível de *mímesis* II com relação ao nível empírico e práxico de *mímesis* I.

Por outro lado, a distinção entre os dois sistemas de enunciação não deixa de ter alguma relação com o tempo. A questão se coloca principalmente a respeito da narrativa. Talvez nunca tenha sido suficientemente salientado que a narrativa que Émile Benveniste opõe ao discurso é constantemente denominada "narrativa histórica" ou "enunciação histórica". Ora, a enunciação histórica "caracteriza a narrativa dos acontecimentos passados" (p. 239). Nessa definição, o termo "passado" é tão importante quanto os termos "narrativa" e "acontecimento". Esses termos designam "fatos ocorridos num certo momento do tempo, sem nenhuma intervenção do locutor na narrativa" (*ibid.*). Se não há contradição entre essa definição e o propósito de dissociar o sistema dos tempos da distinção intuitiva entre passado, presente e futuro, é na medida em que se pode fazer referência seja ao passado real, como o historiador, seja ao passado fictício, como o romancista (o que permite ao autor extrair um de seus exemplos de um texto de Balzac). Contudo, se a narrativa se caracteriza com relação ao discurso como uma sequência de acontecimentos que se narram por si mesmos, sem intervenção do locutor, é na medida em que, segundo Émile Benveniste, faz parte da noção de passado, real ou fictício, não implicar a autorreferência do locutor à sua própria enunciação, como no discurso. O que não é elaborado, aqui, é a relação entre passado fictício e passado real. O passado fictício suporia o passado real e, assim, a memória e a história, ou seria a própria estrutura da expressão temporal histórica que engendraria a caracterização como passado? Mas, então, não entendemos por que o passado fictício é apreendido como quase passado[5].

Quanto ao presente da instância de discurso, é difícil dizer que ele não tem relação com o tempo vivido, se acrescentarmos que o perfeito é o presente no passado e o futuro, o presente que virá a ser. Uma coisa é o *critério* gramatical do presente, a saber, o caráter autorreferencial da instância de discurso, outra coisa, o próprio *significado* dessa autorreferência, a saber, a própria contemporaneidade entre a coisa narrada e a instância de discurso. A relação mimética das categorias gramaticais com relação à experiência viva está inteiramente contida nessa relação, ao mesmo tempo de disjunção e de conjunção, en-

---

5. Uma hesitação de Benveniste é instrutiva a esse respeito. Após ter repetido: "Para que possam ser registrados como tendo-se produzido, esses fatos devem pertencer ao passado"(p. 239), o autor acrescenta: "Sem dúvida, seria melhor dizer: a partir do momento em que são registrados e enunciados numa expressão temporal histórica, eles são caracterizados como passados" (*ibid.*). O critério de não intervenção do locutor na narrativa permite deixar em suspenso a questão de saber se é o tempo da narrativa que produz o efeito de passado ou se o quase passado da narrativa de ficção tem alguma relação de filiação com o passado real no sentido que o historiador dá a esse termo.

tre o presente gramatical da instância de discurso e o presente vivido⁶.

Essa relação mimética entre tempo do verbo e tempo vivido não pode ser confinada ao discurso se, com os sucessores de Benveniste, interessarmo-nos mais pelo papel do discurso *na própria narrativa* que na oposição entre discurso e narrativa. Acaso poderiam fatos passados, reais ou imaginários, ser apresentados sem intervenção de nenhum tipo do locutor na narrativa? Os acontecimentos podem simplesmente aparecer no horizonte da história sem que ninguém fale de modo algum? A ausência do narrador na narrativa histórica não é resultado de uma estratégia, por meio da qual este se torna ausente da narrativa? Essa distinção, que retomaremos especificamente mais adiante, não pode deixar de se projetar desde já na questão por nós colocada da relação entre tempo do verbo e tempo vivido. Se for preciso discernir, na própria narrativa, entre a enunciação (o discurso, no sentido de Benveniste) e o enunciado (a narrativa em Benveniste), o problema torna-se então duplo: de um lado, o problema das relações entre o tempo da enunciação e o tempo do enunciado; de outro, o problema da relação entre esses dois tempos e o tempo da vida ou da ação⁷.

---

6. Na verdade, a disjunção entre tempos verbais e tempo vivido é apresentada com uma certa prudência por Benveniste: "Não encontramos unicamente na noção de tempo o critério que decidirá sobre a posição ou mesmo sobre a possibilidade de uma forma dada no seio do sistema verbal" (p. 237). A análise das formas compostas, à qual é dedicada grande parte do artigo, coloca problemas análogos referentes seja à noção do acabado e do não acabado, seja à anterioridade de um fato com relação a um outro fato narrado. Resta a questão de saber se podemos desvincular inteiramente essas formas gramaticais das relações que se referem ao tempo.

7. Benveniste é reiterado, nesse ponto, por Roland Barthes, em *Le Degré zéro de l'écriture*, para quem o emprego do *passé simple* denota mais a literariedade da narrativa que o passado da ação (cf. Gérard Genette, *Nouveau Discours du récit*, Paris, Seuil, 1983, p. 53).

Seria objeto de uma importante pesquisa descobrir as implicações, para a teoria narrativa, da linguística de Gustave Guillaume em *Temps et Verbe* (Paris, Champion, 1929 e 1965). Ele abre essa via distinguindo, por trás de toda arquitetônica do tempo, operações de pensamento. Assim, ele distingue, no plano dos modos, a passagem do tempo *in posse* (modo infinitivo e particípio),

Antes de empreendermos esse debate, aprofundemos um pouco mais, em primeiro lugar com Käte Hamburger, o corte entre o tempo básico da ficção – o pretérito – e o das asserções referidas ao real, o tempo da conversação comum, depois, com Harald Weinrich, a dissociação entre o conjunto dos tempos verbais nas línguas naturais e as categorias do tempo vivido – passado, presente e futuro.

Devemos a Käte Hamburger o fato de ter claramente distinguido a forma gramatical dos tempos do verbo, em particular os tempos passados, de seu significado temporal no regime da ficção. Ninguém insistiu mais do que ela no corte que a ficção literária[8] introduz no funcionamento do discurso. Uma barreira intransponível separa o discurso assertivo (*Aussage*), que se refere à realidade, da narrativa de ficção. Uma lógica diferente, com as implicações sobre o tempo que iremos expor, resulta desse corte. Antes de vermos suas consequências, é preciso entender a razão dessa diferença; ela resulta inteiramente do

---

depois do tempo *in fieri* (modo subjuntivo), depois do tempo *in esse* (modo indicativo). A distinção, no plano dos tempos *in esse*, de duas espécies de presente – de dois "cronótipos" (p. 52) –, um real e decadente, o outro virtual e incidente, está no coração dessa cronogênese. André Jacob coloca-nos na via de pesquisa que sugiro com sua concepção operatória da linguagem, orientada para uma antropologia geral, em que se entrecruzam a constituição do tempo humano e a do sujeito falante *(Temps et Langage. Essai sur les structures du sujet parlant*, Paris, Armand Colin, 1967).

8. Käte Hamburguer designa com o termo geral de *Dichtung* (que traduzo por literatura, seguindo o modelo da tradução inglesa) os três grandes gêneros, o *épico*, o *dramático* e o *lírico*. O épico abrange todo o domínio narrativo; o dramático, o da ação levada à cena por personagens que dialogam diante do espectador; e o lírico, a expressão pela poesia dos pensamentos e sentimentos experimentados pelo escritor. Da ficção provêm apenas o gênero épico, que é ainda chamado de mimético, por causa de Platão, e o gênero dramático. O termo épico, empregado nesse sentido amplo, lembra seu emprego na discussão entre Goethe e Schiller sobre os méritos comparados dos dois gêneros ("Über epische und dramatische Dichtung", 1797, in Goethe, *Sämtliche Werke*, Stuttgart e Berlim, Jubiläums-Ausgabe, 1902-1907, vol. 36, pp. 149-52). Note-se que, nessa comparação, o "perfeitamente passado" (*vollkommen vergangen*) do épico é oposto ao "perfeitamente presente" (*vollkommen gegenwärtig*) do drama; o romance não é aqui abordado, a não ser como variedade moderna do épico, o que explica a terminologia de Käte Hamburger.

fato de a ficção substituir a origem-eu do discurso assertivo, que é ela própria *real*, pela origem-eu dos personagens de ficção. Todo o peso da ficção repousa na invenção de personagens, de personagens que pensam, sentem, agem e que são a origem-eu fictícia dos pensamentos, sentimentos e ações da história narrada. Os *Fiktive Ichpersonen* são o pivô da lógica da ficção. Não se pode estar mais perto de Aristóteles, para quem a ficção é uma mímesis de homens que agem. O critério da ficção consiste, então, no emprego de verbos que designam processos internos, ou seja, psíquicos ou mentais: "a ficção épica, declara Käte Hamburger, é o único lugar gnoseológico em que a *Ich-Originalität* (ou subjetividade) de uma terceira pessoa pode ser exposta (*dargestellt*) enquanto terceira pessoa"[9] (p. 73).

É a entrada no discurso de verbos que designam processos internos cujo sujeito é fictício que provoca a transformação do sistema dos tempos verbais em regime de ficção. No "sistema assertivo" da língua, o pretérito designa o passado real de um sujeito real que determina o ponto zero do sistema temporal ("origem" é sempre tomado no sentido em que os geômetras falam da origem de um sistema de coordenadas). Só há passado para um *Reale Ich-Origin*; o *Ich* participa do espaço de realidade dessa origem-eu. Em regime de ficção, o pretérito épico perde sua função gramatical de designação do passado. A ação narrada não acontece propriamente. Nesse sentido, podemos falar da ausência de temporalidade da ficção (pp. 78 ss.). Não temos nem mesmo o direito de falar de "presentificação" (*Vergegenwärtigung*) ao modo de Schiller: seria ainda marcar uma relação com o sujeito assertivo real e anular o caráter puramente fictício da origem-eu dos personagens. Tratar-se-ia, an-

---

9. "A ausência de uma origem-eu real e o caráter funcional do narrar fictício constituem um único e mesmo fenômeno" (*op. cit.*, p. 113). A introdução de um narrador fictício personificado enfraqueceria aos olhos de Käte Hamburger o corte entre *narrar* e *fazer assertivas*. É preciso igualmente sustentar que "o campo da ficção não é o campo de um narrador, mas o produto da função narrativa" (*ibid.*, p. 185). Entre o escritor e seus personagens fictícios, não há lugar para outro *Ich-Origo*.

tes, de um presente no sentido de um tempo simultâneo à ação narrada, mas um presente que também não teria relação com o presente real da asserção.

Se a introdução de verbos que designam operações mentais constitui o critério da substituição da origem-eu característica de um sujeito assertivo real pela origem-eu atribuída a personagens fictícios, a perda do significado "passado" do pretérito épico é seu sintoma. Outros sintomas se seguem: por exemplo, combinações discordantes entre advérbios temporais e tempos verbais, que seriam inaceitáveis em asserções de realidade; assim, podemos ler num escrito de ficção: *"Morgen war Weihnachten"**; ou ainda: *"And, of course, he was coming to her party tonight."*** O acréscimo de um advérbio que marca o futuro a um imperfeito prova que o imperfeito perdeu sua função gramatical.

Que a oposição à asserção da realidade constitua uma boa definição da ficção épica e que o surgimento do personagem fictício possa ser considerado o principal indício de que se entrou no domínio da narrativa, tudo isso constitui incontestavelmente uma maneira forte de *marcar* a ficção. O que permanece discutível é que a perda de significado passado baste para caracterizar o regime dos tempos verbais da ficção. Por que a forma gramatical é preservada, se seu significado passado foi abolido? Não seria preciso buscar uma razão positiva para a manutenção da forma gramatical, tão forte quanto a razão da perda de seu significado em tempo real? A chave, ao que parece, deve ser buscada na distinção entre o autor real e o narrador que é, ele próprio, fictício[10]. Na ficção, existem dois discursos, o discurso do narrador e o discurso dos personagens. Käte Hamburger, preocupada em cortar todos os elos com o sistema da asserção, só quis reconhecer um único foco de sub-

---

* Amanhã era Natal. (N. da T.)
** É claro que ele vinha para sua festa hoje à noite. (N. da T.)
10. Não posso dizer aqui por que se deve considerar o narrador um sujeito de discurso fictício irredutível a uma simples função neutra (*das Erzählen*). Retomarei o problema mais adiante no âmbito da discussão dos conceitos de *ponto de vista* e de *voz*.

jetividade, a terceira pessoa fictícia nas narrativas em terceira pessoa[11].

É preciso pois colocar em jogo a dialética do personagem e do narrador, este último sendo considerado uma construção tão fictícia quanto os personagens da narrativa[12].

A tentativa de Harald Weinrich de dissociar a organização dos tempos verbais da consideração do tempo vivido e das categorias (passado, presente e futuro) que a gramática supostamente emprestou da primeira parte de uma consideração diferente.

O primeiro descolamento dos tempos verbais com relação às categorias do tempo vivido é contemporâneo da primeira verbalização da experiência (nesse sentido, a oposição entre *narrar* e *fazer asserções* situa-se no interior de uma gramática mais abrangente dos tempos verbais).

Essa declaração incisiva libera instantaneamente a pesquisa do preconceito de que determinado tempo verbal se encontraria em todas as línguas; e convida a dedicar idêntica atenção a todos os tempos que entram na nomenclatura característica

---

11. Outro problema tratado por Käte Hamburger, o dos tempos verbais no estilo indireto livre *(erlebte Rede)*, requer a mesma explicação complementar. No *erlebte Rede*, as palavras de um personagem são relatadas em terceira pessoa no tempo passado, diferentemente do monólogo relatado, em que o personagem se exprime em primeira pessoa e no tempo presente (assim, lemos o seguinte em *Mrs. Dalloway: "Since she had left him, he, Septimus, was alone"* [Desde que ela o deixara, ele, Septimus, estava só]). Käte Hamburger vê aí a confirmação de sua tese de que o passado gramatical não significa nenhum passado, já que essas palavras pertencem ao presente fictício – presente *timelless*, de resto – do personagem. Käte Hamburger não está errada, se por passado devemos entender apenas o passado "real", relativo à memória ou a uma relação histórica. *O erlebte Rede* é mais bem explicado se o interpretarmos como a tradução do discurso do personagem no discurso do narrador, o qual impõe seu pronome pessoal e seu tempo verbal. É preciso então considerar o narrador como um sujeito de discurso na ficção. Esse problema será também retomado mais adiante com base na dialética do narrador e do personagem tanto na ficção em primeira pessoa como naquela em terceira pessoa.

12. Meu argumento só estará completo quando eu tiver introduzido as noções de ponto de vista e de voz: o pretérito épico poderá então ser interpretado como o passado fictício da voz narrativa.

de uma dada língua. O quadro da investigação é particularmente favorável à nossa reflexão sobre a relação entre a organização dos tempos verbais e o sentido do tempo na ficção, na medida em que a dimensão *textual*, mais que a frástica, é considerada aqui a mais pertinente. Rompendo assim com o privilégio exclusivo da frase, Weinrich pretende aplicar a perspectiva estrutural a uma "linguística textual"[13]. Ele abre, assim, espaço para considerar de modo equitativo o valor posicional de um tempo na nomenclatura e a distribuição dos tempos ao longo de um texto. Essa passagem do ponto de vista paradigmático para o ponto de vista sintagmático é a mais instrutiva para um estudo do tempo na ficção, na medida em que esta também adota como unidade de medida o texto e não a frase.

Se o princípio de articulação dos tempos do verbo numa dada língua não repousa na experiência do tempo vivido, é preciso buscá-lo em outro lugar. Diferentemente de Émile Benveniste, Harald Weinrich empresta seu princípio de classificação e de distribuição dos tempos de uma *teoria da comunicação*. Essa escolha implica que a sintaxe da qual parte o estudo dos tempos consiste na rede dos sinais dirigidos por um locutor a um ouvinte ou a um leitor para que ele receba e decodifique a mensagem verbal de determinado modo. Ele o convida a operar uma primeira divisão dos objetos possíveis de comunicação em função de certos eixos da comunicação: "Refletir essa divisão esquemática do mundo é precisamente o papel específico das categorias sintáticas" (p. 27). Reservaremos para a discussão posterior o traço mimético evidentemente introduzido por essa referência a um mundo ao qual a sintaxe conferiria uma primeira distribuição, antes da semântica, antes do léxico, digamos.

---

13. Harald Weinrich entende por texto "uma sucessão significante de signos linguísticos entre duas rupturas manifestas de comunicação" (p. 13), como as pausas da comunicação oral ou, ainda, na comunicação escrita, as duas orelhas da capa de um livro ou, enfim, "os cortes deliberadamente introduzidos e que, em um sentido quase metalinguístico, proporcionam rupturas manifestas na comunicação" (*ibid.*). As modalidades de abertura e de fechamento próprias à narrativa são, dessa perspectiva, exemplos de "cortes deliberadamente introduzidos".

Harald Weinrich distribui os tempos das línguas naturais, que ele considera segundo três eixos que são, sem exceção, eixos da comunicação.

A "situação de locução" (*Sprechsituation*) preside a primeira distinção entre narrar (*erzählen*) e comentar (*besprechen*[14]). Essa é de longe, para nós, a mais importante; é ela que fornece ao original alemão seu subtítulo: *Besprochene und erzählte Welt*. Corresponde a duas atitudes de locução diferentes, caracterizadas, no comentário, pela tensão ou pelo engajamento (*gespannte Haltung*), e na narrativa, pela distensão ou pelo distanciamento (*entspannte Haltung*).

São representativos do mundo comentado: o diálogo dramático, o memorando político, o editorial, o testamento, o relatório científico, o tratado jurídico e todas as formas de discurso ritual, codificado e performático. Esse grupo vincula-se a uma atitude de tensão, no sentido de seus interlocutores estarem envolvidos, engajados; o conteúdo narrado lhes diz respeito: "todo comentário é um fragmento de ação" (p. 33). Nesse sentido, apenas as palavras não narrativas são perigosas: *Tua res agitur**.

São representativos do mundo narrado: o conto, a lenda, a novela, o romance, a narrativa histórica[15]. Aqui, os interlocutores não estão envolvidos; não se trata deles; eles não entram em cena[16]. É por isso que, diríamos invocando a *Poética* de Aris-

---

14. Não posso me resolver a acompanhar o tradutor francês de *Tempus* que traduz *Besprechung* por *commentaire* (comentário). Esse termo não dá conta da "atitude de tensão" característica dessa modalidade de comunicação. Para um ouvido francês, há mais distanciamento na recepção de um comentário que na de uma narrativa. Em contrapartida, a tradução por *débat* (debate), que me parece preferível, introduz uma nota polêmica que não é necessária. Contudo, podemos *debater* alguma coisa sem nenhum adversário.
* Trata-se de coisa tua. (N. da T.)
15. Lemos uma outra enumeração: pelo lado do debate, "poesia, drama, diálogo em geral, jornal, ensaio de crítica literária, descrição científica"(p. 39). Pelo lado da narrativa, a novela, o romance e as narrativas de todos os gêneros (com exceção das partes dialogadas) (*ibid.*). O importante é que a bipartição nada tem em comum com uma classificação dos discursos em "gêneros".
16. O autor nota: "A ideia de tensão (...) só muito recentemente penetrou na poética, sob a influência de uma estética informacional, através de noções como o suspense" (p. 35). Ele remete, nessa ocasião, à *Poétique de la prose* de Tzvetan Todorov.

tóteles, mesmo os acontecimentos dignos de piedade ou atemorizantes, se recebidos com distanciamento, pertencem ao mundo narrado. A divisão dos tempos verbais em dois grupos que correspondem a uma ou outra atitude é o sinal que orienta a situação de comunicação para a tensão ou a distensão: "A 'obstinação' dos morfemas temporais em assinalar comentário e narrativa permite ao locutor influenciar o ouvinte, modelar a recepção que deseja ver reservada a seu texto" (p. 30). Embora a tipologia das situações de comunicação em função da tensão ou da distensão seja acessível em princípio à experiência comum, ela é *marcada* no plano linguístico pela distribuição dos sinais sintáticos que são os tempos. Às duas situações de locução correspondem dois grupos distintos de tempos verbais: a saber, em francês, para o mundo comentado, o presente, o *passé composé* e o futuro; para o mundo narrado, o *passé simple*, o imperfeito, o mais-que-perfeito, o futuro do pretérito (veremos como esses grupos se dividem por sua vez em função dos dois critérios ulteriores que refinam a distinção básica entre mundo comentado e mundo narrado). Assim, entre atitude de locução e divisão dos tempos, há uma relação de mútua dependência. São, de um lado, as atitudes que motivam a distribuição dos tempos em dois grupos, na medida em que o locutor emprega os tempos do comentário para "fazer com que o parceiro sinta a tensão da atitude de comunicação" (p. 32). São, em contrapartida, os tempos que transmitem um sinal do locutor ao ouvinte: isto é um comentário, isto é uma narrativa; é nesse sentido que eles operam uma primeira divisão entre objetos possíveis de comunicação, uma primeira divisão esquemática do mundo entre mundo comentado e mundo narrado. E essa divisão tem seus critérios próprios, já que repousa numa contagem sistemática operada em amostras de inúmeros textos. A preponderância de um grupo de tempos num tipo de texto e de um outro grupo de tempos num outro tipo pode assim ser medida.

Essa primeira divisão dos tempos não deixa de lembrar a distinção entre discurso e narrativa em Émile Benveniste, exceto por não envolver mais a relação do enunciador com a enunciação, e sim a relação de interlocução e, através desta, a *orien-*

tação da recepção da mensagem para uma primeira divisão dos objetos possíveis de comunicação; portanto, também o mundo comum aos interlocutores é afetado por uma distinção puramente sintática; é por isso que se trata, em Harald Weinrich, de mundo narrado e mundo comentado. Como em Émile Benveniste, essa distinção tem a vantagem de livrar a distribuição dos tempos verbais das categorias do tempo vivido. Essa "neutralidade" com relação ao tempo (*Zeit*) (p. 44) é da maior importância para a definição dos tempos do mundo narrado. O que as gramáticas chamam de passado e de imperfeito (que logo oporemos, em função do realçamento) são os tempos da narrativa, não porque a narrativa exprima fundamentalmente acontecimentos passados, reais ou fictícios, mas porque esses tempos orientam para uma atitude de distensão. O essencial é que o mundo narrado é alheio ao ambiente direto, que preocupa imediatamente o locutor e o ouvinte. Desse ponto de vista, o modelo continua sendo o conto maravilhoso: "Mais que todos os outros, ele nos arranca da vida cotidiana e nos afasta dela" (p. 46). As expressões "era uma vez...", "*il était une fois...*", "*once upon a time*", "*vor Zeiten*", "*Érase que se era*" (literalmente: "era que era") (p. 47) têm como função marcar a entrada na narrativa. Em outras palavras, não é o passado como tal que é exprimido pelo tempo passado, mas a atitude de distensão.

Essa primeira bifurcação maior, em função do grau de alerta do interlocutor, tem consequências à primeira vista desconcertantes para o conceito de narratividade: o ato de configuração se vê efetivamente partido em dois, uma vez que o drama dialogado se insere no mundo comentado, enquanto a epopeia, o romance, a história inserem-se no mundo narrado. Somos levados de modo inesperado à distinção aristotélica entre *diégesis* e *drama*, com a diferença de que o critério considerado por Aristóteles era o da relação direta ou indireta do poeta com a ação relatada: é o próprio Homero que enuncia os fatos, apesar de se apagar tanto quanto o gênero diegético permite, enquanto Sófocles faz a ação ser produzida pelos próprios personagens. Mas o paradoxo que para nós resulta daí é o mesmo, na medida em que a noção de intriga foi emprestada do drama, que também Harald Weinrich exclui do mundo narrado.

Não penso que essa dificuldade deva nos deter por muito tempo, já que o universo do discurso que colocamos sob o título de configuração narrativa concerne à composição dos enunciados e deixa intacta a diferença que afeta as enunciações. Além disso, a distinção entre tensão e distensão não é tão nítida como parece inicialmente. O próprio Harald Weinrich evoca os casos dos romances "apaixonantes" (*spannend*) e nota: "Se o narrador confere tensão à sua narrativa, é por compensação" (p. 35); por uma técnica apropriada, ele "contrabalança em parte a distensão da atitude inicial (...). Narra como se comentasse" (*ibid.*). No espírito do autor, esse "como se" não abole o fenômeno básico que é o fato de alhear-se do reino da preocupação. Complica-o, ao contrário, e encobre-o ao ponto de dissimulá-lo. Do mesmo modo, a não mistura dos dois grupos de tempos evidencia a persistência da atitude de distensão sob a de tensão que a compensa. Mas em todas as narrativas aparentadas à narrativa apaixonante, como o romance, a dissimulação está tão organicamente unida à atitude de alhear-se, que, mais que dissociá-las, é preciso superpor distensão e tensão e dar espaço aos gêneros mistos que nascem dessa espécie de engajamento no alheamento.

Com essas observações, aproximamo-nos das posições tomadas pelos sucessores de Émile Benveniste que, a partir de uma bifurcação diferente da de Harald Weinrich, se interessaram mais pela inclusão do discurso *na* narrativa que pela disjunção. A hierarquização entre enunciado e enunciação será uma das soluções para o problema assim levantado. Da enunciação sairia toda a gama das atitudes de locução, do alheamento ao engajamento.

Com a *perspectiva de locução*, entra em jogo um segundo eixo sintático, que se refere ao processo da comunicação tanto quanto o eixo da atitude de locução. Trata-se da relação de antecipação, de coincidência ou de retrospecção entre o *tempo do ato* e o *tempo do texto*. A possibilidade desse descompasso entre o tempo do ato e o tempo do texto resulta do caráter linear da cadeia falada e portanto do próprio desenrolar textual. Por um lado, todo signo linguístico tem um antes e um depois na cadeia falada. Disso resulta que a informação prévia e a informação antecipada contribuem para a determinação de cada signo no *Textzeit*. Por outro lado, a orientação do locutor com relação ao *Textzeit* é ela própria uma ação que tem seu tempo, o *Aktzeit*. É esse tempo da ação que pode coincidir com o tempo do texto, estar atrasado com relação a ele ou antecipá-lo.

A língua tem seus sinais para alertar a respeito da coincidência ou do descompasso entre *Aktzeit* e *Textzeit*. Entre os tempos do comentário, o *passé composé* marca a retrospecção, o futuro, a prospecção, o presente sendo não marcado. Entre os tempos da narrativa, o mais-que-perfeito e o *passé antérieur** marcam a retrospecção, o futuro do pretérito a prospecção, o *passé simple* e o imperfeito o grau zero do mundo narrado: o narrador associa-se aos acontecimentos, quer esteja engajado neles (primeira pessoa), quer seja apenas sua testemunha (narrativa em terceira pessoa). Assim, o futuro do pretérito é para a narrativa o que o futuro é para o comentário: um e outro assinalam a informação antecipada. A noção de tempo do futuro é assim afastada: "'informação antecipada' significa apenas que a informação é dada prematuramente com relação ao momento de sua realização" (p. 74). Os tempos da retrospecção tampouco são regidos pela noção de passado. No comentário, ocupo-me no presente de uma informação retrospectiva; portanto, os tempos retrospectivos abrem o passado à nossa influência, enquanto a narrativa o subtrai dela. Debater sobre o passado significa prolongá-lo no presente. O caso da história científica é, desse ponto de vista, notável. O historiador efetivamente narra e comenta ao mesmo tempo. Comenta quando explica. É por isso que os tempos da representação histórica são mistos: "em história, a estrutura fundamental da representação consiste em engastar narrativa no comentário" (p. 79). A arte da história reside nesse domínio das alternâncias de tempo. O mesmo engaste da narrativa num quadro de comentário pode ser notado no processo judiciário e em certas intervenções em forma de comentário do narrador em sua narrativa. Esse descolamen-

---

* O *passé antérieur* é o passado anterior relativo ao *passé simple*, como o pretérito mais-que-perfeito é anterior ao pretérito perfeito. (N. da T.)

to da função sintática de sinal vinculada aos tempos verbais com relação à própria expressão do tempo é mais notável no caso do imperfeito e do *passé simple*, que marcam não o distanciamento no tempo, mas o grau zero de distância entre *Aktzeit* e *Textzeit*: "O pretérito (grupo II) assinala que há narrativa. Sua função não é marcar o passado" (p. 100). Do mesmo modo, passado e narrativa não se identificam; por um lado, pode-se neutralizar o passado sem narrá-lo, por exemplo, comentando-o; retenho-o então no presente, em vez de me libertar dele, de *superá-lo* (*aufheben*), através da linguagem da narrativa; por outro lado, podemos narrar algo que não seja passado: "o espaço em que se desenrola a narrativa de ficção não é o passado" (p. 101). Para colocar uma narrativa no passado, é preciso acrescentar ao tempo do mundo narrado outras marcas que distinguem a verdade da ficção, tais como a produção e a crítica de documentos. Os tempos não são mais as chaves desse processo[17].

O *realçamento* constitui o terceiro eixo da análise dos tempos verbais. Esse eixo ainda é um eixo da comunicação, sem referência a propriedades do tempo. O realçamento consiste em projetar certos contornos em primeiro plano, deixando os outros no plano de fundo. Com essa análise, o autor pretende se liberar das categorias gramaticais de aspecto ou de modo de ação, ligadas demais, segundo ele, ao primado da frase e dependentes demais do referencial tempo (quer falemos de estado, de processo ou de acontecimento). Mais uma vez, a função da sintaxe é guiar o leitor na sua atenção e nas suas expectativas. É o que faz, em francês, o tempo privilegiado do realçamento na ordem da narrativa, a saber, o *passé simple*, enquanto o imperfeito assinala a passagem para o plano de fundo dos conteúdos narrados, como frequentemente se observa no início e no fim dos contos e das lendas. Mas podemos estender a mes-

---

17. "A fronteira entre poesia e verdade não se confunde com a fronteira entre mundo narrado e mundo comentado. O mundo comentado tem sua verdade (seus contrários são o erro e a mentira) e o mundo narrado tem a sua (seu contrário é a ficção). Do mesmo modo, um e outro têm sua poesia: para o primeiro, é o lirismo e o drama, para o segundo, a epopeia" (p. 104). Drama e epopeia são mais uma vez cindidos, como na *Poética* de Aristóteles.

ma observação às partes narrativas de um texto como o *Discurso do método*. Descartes emprega "o imperfeito quando imobiliza seu pensamento, o *passé simple* quando avança metodicamente" (p. 222). Também aqui o autor não faz concessões: "O realçamento é *a única e exclusiva função* da oposição entre imperfeito e *passé simple* no mundo narrado" (p. 117).

Objetar-se-á que a noção de andamento lento ou rápido designa algumas características do próprio tempo? Não: a impressão de rapidez se explica pela concentração dos valores de primeiro plano, como no famoso *Veni, vidi, vici* ou no estilo lépido de Voltaire em seus *Contos e romances*. Inversamente, a lentidão das descrições do romance realista, ressaltada pela abundância dos imperfeitos, explica-se pela complacência com a qual o narrador se demora no plano de fundo sociológico dos acontecimentos que relata[18].

Vemos agora a arquitetura de conjunto que governa, para Weinrich, a articulação sintática dos tempos verbais. As três pertinências que fornecem o fio condutor da análise não são coordenadas, mas subordinadas uma à outra, e constituem uma rede de malhas cada vez mais estreitas. Em primeiro lugar, vem a grande divisão entre narrativa e comentário com seus dois grupos de tempos; depois, no interior de cada grupo, a tricotomia da perspectiva: retrospecção, grau zero, antecipação; depois, no interior de cada perspectiva, a bifurcação entre primeiro e segundo plano. E, embora seja verdade que as articulações sintáticas constituem, com relação aos lexemas, uma primeira classificação dos objetos possíveis de comunicação – "refletir essa divisão esquemática do mundo é precisamente o papel específico das categorias sintáticas" (p. 27) –, do ponto de vista da classificação dos objetos de comunicação, só existe entre sintaxe e semântica uma diferença de grau na fineza da divisão esquemática[19].

---

18. Sugiro, nesta oportunidade, que aproximemos a noção de longa duração em Braudel da noção de plano de fundo em Weinrich; a distribuição da temporalidade em três planos é toda ela um trabalho de realçamento.

19. Nada digo aqui sobre a orientação complementar exercida pelos outros sinais sintáticos de valor temporal, como pronomes, advérbios etc. Segundo

Mas a obra de Harald Weinrich não se esgota nesse estudo cada vez mais fino da divisão *paradigmática* dos tempos verbais. Esta encontra um complemento indispensável na distribuição dos mesmos tempos ao longo do texto, quer se trate de comentário ou de narrativa. Dessa perspectiva, as análises dedicadas às *transições temporais*, ou seja, à "passagem de um signo ao outro ao longo do desenrolar linear do texto" (p. 199), constituem uma mediação fundamental entre os recursos que a sintaxe oferece e a enunciação de uma configuração narrativa singular. Esse complemento sintagmático à repartição paradigmática dos tempos numa língua natural não poderia ser omitido, se nos lembrarmos que um texto é feito de "signos ordenados numa sequência linear, transmitida do locutor ao ouvinte numa consecução cronológica" (p. 198).

Essas transições temporais podem ser *homogêneas* ou *heterogêneas*, conforme aconteçam no interior de um mesmo grupo ou se deem de um grupo a outro. As primeiras, como está demonstrado, são as mais numerosas; garantem efetivamente

---

o autor, cabe à combinatória geral estabelecer se regularidades distribucionais se manifestam na forma de combinações privilegiadas. A afinidade do *passé simple* com a terceira pessoa é bem conhecida após o célebre artigo de Benveniste. A afinidade de certos advérbios de tempo como "ontem", "neste momento", "amanhã" etc., com os tempos do comentário, e de outros como "no dia anterior", "naquele momento", "no dia seguinte" etc., com o tempo da narrativa, é igualmente notável. Ainda mais notável, na minha opinião, é a afinidade entre inúmeros advérbios e locuções adverbiais com os tempos do realçamento: sua abundância é particularmente impressionante. O autor conta mais de quarenta num único capítulo de *Madame Bovary* (p. 268) e quase a mesma quantidade no capítulo de *La voie royal* de Malraux. Tantos advérbios para apenas dois tempos! A que devemos acrescentar os advérbios que marcam o *andamento* narrativo: "algumas vezes", "por vezes", "de vez em quando", "sempre" etc. em combinação privilegiada com o imperfeito; "enfim", "de repente", "subitamente", "bruscamente" etc. em combinação preferencial com o *passé simple*; juntam-se a eles todos os que respondem à pergunta "quando?" ou a "uma pergunta análoga ligada ao Tempo" (p. 270): "por vezes", "frequentemente", "enfim", "depois", "então", "sempre", "de novo", "já", "agora", "desta vez", "mais uma vez", "pouco a pouco", "de repente", "um depois do outro", "sem cessar" etc. Essa abundância sugere que os advérbios e as locuções adverbiais tecem uma rede consideravelmente mais fina, quanto à esquematização do mundo narrado, que os tempos com os quais são combinados.

a consistência do texto, sua textualidade. Mas as segundas garantem sua riqueza informacional: é o caso da interrupção da narrativa pelo discurso direto (diálogo), do recurso ao discurso indireto sob as mais variadas e sutis formas, como por exemplo o estilo indireto livre (que examinaremos mais adiante, quando tratarmos da voz narrativa). Outras transições temporais, dissimuladas sob a antiga designação de concordância modo-temporal, constituem ainda outros sinais orientadores na leitura dos textos[20].

De todas as questões que a densa obra de Harald Weinrich pode colocar, deter-me-ei apenas em uma: qual a pertinência do recurso à sintaxe dos tempos verbais para uma investigação do tempo no *regime da ficção*?

Retomemos a discussão do ponto em que Émile Benveniste nos deixou. A obra de Harald Weinrich nos permitirá precisar as duas teses às quais chegáramos: por um lado, sustentamos que a autonomia dos sistemas de tempo nas línguas naturais parece estar em plena harmonia com o corte instituído pela ficção no plano de *mímesis* II; por outro, essa autonomia do sistema de tempos verbais não vai até uma independência total com relação ao tempo vivido, na medida em que o sistema articula o tempo da ficção, que conserva um laço com o tempo vivido, antes e depois da ficção. As análises de Harald Weinrich contradiriam essa tese?

A primeira vertente da tese não coloca dificuldades. A disposição adotada por Harald Weinrich é particularmente apta a mostrar como a invenção das intrigas se articula na sintaxe dos tempos verbais.

---

20. As transições temporais também encontram um reforço na combinatória entre tempos e advérbios. O que é verdade a respeito do aspecto paradigmático do problema o é ainda mais a respeito do aspecto sintagmático. Os advérbios acima evocados são mais bem descritos como acompanhando, reforçando e precisando as transições temporais: assim, os advérbios "ora", "uma vez", "uma manhã", "uma noite" marcam a transição heterogênea do plano de fundo (imperfeito) ao primeiro plano (*passé simple*), enquanto "e, então", como advérbio de consecução narrativa, convém melhor às transições homogêneas no interior do mundo contado. Diremos mais adiante que recursos essa sintaxe das transições narrativas oferece para a enunciação das configurações narrativas.

Primeiro, adotando o texto e não a frase como campo operatório, Harald Weinrich trabalha com unidades tão grandes quanto aquelas às quais a poética da narrativa se dedica. Segundo, impondo à nomenclatura dos tempos verbais uma clivagem cada vez mais cerrada e combinando essa nomenclatura com a dos inúmeros signos temporais, como advérbios e locuções adverbiais, sem esquecer as pessoas do verbo, a linguística textual mostra a riqueza da gama de diferenças de que a arte da composição dispõe. A última diferenciação, a do realçamento, é dessa perspectiva a que mais tem afinidade com a composição da intriga. A ideia de realce orienta sem esforço para o discernimento daquilo que constitui o acontecimento numa história narrada. Não é com fervor que Harald Weinrich cita a expressão com a qual Goethe designa o primeiro plano, a saber, o "acontecimento inaudito", que encontra seu equivalente na peripécia segundo Aristóteles?[21] De modo ainda mais manifesto, as notações de andamento da narrativa pela sintaxe dos tempos e dos advérbios, cuja riqueza entrevimos há pouco, só ganham realce precisamente na sua contribuição para a progressão de uma intriga: as mudanças de andamento mal podem ser definidas fora de seu emprego na composição narrativa. Finalmente, acrescentando um quadro das *transições* temporais ao dos agrupamentos de tempos por paradigmas, a linguística textual mostra de que sequências significativas entre tempos verbais a composição narrativa dispõe para produzir seus efeitos de sentido. Esse complemento sintagmático constitui a transição mais apropriada entre linguística textual e poética narrativa. As transições de um tempo ao outro servem de orientação para as transformações de uma situação inicial em uma situação final, transformações essas que constituem a intriga. A ideia de que as transições homogêneas garantem a consistência do texto, enquanto as transições heterogêneas garantem sua riqueza informacional, encontra um eco imediato na

---

21. Notaremos ainda a esse respeito o que Weinrich diz das noções de abertura, fechamento, fim simulado (tão sutilmente marcado, por Maupassant por exemplo, pelo que foi chamado de imperfeito de ruptura). Aqui, o realce da narrativa é indiscernível da própria estrutura da narrativa.

teoria da composição da intriga. Também a intriga apresenta traços homogêneos e heterogêneos, uma estabilidade e uma progressão, recorrências e diferenças. Nesse sentido, podemos dizer que, se a sintaxe oferece sua gama de paradigmas e de transições ao narrador, é no trabalho de composição que esses recursos são atualizados.

Essa é a profunda afinidade que podemos discernir entre teoria dos tempos verbais e teoria da composição narrativa.

Em contrapartida, não posso acompanhar Harald Weinrich na sua tentativa de dissociar *em todos os aspectos* os tempos verbais (*Tempus*) do tempo (*Zeit*). Na medida em que podemos considerar o sistema dos tempos como o aparelho linguístico que permite estruturar o tempo apropriado à atividade de configuração narrativa, podemos simultaneamente ser justos com as análises de *Tempus* e questionar sua afirmação de que os tempos verbais não têm nenhuma relação com o tempo (*Zeit*). A ficção, como dissemos, não cessa de fazer a transição entre a experiência antes do texto e a experiência depois dele. Ora, na minha opinião, o sistema dos tempos verbais, por mais autônomo que seja com relação ao tempo e a suas denominações correntes, não rompe em todos os aspectos com a experiência do tempo. Dela procede e a ela retorna, e os signos dessa filiação e dessa destinação são indeléveis na distribuição tanto linear quanto paradigmática.

Em primeiro lugar, não é sem razão que, em tão grande número de línguas modernas, um mesmo termo designa o tempo e os tempos verbais, ou que as denominações diferentes atribuídas às duas ordens conservem um parentesco semântico facilmente percebido pelos locutores (é o caso, em inglês, entre *tense* e *time*; em alemão, a alternância usual entre raízes germânicas e latinas, em *Zeit* e *Tempus*, permite restabelecer sem dificuldade esse parentesco).

Em seguida, o próprio Harald Weinrich conservou, na sua tipologia dos tempos verbais, um traço mimético, já que a função de sinal e de orientação atribuída às distinções sintáticas desemboca numa "primeira divisão esquemática do mundo" (p. 27). É o *mundo* narrado e o *mundo* comentado que estão em questão quando se trata da distinção dos tempos em função da situação de locução. Entendo bem que o termo "mundo" designe a soma dos objetos possíveis de comunicação sem implicação ontológica expressa, sob pena de arruinar a própria distinção entre *Tempus* e *Zeit*. Mas um mundo narrado e um mundo comentado não deixam de ser um mundo, cuja relação com o mundo práxico é apenas mantida em suspenso, segundo a lei de *mímesis* II.

Essa dificuldade retorna com cada um dos três eixos da comunicação que presidem à divisão dos tempos. Assim, Harald Weinrich afirma com razão que o pretérito dos contos e lendas, do romance, da novela somente assinala a entrada na narrativa; ele encontra a confirmação dessa ruptura com a expressão do tempo passado no emprego do pretérito pela narrativa utópica, a ficção científica, o romance de antecipação; mas pode-se concluir que o sinal da entrada em narrativa não tenha relação com a expressão do passado enquanto tal? O autor não nega, com efeito, que, numa outra situação de comunicação, esses tempos verbais exprimam o passado. Esses dois fatos linguísticos não teriam nenhuma relação? Não podemos reconhecer, a despeito da cesura, uma certa filiação que seria a do *como se*? O sinal da entrada na ficção não faria obliquamente referência ao passado por neutralização, por suspensão? Husserl fala longamente dessa filiação por neutralização[22]. Na sua esteira, Eugen Fink define o *Bild* pela neutralização da simples presentificação (*Vergegenwärtigung*)[23]. Em virtude de uma neutralização da visada "realista" da memória, toda ausência torna-se por analogia um *quase passado*. Toda narrativa – mesmo do futuro – conta o irreal *como se* fosse passado. E como explicar que os tempos da narrativa sejam *também* os da memória, se não houvesse entre narrativa e memória alguma relação metafórica engendrada por neutralização?

Reinterpreto de bom grado em termos de neutralização da presentificação do passado o critério de *distensão* proposto por Harald Weinrich para distinguir o mundo narrado do mun-

---

[22]. E. Husserl, *Idées directrices pour une phénoménologie*, trad. fr. Paul Ricoeur, Paris, Gallimard, 1952, p. 109.
[23]. Eugen Fink, *De la Phénoménologie*, trad. fr. Didier Franck, Paris, Ed. Minuit, 1974, pp. 15-93.

do comentado. A atitude de distensão assinalada pelos tempos verbais da narrativa não se limita em minha opinião a suspender o engajamento do leitor com seu meio ambiente real. Ela suspende mais fundamentalmente ainda a crença no passado como tendo sido, para transpô-la para o plano da ficção, como incita a cláusula de abertura dos contos evocada acima. Uma relação indireta com o tempo vivido é assim preservada por intermédio da neutralização[24].

A preservação da intenção temporal dos tempos verbais, a despeito do corte instaurado pelo fato de se ter entrado na ficção, observa-se nos dois outros eixos que completam a divisão entre narrativa e comentário. Como já foi observado, para introduzir as três perspectivas de retrospecção, de antecipação e de grau zero, Harald Weinrich se vê obrigado a distinguir entre *Aktzeit* e *Textzeit*. O retorno do termo *Zeit* não é fortuito. O desenrolar textual, oral ou escrito, como está dito, "é evidentemente um desenrolar no tempo" (p. 67): essa injunção resulta da linearidade da cadeia falada. Disso decorre que retrospecção e antecipação estão sujeitas às mesmas condições de linearidade temporal. Podemos tentar substituir esses dois termos pelos de informação relatada ou antecipada: não vejo como podemos eliminar de sua definição as noções de futuro e de passado. Retrospecção e prospecção exprimem a mais primitiva estrutura de retenção e de protensão do presente vivo. Sem essa referência oblíqua à estrutura do tempo, não entendemos o que significam antecipação ou retrospecção.

Observações semelhantes poderiam ser feitas a respeito do terceiro eixo de comunicação, o realçamento. Se é bem verdade que no plano da ficção a distinção entre o imperfeito e o passado nada mais deve às denominações usuais do tempo, o sentido primeiro da distinção bem parece estar ligado à capacidade de discernir, no próprio tempo, um aspecto de permanência e um aspecto de incidência[25]. Parece difícil que nada des-

---

24. A noção de voz narrativa oferecerá mais adiante (cf. pp. 212-13) uma resposta mais completa à questão.
25. Pode-se propor aqui um paralelo com a semiótica de Greimas, no que diz respeito àquilo que ele chama de aspectualidade das transformações, que

sa caracterização do próprio tempo passe para os tempos do realçamento. Do contrário, como poderia Harald Weinrich escrever: "No primeiro plano da narrativa, tudo o que advém, que se mexe, que muda" (p. 176)? O tempo fictício nunca está completamente cortado do tempo vivido, o da memória e da ação[26].

Vejo, por meu lado, nessa dupla relação de filiação e de corte entre tempos do passado vivido e tempo da narrativa uma ilustração exemplar das relações entre *mímesis* I e *mímesis* II. Os tempos do passado dizem em primeiro lugar o passado, depois, por uma transposição metafórica que conserva o que supera, dizem a entrada na ficção, sem referência direta, e sim oblíqua, ao passado enquanto tal.

Uma razão suplementar e, na minha opinião, decisiva de não se cortar todos os elos entre os tempos verbais e o tempo consiste na relação da ficção com o que chamei de o depois do texto, relação que define o estágio de *mímesis* III. A ficção não apenas conserva o vestígio do mundo prático sobre o fundo do qual se destaca, mas reorienta o olhar para os aspectos da experiência que "inventa", ou seja, simultaneamente descobre e cria[27]. Dessa perspectiva, os tempos verbais só rompem com as denominações do tempo vivido, que é o tempo perdido para a linguística textual, para redescobrir esse tempo com recursos gramaticais infinitamente diversificados.

É essa relação prospectiva com uma experiência do tempo, cujo esboço é projetado pela literatura, que explica que os grandes precursores que Harald Weinrich invoca como patronos tenham obstinadamente ligado os tempos verbais ao tempo.

---

ele situa (como lembramos) a meio caminho do plano lógico-semântico e do plano propriamente discursivo. Para dizer essa aspectualidade, a língua dispõe de expressões durativas (e frequentativas) e de expressões factuais. Além disso, ela marca as transições da permanência à incidência por traços de incoatividade e finalização.

26. Os outros sinais sintáticos, como os advérbios e as locuções adverbiais, cuja abundância e variedade evocamos acima, reforçam aqui a potência expressiva dos tempos verbais.

27. As observações que seguem estão em estreita harmonia com minha interpretação do discurso metafórico como "redescrição" da realidade na *Metáfora viva* (sétimo e oitavo estudos).

Quando Goethe e Schiller evocam em sua correspondência a liberdade do narrador onisciente, que domina uma ação quase imóvel diante dos seus olhos, quando August Wilhelm Schlegel celebra a "serenidade reflexiva própria do narrador", é a emergência de uma qualidade nova do próprio tempo que eles esperam da experiência estética. Quando, sobretudo, Thomas Mann chama *Der Zauberberg* [A montanha mágica] de um *Zeitroman* [romance sobre o tempo], ele não duvida de que "seu objeto é o tempo (*Zeit*) em estado puro"[28] (p. 55). A diferença qualitativa entre o tempo do país "plano" e o tempo indolente e despreocupado dos que, lá em cima, entregaram-se às neves eternas (p. 56) é evidentemente um efeito de sentido do mundo narrado. Dessa maneira, ela é tão *fictícia* quanto o resto do universo romanesco. Mas consiste efetivamente, ao modo do *como se*, numa nova consciência do tempo. Os tempos verbais estão a serviço dessa produção de sentido.

Não levarei mais adiante essa investigação que será objeto de nosso próximo capítulo. Ela envolve, com efeito, uma nova noção, a de experiência fictícia do tempo, como é feita pelos personagens, eles próprios fictícios, da narrativa. Essa experiência fictícia deriva de uma dimensão da obra literária diferente da que consideramos aqui, a saber, seu poder de projetar um mundo. É nesse mundo projetado que moram personagens que aí realizam uma experiência do tempo, tão fictícia quanto eles, mas que não deixa de ter um mundo como horizonte. Harald Weinrich acaso não autoriza essa visão furtiva da noção de mundo da obra, quando ele próprio fala de *mundo* narrado e *mundo* comentado? Acaso não dá a essa visão uma legitimação mais precisa, quando considera a sintaxe uma primeira divisão do mundo dos objetos *possíveis* da comunicação? Que são, com efeito, esses objetos possíveis, senão *ficções* capazes de nos orientar ulteriormente no deciframento de nossa condição efetiva e de sua temporalidade?

---

28. Dedico-me mais adiante, assumindo todos os riscos, a interpretar *Der Zauberberg* do ponto de vista da experiência do tempo que esse *Zeitroman* projeta para além de si mesmo, sem deixar de ser uma ficção.

Essas sugestões, que por ora são apenas indagações, ao menos expõem algumas das razões pelas quais o estudo dos tempos verbais não pode romper seus laços com a experiência do tempo e suas denominações usuais, do mesmo modo que a ficção não pode romper suas amarras com o mundo prático de que procede e para o qual retorna.

2. Tempo do narrar (Erzählzeit) e tempo narrado (erzählte Zeit)

Com essa distinção, introduzida por Günther Müller e retomada por Gérard Genette, entramos numa problemática que, ao contrário da precedente, não busca *na* própria enunciação um princípio interno de diferenciação que teria sua marca na divisão dos tempos do verbo, mas busca na distribuição *entre* enunciação e enunciado uma nova chave de interpretação do tempo na ficção.

É muito importante dizer que, ao contrário dos três autores discutidos acima, Günther Müller introduz uma distinção que não permanece contida no interior do discurso; abre para um *tempo da vida* que não deixa de lembrar a referência a um *mundo* narrado em Harald Weinrich. Esse aspecto não se integra à narratologia estrutural à qual Gérard Genette se vincula e só encontra continuidade numa meditação que se origina numa hermenêutica do mundo do texto, como a esboçaremos no último capítulo da terceira parte. Com Gérard Genette, a distinção entre tempo da enunciação e tempo do enunciado se mantém nos limites do texto, sem implicação mimética de qualquer espécie.

Minha ambição é mostrar que Gérard Genette é mais rigoroso que Günther Müller em sua distribuição de dois tempos narrativos, mas que Günther Müller, ao preço de uma menor coerência, conserva uma abertura que dependerá de nós explorar ulteriormente. O que precisamos é de um esquema de três níveis – *enunciação* – *enunciado* – *mundo do texto* –, aos quais correspondem um *tempo do narrar*, um *tempo narrado* e uma *experiência fictícia do tempo* projetada pela conjunção/disjunção entre o tempo que se leva narrando (o tempo do narrar) e tempo narrado. Nenhum dos dois autores responde exatamente a essa expectativa: o primeiro distingue mal o segundo nível do terceiro; o segundo elimina o terceiro em nome do segundo. Iremos nos dedicar a reordenar os três níveis por meio do exame crítico de cada uma das duas análises, de que somos tributários por razões às vezes opostas.

O contexto filosófico em que Günther Müller introduz a distinção entre *Erzählzeit* e *erzählte Zeit* é muito diferente daquele do estruturalismo francês. Temos o quadro de uma "poética morfológica"[29], diretamente inspirada na meditação goethiana sobre a morfologia das plantas e dos animais[30]. A referência da arte à vida, sempre subjacente à "poética morfológica", só pode ser entendida nesse contexto[31]. Disso resulta que a distinção introduzida por Günther Müller está condenada a oscilar entre uma oposição global da narrativa à vida e uma distinção interna à própria narrativa. A definição da arte permite as duas interpretações: "Narrar, afirma-se, é presentificar (*Vergegenwärtigen*) acontecimentos não perceptíveis pelos sentidos de um ouvinte" (*"die Bedeutung der Zeit in der Erzählkunst"*, p. 247). Ora, é no ato de presentificar que se distinguem o ato de "narrar" e a coisa "narrada". Distinção fenomenológica, pois, que faz com que todo narrar seja um narrar alguma coisa (*erzählen von*), que não é em si narrativa. É dessa distinção elementar

---

29. *Morphologische Poetik* é o título de uma coleção de ensaios que datam dos anos 1964-1968, Tübingen, 1968.

30. É notável que Propp também se tenha inspirado em Goethe, como foi lembrado acima.

31. O próprio Goethe está na origem dessa relação ambígua entre arte e natureza. Por um lado, escreve: *"Kunst ist eine andere Natur"* [A arte é uma outra natureza]; mas diz também: *"Kunst (...) ist eine eigene Weltgegend"* [uma região do mundo original] (citado em *op. cit.*, p. 289). Essa segunda concepção abre caminho para as pesquisas formais de Goethe sobre a narrativa, às quais devemos um famoso "esquema" da *Ilíada*. Günther Müller se refere a elas como um modelo para suas próprias pesquisas (cf. "Erzählzeit, erzählte Zeit", *op. cit.*, pp. 270, 280, 409; cf. também "Goethes Morphologie in ihrer Bedeutung für die Dichtungskunde", *op. cit.*, pp. 287 ss.).

que decorre a possibilidade de distinguir dois tempos: o tempo do narrar e o tempo narrado. No entanto, qual o correlato da presentificação, a que corresponde o tempo narrado? Temos duas respostas: por um lado, o que é narrado, e não é narrativa, não é dado em carne e osso na narrativa, é simplesmente "representado, restituído" (*Wiedergabe*); por outro, o que é narrado é fundamentalmente a "temporalidade da vida"; ora, "não se narra a vida [propriamente dita], vive-se a vida" (p. 254). As duas interpretações são incorporadas pela seguinte declaração: "Todo narrar é um narrar [de] algo que não é narrativa, mas processo de vida" (p. 261). Toda narrativa, desde a *Ilíada*, conta o próprio fluir (*Fliessen*): "Quanto mais a vida é rica em temporalidade, mais a epopeia é pura" ("*Je mehr Zeitlichkeit des Lebens, desto reinere Epik*", p. 250).

Reservemos para discutir posteriormente essa aparente ambiguidade do estatuto do tempo narrado e voltemo-nos para os aspectos do desdobramento entre tempo do narrar e tempo narrado que pertencem a uma poética morfológica.

Tudo parte da observação segundo a qual narrar é, segundo uma expressão emprestada de Thomas Mann, separar (*aussparen*), ou seja, ao mesmo tempo eleger e excluir[32]. Devemos assim poder submeter a uma investigação científica as modalidades da contração (*Raffung*), em virtude das quais o tempo do narrar se distancia do tempo narrado. Mais precisamente, a *comparação dos dois tempos* se torna verdadeiramente o objeto de uma ciência da literatura quando ela se presta à medida. Daí a ideia de uma comparação métrica entre os dois tempos. A ideia parece vir de uma reflexão sobre a técnica narrativa de Fielding em *Tom Jones*. Foi efetivamente Fielding, o fundador do romance de formação, que colocou concreta e tecnicamente a questão do *Erzählzeit*: é como mestre consciente do jogo

---

32. A expressão *Aussparung* destaca tanto o que foi omitido – a própria vida, como veremos – quanto o que foi retido, escolhido, eleito. A palavra francesa "épargne" (poupança) tem por vezes esses dois sentidos: o que poupamos é aquilo de que dispomos; é também aquilo em que não se toca, como se diz de uma cidade que foi poupada pelos bombardeios. A poupança, precisamente, discerne o que separamos para utilizar e o que isolamos para proteger.

com o tempo que ele dedica a segmentos temporais de comprimento variado – de alguns anos a algumas horas – cada um de seus dezoito volumes, demorando-se ou apressando-se segundo os casos, negligenciando uns e destacando outros. Se Thomas Mann colocou o problema da *Aussparung*, Fielding precedeu-o modulando conscientemente a *Zeitraffung*, a distribuição desigual do tempo narrado no tempo do narrar.

Mas, se medimos, o que medimos? E tudo, aqui, seria mensurável?

O que medimos, com o nome de *Erzählzeit*, é, por convenção, um tempo cronológico que tem seu equivalente no número de páginas e de linhas da obra publicada, em virtude da equivalência prévia entre o tempo decorrido e o espaço percorrido no quadrante dos relógios. Portanto, não se trata, absolutamente, do tempo gasto na composição da obra. A que tempo o número de páginas e de linhas seria equivalente? A um tempo de leitura convencional, que é difícil distinguir do tempo variável da leitura real. Este último é uma interpretação do tempo que se leva para narrar, comparável à interpretação que esse ou aquele maestro dá do tempo teórico de execução de uma partitura musical[33]. Admitidas essas convenções, podemos dizer que narrar exige "um lapso determinado de tempo físico" que o relógio mede. O que se compara então são precisamente "comprimentos" do tempo, tanto pelo lado do *Erzählzeit* tornado mensurável, quanto pelo lado do tempo narrado, que, por seu lado, também se mede em anos, dias e horas.

Agora, tudo seria mensurável nessas "compressões temporais"? Se a comparação dos tempo se limitasse à medida comparativa de duas cronologias, a investigação seria bem decepcionante – apesar de, mesmo reduzida a essas dimensões, levar a constatações surpreendentes e muito frequentemente negligenciadas, tanto a atenção dada à temática fez com que se negligenciassem as sutilezas dessa estratégia de dupla cronologia. As compressões não consistem unicamente em abreviações,

---

33. Günther Müller sente certo constrangimento em falar desse tempo da narrativa em si, não narrado e não lido, de algum modo privado de corpo, medido pelo número de páginas, para distingui-lo do tempo vivo da leitura, ao qual cada leitor traz seu *Lesetempo* (p. 275) [ritmo de leitura] particular.

cuja escala não para de variar: consistem também em saltar os tempos mortos, em precipitar a marcha da narrativa por um *stacatto* da expressão (*Veni, vidi, vici*), em condensar num único acontecimento exemplar traços iterativos ou durativos (todos os dias, sem cessar, durante semanas, no outono etc.). O andamento e o ritmo vêm assim enriquecer as variações, ao longo da mesma obra, dos comprimentos relativos do tempo da narrativa e do tempo narrado. Todas essas observações, tomadas em seu conjunto, concorrem para desenhar a *Gestalt* da narrativa. E essa noção de *Gestalt* abre o campo para pesquisas sobre aspectos estruturais cada vez mais livres da linearidade, da consecução e da cronologia, mesmo se a base continua sendo a relação entre lapsos de tempo mensuráveis.

Com relação a isso, os três exemplos escolhidos no ensaio *Erzählzeit und erzählte Zeit* – *Wilhelm Meisters Lehrejahre* [*Os anos de aprendizagem de Wilhelm Meisters*] de Goethe, *Mrs. Dalloway* de Virginia Woolf e a *Forsyte Saga* [*A crônica dos Forsyte*] de Galsworthy – são tratados por Müller com uma minúcia extraordinária, que faz de suas análises modelos ainda dignos de ser imitados.

Por uma escolha metodológica, a análise sempre se apoia nos aspectos mais lineares da narratividade, sem nunca se confinar a eles porém. O esquema narrativo inicial corresponde a uma consecução e a arte de narrar consiste em restituir a sucessão (*die Wiedergabe des Nacheinanders*, p. 270[34]). As observa-

---

34. Assim, o estudo dos *Lehrejahre* inicia com uma comparação entre as 650 páginas consideradas "a medida do tempo físico necessário ao narrador para contar sua história" (p. 270) e os oito anos de duração dos acontecimentos narrados. Mas são as variações incessantes nos comprimentos relativos que criam o *tempo* da obra. Nada direi aqui sobre o estudo de *Mrs. Dalloway*, já que proponho uma interpretação dessa obra no último capítulo, que abrange essa cuidadosa análise das inserções e das digressões internas, por assim dizer, que permitem à profundidade do tempo rememorado aflorar à superfície do tempo narrado. É também por uma análise quantitativa cuidadosa que começa o estudo da *Forsyte Saga*, exemplo tipo do "romance de gerações"; do vasto intervalo de quarenta anos que o romance abrange em 1100 páginas, o autor isolou cinco episódios que variam de alguns dias a alguns meses ou dois anos. Retomando o grande esquema da *Ilíada* proposto por Goethe, o autor reconstrói o esquema temporal do tomo II, com suas datas precisas e suas referências aos dias da semana.

ções que implodem esse linearismo são igualmente preciosas. O *tempo* narrativo, em particular, é afetado pelo modo como a narração se estende em cenas em formas de quadros, ou se precipita de tempo forte em tempo forte. Como Braudel, o historiador, não devemos falar somente de tempo longo ou curto, mas rápido ou lento. A distinção entre "cenas" e "transições" ou "episódios intermediários" também não é estritamente quantitativa. Os efeitos de lentidão ou velocidade, brevidade ou espalhamento estão no limite entre quantitativo e qualitativo. Cenas longamente narradas e separadas por transições breves, ou por resumos iterativos, que Günther Müller chama de "cenas monumentais", podem ser os pilares do processo narrativo, ao contrário das narrativas, em que são os "acontecimentos extraordinários" que formam a ossatura. Assim, relações estruturais não quantificáveis complicam o *Zusammenspiel* [combinação, conjunto] que se estabelece entre as duas durações. A disposição das cenas, dos episódios intermediários, dos acontecimentos marcantes, das transições não para de modular as quantidades e as extensões. A esses aspectos, somam-se as antecipações e os retrospectos, as inserções que permitem incluir vastas extensões temporais rememoradas em sequências narrativas breves, criar um efeito de profundidade perspectiva ao mesmo tempo que se rompe a cronologia. Afastamo-nos ainda mais da estrita comparação entre comprimentos de tempo quando acrescentamos aos retrospectos o tempo da lembrança, o tempo do sonho, o tempo do diálogo relatado, como em Virginia Woolf. Tensões qualitativas somam-se assim às medidas quantitativas[35].

Ora, o que é que instiga assim a transição operada da medida dos lapsos de tempo a uma apreciação do fenômeno mais qualitativo da contração? A relação entre o tempo da narração e o tempo da vida através do tempo narrado. É aqui que a meditação goethiana se impõe: a vida como tal não forma um todo;

---

35. Encontramos, nos estudos consagrados ao *"Zeitgerüst des Erzählens"* em Jürg Jenatsch (*op. cit.*, pp. 388-418) e ao *"Zeitgerüst des Fortunatus-Volksbuch"* (*op. cit.*, pp. 570-89), uma análise detalhada de caráter extremamente técnico dos inúmeros procedimentos de dar forma à narrativa.

a natureza pode produzir seres vivos, mas eles são indiferentes (*gleichgültig*); a arte pode produzir apenas seres mortos, mas eles são significantes. É exatamente este o horizonte de pensamento: arrancar o tempo narrado da indiferença por meio da narrativa. Por meio da poupança e da compressão, o narrador introduz o que é alheio ao sentido (*sinnfremd*) na esfera do sentido; no momento mesmo em que a narrativa visa a "representar" o sem sentido (*sinnlos*), coloca-o em relação com a esfera da explicitação do sentido (*Sinndeutung*)[36].

Desse modo, se eliminássemos essa referência à vida, não entenderíamos que a tensão entre os dois tempos provém de uma morfologia que simultaneamente se assemelha ao trabalho de formação-transformação (*Bildung-Umbildung*) operante nos organismos vivos e distingue-se dele pela elevação da vida insignificante à obra significante graças à arte. É nesse sentido que a comparação entre natureza orgânica e obra poética constitui um elemento da morfologia poética.

Se podemos chamar, com Genette, "jogo com o tempo" a relação entre o tempo do narrar e o tempo narrado na própria narrativa, esse jogo tem algo que está *em jogo* que é a vivência

---

36. Essa percepção do tempo da vida através do tempo narrado é, em última instância, o objeto de todas as breves monografias acima evocadas: é dito, da relação entre os dois regimes temporais nos *Lehrejahre*, que ela "se ajusta" (*fügt sich*) ao objeto próprio da narrativa, a metamorfose do homem e seu *Übergänglichkeit* [transitoriedade] (p. 271). É por essa razão que o *Gestaltsinn* [sentido da forma] da obra poética não é arbitrário e torna o aprendizado – a *Bildung* – análogo ao processo biológico gerador de formas vivas. O mesmo acontece com o "romance de gerações"; ao contrário do "romance de formação" em Lessing e em Goethe, em que o desenvolvimento das forças vitais rege a metamorfose de um ser vivo, o "romance de gerações", em Galsworthy, dedica-se a mostrar o envelhecimento, o retorno necessário à noite e, para além do destino individual, a ascensão da vida nova; desse modo, o tempo se revela tão salvador quanto destruidor. Nos três exemplos evocados, "a forma dada ao tempo narrativo tem a ver com o domínio de realidade que é manifestado na *Gestalt* de uma poesia narrativa (*einer erzählenden Dichtung*)" (p. 286). A relação e a tensão entre o tempo que se gasta para narrar e o tempo narrado referem-se assim ao que, para além da narrativa, não é narrativa, mas vida. O próprio tempo narrado é qualificado como *Raffung*, relativamente ao fundo sobre o qual se desenha, a saber, a "natureza" insignificante, ou, mais precisamente, indiferente à significação.

temporal (*Zeiterlebnis*) visada pela narrativa. A tarefa da morfologia poética é mostrar a conformidade entre as relações quantitativas de tempo e as qualidades de tempo que se ligam à vida. Inversamente, essas qualidades temporais só são exibidas através do jogo das derivações e das inserções, sem que se inclua uma meditação temática sobre o tempo, como em Laurence Sterne, Joseph Conrad, Thomas Mann ou Marcel Proust. O tempo fundamental continua implicado, sem tornar-se temático. Contudo, é precisamente o tempo da vida que é "co-determinado" pela relação e pela tensão entre os dois tempos da narrativa e pelas "leis de forma" que delas resultam[37]. Desse modo, seríamos tentados a dizer: a cada poeta – e, mesmo, a cada poema – equivale uma "vivência" temporal. É precisamente esse o caso: por isso, essa "vivência" só pode ser visada obliquamente através do arcabouço temporal, como aquilo a que esse arcabouço se ajusta e convém. É claro que uma estrutura descontínua convém a um tempo de perigos e aventuras, que uma estrutura linear mais contínua convém ao romance de formação dominado pelos temas do desenvolvimento e da metamorfose, enquanto uma cronologia fragmentada, interrompida por saltos, antecipações e retrospectos, em suma, uma configuração deliberadamente pluridimensional, convém mais a uma visão do tempo privada de qualquer capacidade de visão panorâmica e de toda coesão interna. A experimentação contemporânea na ordem das técnicas narrativas acompanha as-

---

37. Num outro ensaio da mesma coletânea, Günther Müller introduz o par de termos: "*Zeiterlebnis und Zeitgerüst*" (pp. 299 ss.). Esse *arcabouço do tempo* é o próprio jogo entre o tempo do narrar e o tempo narrado. Quanto à vivência do tempo, ela é, numa terminologia husserliana, o fundo de vida indiferente ao sentido; nenhuma intuição dá o *sentido* desse tempo que nunca é mais que *interpretado*, visado indiretamente pela análise do *Zeitgerüst*. Novos exemplos tomados de autores preocupados tanto com o que está em jogo como com o jogo também o mostram. Para um deles, Andréas Gryphius, o tempo não passa de uma cadeia de instantes descosidos, que só a referência à eternidade subtrai ao nada. Para outros – Schiller e Goethe –, é o próprio curso do tempo do mundo que é a eternidade. Para outro – Hofmannstahl –, o tempo é a própria estranheza, a imensidão que engolfa. Para ainda outro – Thomas Mann –, é o numinoso por excelência. Com cada um deles, tocamos na "*poietische Dimension*" [dimensão poética] (p. 303) da "vivência" temporal.

sim a fragmentação que afeta a própria experiência do tempo. É verdade que, nessa experimentação, o jogo pode tornar-se aquilo mesmo que está em jogo[38]. Mas a polaridade entre a vivência temporal (*Zeiterlebnis*) e o arcabouço temporal (*Zeitgerüst*) parece indelével.

Em todos os casos, uma criação temporal efetiva, um "tempo poiético" (p. 311), mostra-se no horizonte de toda "composição significativa" (p. 308). Essa criação temporal é o que está em jogo na estruturação do tempo, que por sua vez se joga entre tempo do narrar e tempo narrado.

3. Enunciação – enunciado – objeto no "discurso da narrativa"[39]

A *Morphologische Poetik* [Morfologia poética] de Günther Müller legou-nos, em síntese, três tempos: o do ato de narrar, o que é narrado e, finalmente, o tempo da vida. O primeiro é um tempo cronológico: é mais um tempo de leitura que de escrita; só podemos medir seu equivalente espacial, que é contado em número de páginas e de linhas. Quanto ao tempo narrado, este é contado em anos, meses, dias e eventualmente datado na própria obra. Originou-se, por sua vez, por "compressão" de um tempo "poupado", que não é narrativa, mas vida. A nomenclatura que Gérard Genette propõe é igualmente ter-

---

38. Lemos num outro ensaio: "Über die Zeitgerüst des Erzählens" (pp. 388-418): "Após Joseph Conrad, Virginia Woolf, Proust, Wolfe, Faulkner, o tratamento da evolução do tempo tornou-se um problema central da representação épica, um campo de experimentação narrativa, no qual se trata em primeiro lugar não de especulação sobre o tempo, mas da 'arte de narrar'" (p. 392). Tal afirmação não implica que a "vivência" temporal deixa de ser o que está em jogo, mas que o jogo ganha primazia sobre o que está em jogo. Genette tirará uma consequência mais radical dessa reviravolta. Günther Müller não parece inclinado a reduzir o que está em jogo ao jogo: a focalização na arte de narrar provém do fato de o narrador não ter necessidade de especular sobre o tempo para visar o tempo poiético: ele o faz configurando o tempo narrado.

39. Gérard Genette, "Frontières du Récit", *Figures II*, Paris, Seuil, 1969, pp. 49-69; "Le discours du récit", *Figures III*, Paris, Seuil, 1972, pp. 65-273; *Nouveau Discours du récit, op. cit.*

nária; não coincide, porém, com a de Günther Müller; resulta do esforço da narratologia estrutural de derivar todas as suas categorias de traços contidos no próprio texto, o que não é o caso em se tratando do tempo da vida. Os três níveis de Genette são determinados a partir do nível mediano, o *enunciado* narrativo: é a narrativa propriamente dita; consiste na relação de acontecimentos reais ou imaginários; na cultura escrita, essa narrativa é idêntica ao texto narrativo. Esse enunciado, por sua vez, tem uma dupla relação. Por um lado, o enunciado relaciona-se com o *objeto* da narrativa, a saber, os acontecimentos narrados, sejam eles fictícios ou reais: é o que chamamos comumente de história "narrada"; em um sentido próximo, podemos chamar de *diegético* o universo no qual a história acontece[40]. Por outro lado, o enunciado relaciona-se com o ato de narrar considerado em si mesmo, com a *enunciação* narrativa (narrar suas aventuras é, para Ulisses, uma ação tanto quanto o é massacrar os pretendentes); uma narrativa, dizemos, conta uma história, senão, não seria discurso: "Como narrativo, o relato vive de sua relação com a história que nar-

---

40. O termo diegese foi emprestado de Étienne Souriau, que o propôs em 1948 para opor o lugar do significado fílmico ao universo da tela como lugar do significante. Gérard Genette precisa, em *Nouveau Discours du récit*, que o adjetivo diegético é construído a partir do substantivo diegese, sem referência à *diégesis* de Platão: "*diégesis*, garante-nos Genette em 1983, nada tem a ver com diegese" (p. 13). Na verdade, o próprio Genette referiu-se ao famoso texto de Platão em "Frontières du récit". Mas sua intenção era então polêmica. Tratava-se de eliminar o problema aristotélico da *mímesis*, identificado com a ilusão de realidade criada pela representação da ação. "A representação literária, a *mímesis* dos antigos... é a narrativa e apenas a narrativa." Assim sendo, "*mímesis* é *diégesis*" ("Frontières du récit", p. 55). A questão é retomada mais sumariamente em "Le discours du récit", pp. 184-6: "A linguagem significa sem imitar" (p. 185). Para dissipar qualquer equívoco, será que deveríamos lembrar que, na *República* 392 c ss., Platão não opõe de modo algum *diégesis* a *mímesis*? *Diégesis* é o único termo genérico proposto. Subdivide-se apenas em *diégesis* "*simples*", quando o poeta narra acontecimentos ou discursos com sua própria voz, e *diégesis* "*por imitação*" (*dià miméseos*), quando fala "como se fosse um outro", simulando tanto quanto possível a voz de um outro, o que equivale a imitá-lo. A relação entre os termos é inversa em Aristóteles, para quem a *mímesis práxeos* é o termo genérico e a *diégesis*, o "modo" subordinado. É preciso pois evitar toda superposição entre as duas terminologias, que se referem a dois usos diferentes dos termos em litígio (cf. *Tempo e narrativa*, vol. 1, *op. cit.*, pp. 61 e 65, n. 13).

ra; como discurso, vive de sua relação com a narração que o profere" ("Discours du récit", in *Figures III*, p. 74)[41].

Como se comportam essas categorias com relação às de Benveniste e Günther Müller (para não falar de Harald Weinrich, que não está em causa aqui)? Como o próprio título do ensaio mostra, é bem claro que a distribuição, recebida de Émile Benveniste, entre discurso e narrativa só é considerada para ser recusada. Há discurso em toda narrativa, na medida em que a narrativa não é menos proferida que, digamos, o canto lírico, a confissão ou a autobiografia. Que o narrador esteja ausente de seu texto ainda é um fato de enunciação[42]. Nesse sentido, a

---

41. A teoria narrativa nunca deixou, efetivamente, de oscilar entre bipartição e tripartição. Os formalistas russos conhecem a distinção entre *Sjužet* e *fabula*, o enredo e a fábula. Para Chklovski, a fábula designa o material que serve para a formação do enredo; o enredo de *Eugène Onéguine*, por exemplo, é a elaboração da fábula e, assim, uma construção (cf. *Théorie de la littérature, textes des formalistes russes, op. cit.*, pp. 54-5). Tomachevski precisa: o desenvolvimento da fábula pode ser caracterizado como "a passagem de uma situação a outra" (*ibid.*, p. 273). O enredo é o que o leitor percebe como resultante dos procedimentos de composição (p. 208). Num sentido próximo, o próprio Todorov distingue entre discurso e história ("Les catégories du récit littéraire", art. citado, 1966). Bremond diz: narração narrante e narração narrada (*Logique du récit, op. cit.*, p. 321, n. 1). Em contrapartida, Cesare Segre (*Le Strutture e il Tempo*, Turim, G. Einaudi, 1974) propõe a tríade: discurso (significante), intriga (o significado, segundo a ordem de composição literária), *fabula* (o significado segundo a ordem lógica e cronológica dos acontecimentos). É então o *tempo*, concebido como ordem irreversível de sucessão, que serve como discriminante: o discurso tem, por tempo, o tempo da leitura, a intriga, o da composição literária, a *fabula*, o dos acontecimentos narrados. Em suma, os pares enredo-fábula (Chklovski, Tomachevski), discurso-história (Todorov), narrativa-história (Genette) são mais ou menos equivalentes. A reinterpretação em termos saussurianos estabelece a diferença entre formalistas russos e formalistas franceses. Seria necessário dizer que o ressurgimento de uma tripartição (Cesare Segre, o próprio Genette) marca o retorno a uma tríade estoica: o que significa, o que é significado, o que acontece?

42. "Frontières du récit": "Um dos objetivos desse estudo poderia ser repertoriar e classificar os meios através dos quais a literatura narrativa (e particularmente romanesca) tentou organizar de maneira aceitável, no interior de sua própria *lexis*, as relações delicadas que as exigências da narrativa e as necessidades do discurso mantêm entre si" (p. 67). O *Nouveau Discours du récit* é, com relação a isso, de uma nitidez inequívoca: uma narrativa sem narrador é simplesmente impossível; seria um enunciado sem enunciação e, assim, sem ato de comunicação (p. 68), daí o próprio título de "discurso da narrativa".

enunciação deriva mais da instância do discurso no sentido amplo que Émile Benveniste dá a esse termo em outra parte para opô-lo ao sistema virtual da língua, que do discurso no sentido mais limitado que o opõe à narrativa. Podemos contudo admitir que a distinção entre discurso e narrativa fez com que se atentasse para uma dicotomia que precisou posteriormente ser remetida ao interior da narrativa, no sentido amplo do termo. Nesse sentido, a dicotomia inclusiva, por assim dizer, da enunciação e do enunciado é herdeira da disjunção mais exclusiva entre discurso e narrativa segundo Émile Benveniste[43].

A relação com Günther Müller é mais complexa. A distinção entre *Erzählzeit* e *erzählte Zeit* também é conservada por Genette, mas inteiramente renovada. Esse remanejamento resulta da diferença de estatuto dos níveis aos quais os traços temporais são atribuídos. Na nomenclatura de Genette, o universo diegético e a enunciação não designam nada de exterior ao texto. A relação do enunciado com a coisa narrada pode ser assimilada à relação entre significante e significado na linguística saussuriana. O que Günther Müller chama de vida é portanto colocado fora do jogo. A enunciação, por seu lado, procede precisamente da autorreferência do discurso e remete a alguém que narra; mas a narratologia se esforça para só registrar as marcas da narração inscritas no texto.

Uma completa redistribuição dos traços temporais resulta dessa reorganização dos níveis de análise. Em primeiro lugar, a *Zeiterlebnis* é colocada fora do jogo. Subsistem apenas as relações internas ao texto entre enunciação, enunciado e história (ou universo diegético). A elas são dedicadas as análises de um texto exemplar: *À la recherche du temps perdu* [*Em busca do tempo perdido*].

---

43. Sobre essas relações complexas, cf. as diversas tentativas de ordenação propostas por Seymour Chatman, in *Story and Discourse: Narrative Structure in Fiction*, Ithaca, Cornell University Press, 1978; Gerald Prince, *Narratology: The Form and Function of Narrative*, La Haye, Mouton, 1982; Shlomith Rimmon-Kenan, *Narrative Fiction: Contemporary Poetics*, Londres e Nova York, Methuen, 1983.

O peso principal da análise recai sobre a relação entre tempo da narrativa e tempo da diegese, um pouco em detrimento do tempo da enunciação, por razões que exporemos mais adiante. O que é o tempo da narrativa, se não for nem o tempo da enunciação nem o da diegese? Como Günther Müller, Gérard Genette o considera o equivalente e o substituto do tempo de leitura, ou seja, do tempo necessário para se percorrer ou atravessar o espaço do texto: "O texto narrativo, como qualquer outro texto, não tem outra temporalidade senão a que empresta, metonimicamente, de sua própria leitura" (p. 78). É preciso então "assumir" e "tomar ao pé da letra a quase ficção do *Erzählzeit*, esse tempo falso que vale por um verdadeiro e que trataremos, com o que isso comporta simultaneamente de reserva e de aceitação, como um *pseudotempo*"[44] (p. 78).

Não retomarei em detalhes a análise das três determinações essenciais – *ordem, duração, frequência* –, segundo as quais podem ser estudadas as relações entre pseudotempo da narrativa e tempo da história. Nos três registros, são as discordâncias entre os traços temporais dos acontecimentos na diegese e os traços correspondentes da narrativa que são significativas.

No que diz respeito à *ordem*, essas discordâncias podem ser colocadas sob o título geral da *anacronia*[45]. Dessa perspectiva, a narrativa épica é conhecida, desde a *Ilíada*, por sua ma-

---

44. Podemos nos perguntar a esse respeito se o tempo de leitura, do qual o tempo da narrativa é assim emprestado, não pertence de direito ao plano da enunciação, e se a transposição operada pela metonímia não dissimula essa filiação, projetando no plano do enunciado o que pertence de direito ao plano da enunciação. Além disso, eu não o chamarei de pseudotempo, e sim, precisamente, de tempo fictício, na medida em que, para a inteligência narrativa, ele está muito ligado às configurações temporais da ficção. Eu diria que convertem o fictício em pseudo substituindo a inteligência narrativa pela simulação racionalizante que caracteriza o nível epistemológico da narratologia, operação cuja legitimidade e cujo caráter derivado não cessamos de ressaltar. *Nouveau Discours du récit* traz uma precisão: "o tempo da narrativa (escrita) é um pseudotempo no sentido de que consiste empiricamente, para o leitor, em um espaço de texto que apenas a leitura pode (re)converter em duração" (p. 16).

45. O estudo das anacronias (prolepse, analepse e suas combinações) pode ser aproximado sem muitas dificuldades do estudo da "perspectiva" (antecipação, restrospecção, grau zero) em Harald Weinrich.

neira de começar *in medias res* e, depois, proceder a um retrospecto com fins explicativos. Em Proust, esse procedimento serve para opor o futuro tornado presente à ideia que se fizera dele no passado. Sua arte de narrar consiste, por um lado, em jogar com a prolepse (narrar antecipadamente) e com a analepse (narrar por retrospecto) e em encaixar prolepses em analepses. Esse primeiro jogo com o tempo dá lugar a uma tipologia muito detalhada, da qual renuncio a dar uma ideia. Deixarei para discutir posteriormente o que concerne à *finalidade* dessas variações anacrônicas. Quer se trate de completar a narrativa de um acontecimento colocando-o sob a luz de um acontecimento antecedente, de preencher posteriormente uma lacuna anterior, de suscitar a reminiscência involuntária pela evocação repetida de acontecimentos semelhantes, ou de retificar uma interpretação anterior por uma série de reinterpretações, a analepse proustiana não é um jogo gratuito; alinha-se com o significado do conjunto da obra[46]. Esse recurso à oposição entre significativo e insignificante abre uma perspectiva sobre o tempo narrativo que vai além da técnica literária da anacronia[47].

O uso das prolepses no interior de uma narrativa globalmente retrospectiva parece-me ilustrar ainda melhor que a analepse essa relação com o significado global aberto pela inteligência narrativa. Certas prolepses levam a seu termo lógico tal linha de ação, até alcançar o presente do narrador; outras servem para autenticar a narrativa do passado através do testemunho de sua eficácia na lembrança atual (ainda hoje, eu a vejo...): para dar conta desse jogo com o tempo, é de Auerbach

---

46. Remeto a essa bela página do "Discours du récit", em que o autor evoca a "retomada" geral, por Marcel Proust, dos principais episódios de sua existência "até então perdidos na insignificância da dispersão e repentinamente reunidos, tornados significativos por estarem sem exceção ligados entre si (...): acaso, contingência, arbitrário repentinamente abolidos, biografia subitamente 'apanhada' na rede de uma estrutura e na coesão de um sentido" (p. 97).

47. O leitor não deixará de aproximar essa observação de Gérard Genette do uso que Günther Müller faz da noção de *Sinngehalt* discutida acima, e da oposição entre significativo e insignificante (ou indiferente), herdada de Goethe. Essa oposição, na minha opinião, é completamente diferente da oposição entre significante e significado proveniente de F. de Saussure.

que temos de emprestar a noção de "simbólica sempiternidade" da "consciência rememorante"[48]. Mas, então, o quadro teórico escolhido para a análise se revela inadequado: "Perfeito exemplo, diz Genette, de fusão, quase milagrosa, entre o acontecimento narrado e a instância de narração, ao mesmo tempo tardia (última) e "sempiterna"[49] (p. 108).

A partir de uma visão de conjunto das anacronias na *Recherche*, Genette declara: "A importância da narrativa 'anacrônica' na *Recherche du temps perdu* está evidentemente ligada ao caráter retrospectivamente sintético da narrativa proustiana, a cada instante inteiramente presente a si mesma no espírito do narrador, que – desde o dia em que percebeu, num êxtase, seu significado unificante – nunca deixa de segurar simultaneamente todos os fios, de perceber simultaneamente todos os lugares e todos os momentos, entre os quais é constantemente capaz de estabelecer uma infinidade de relações "telescópicas" (p. 115). Não deveríamos então dizer que o que a narratologia considera o pseudotempo da narrativa consiste no conjunto de estratégias temporais postas a serviço de uma concepção do tempo que, articulada inicialmente na ficção, pode além do mais constituir um paradigma para redescrever o tempo vivido e perdido?

O estudo das distorções da *duração* convida às mesmas reflexões. Não voltarei a discutir a impossibilidade de medir a duração da narrativa, se por isso se entende o tempo de leitura (pp. 122-3). Admitamos com Genette que podemos apenas comparar a *velocidade* respectiva da narrativa e da história, a velocidade sendo sempre definida por uma relação entre uma medida temporal e uma medida espacial. Assim, para caracterizar as acelerações ou reduções de velocidade da narrativa com

---

48. Éric Auerbach, *Mímesis: Dargestellte Wirklichkeit in der abendländischen Literatur*, Berne, Francke, 1946; trad. fr., *Mimèsis: représentation de la réalité dans la littérature occidentale*, Paris, Galimmard, 1968, p. 539, citado por Gérard Genette, "Le discours du récit", art. cit., p. 108.

49. O autor admite facilmente que, "na medida em que colocam diretamente em jogo a própria instância narrativa, essas antecipações no presente não constituem apenas fatos de temporalidade narrativa, mas também fatos de voz: nós as veremos mais adiante a esse título" (p. 108).

relação aos acontecimentos narrados, somos levados a comparar, como Günther Müller, a duração do texto, medido em páginas e linhas, com a duração da história, medida em tempo de relógio. Como em Günther Müller, as variações – chamadas aqui de *anisocronias* – incidem sobre as grandes articulações narrativas e sua cronologia interna, declarada ou inferida. Podemos então dividir as distorções de velocidade entre a extrema redução de velocidade da *pausa* e a aceleração extrema da *elipse*, situar a noção clássica de "cena" ou de "descrição" nas proximidades da pausa e a de "sumário" nas proximidades da elipse[50]. Assim, pode ser esboçada uma tipologia muito refinada das grandezas comparadas de comprimento do texto e de duração dos acontecimentos narrados. Mas o importante a meu ver é que o domínio, pela narratologia, das estratégias de aceleração e de redução de velocidade serve para aumentar a inteligência que adquirimos, graças a nossa familiaridade com os procedimentos da composição da intriga, da função de tais procedimentos. Assim, Gérard Genette nota que em Proust a amplitude (e, portanto, a lentidão da narrativa, que estabelece uma espécie de coincidência entre o comprimento do texto e o tempo gasto pelo herói para se imbuir de um espetáculo) está em estreita relação com as "estações contemplativas" (p. 135) na experiência do herói[51]. Do mesmo modo, a ausência da narrativa sumária, a ausência da pausa descritiva, a tendência da narrativa para se constituir em cena, no sentido narrativo do termo, o caráter inaugural das cinco enormes cenas – as várias recepções – que ocupam, sozinhas, perto de seiscentas páginas, a repetição que as transforma em cenas típicas, todos esses traços estruturais da *Recherche* que não deixam intacto nenhum dos movimentos narrativos tradicionais (p. 144) e que uma ciência narratológica deve discernir, analisar, classificar, recebem seu *significado* da espécie de imobilidade temporal que a narrativa estabelece no plano da ficção.

---

50. A noção de *Raffung* em Günther Müller encontra assim um equivalente na noção de aceleração.

51. "Essas estações contemplativas geralmente têm uma duração que não corre o risco de exceder a da leitura (mesmo bastante lenta) do texto que as relata" (pp. 135-6).

Mas a modificação que dá à temporalidade narrativa da *Recherche* "uma cadência totalmente nova – um ritmo propriamente inaudito" (p. 144) – é certamente o caráter *iterativo* da narrativa, que a narratologia coloca na terceira categoria temporal, a da *frequência* (narrar uma vez ou *n* vezes um acontecimento que só acontece uma vez ou *n* vezes), e que ela opõe à narrativa singulativa[52]. Como interpretar essa "embriaguez da iteração" (p. 153)? A forte tendência que os instantes têm, em Proust, para se reunir e se confundir, admite Genette, é "a própria condição da experiência da 'memória involuntária'[53]" (p. 154). Ora, essa *experiência* nunca será abordada nesse exercício de narratologia. Por quê?

Se o exercício de memória do narrador-herói é tão facilmente reduzido a um "fator, que eu afirmaria tranquilamente ser um meio de emancipação da narrativa com relação à temporalidade diegética" (p. 179), é porque a investigação relativa ao tempo foi até aqui artificialmente contida nos limites da relação entre a narrativa enunciada e a diegese, em detrimento dos aspectos temporais da relação entre enunciado e enunciação, remetidos à categoria gramatical da voz[54].

O adiamento do tempo da narração não deixa de ter inconvenientes. Assim, não entendemos o sentido da reviravolta pela qual, no momento da guinada da obra de Proust, a história, com sua comportada cronologia e preponderância do singulativo, retoma o comando da narrativa, com seus anacronismos e iterações; não entendemos, dizíamos, se não atribuí-

---

52. Greimas introduz em *Maupassant* as categorias semelhantes do iterativo e do singulativo e adota, para dar conta delas, a categoria gramatical do aspecto. A alternância entre iterativo e singulativo deve igualmente ser comparada com a categoria de realçamento em Weinrich.

53. Gérard Genette cita esta bela página de *La Prisonnière*, em que lemos: "Essa manhã ideal enchia meu espírito de realidade permanente, idêntica a todas as manhãs semelhantes, e comunicava-me um júbilo..." (p. 154).

54. Gérard Genette é, aliás, o primeiro a "deplorar que os problemas da temporalidade narrativa sejam assim esfacelados" (p. 180, n. 1). Mas, acaso tem razão ao dizer: "Qualquer outra distribuição teria como efeito subestimar a importância e a especificidade da instância narrativa" (*ibid.*)?

mos as distorções da duração, agora preponderantes, ao próprio narrador, "simultaneamente desejoso, na sua impaciência e angústia crescentes, de *contar logo* suas últimas cenas... e ir direto para o desenlace... que finalmente lhe dará o ser e legitimará seu discurso" (p. 180). Devemos pois integrar ao tempo da narrativa "uma outra temporalidade, que não é mais a da narrativa, mas que em última instância a comanda: a da própria narração"[55] (p. 180).

E quanto à relação entre enunciação e enunciado? Acaso não teria nenhum caráter temporal? O fenômeno fundamental, cujo estatuto textual pode ser preservado, é aqui o da *"voz"*, noção emprestada dos gramáticos[56] e que caracteriza a implicação, na narrativa, da própria narração, ou seja, da instância narrativa (no sentido em que Benveniste fala de instância de discurso) com seus dois protagonistas: o narrador e seu destinatário, real ou virtual. Se uma questão de tempo se coloca nesse nível de relação, é porque a própria instância narrativa, representada no texto pela voz, já apresenta traços temporais.

Se o tempo da enunciação é tão tardiamente e tão brevemente tratado no "Discours du récit", isso se deve em pequena parte às dificuldades de se ordenar de modo correto as relações entre enunciação, enunciado e história[57] e, em maior parte,

---

55. Mas, se a temporalidade da narração comanda a da narrativa, não podemos falar do "jogo com o Tempo" na obra de Proust, como faz Genette nas páginas decisivas (pp. 178-81), que considerarei mais adiante, antes de ter tratado da enunciação e do tempo que lhe convém e, através disso, subtraído as análises da temporalidade de seu estado de esfacelamento.

56. E. Vendryès, por exemplo, definia-a assim: "aspecto da ação verbal nas suas relações com o sujeito" (citado por Gérard Genette, p. 76). *Nouveau Discours du récit* não traz nenhum elemento novo a respeito do tempo da enunciação e da relação entre voz e enunciação. Em contrapartida, esse texto é rico em observações sobre a distinção entre a pergunta sobre a voz (quem fala?) e a pergunta sobre a perspectiva (quem vê?), essa última sendo reformulada em termos de focalização (onde está o foco da percepção?) (pp. 43-52). Voltaremos a isso mais adiante.

57. Como dissemos mais acima, o peso principal da análise do tempo da narrativa na *Recherche* recai sobre a relação entre narrativa e diegese, relação tratada nos três primeiros capítulos (pp. 77-182) sob as rubricas da *ordem*, da *duração* e da *frequência*, enquanto apenas algumas das páginas dedicadas à *voz*

à dificuldade ligada, na *Recherche*, à relação entre o autor real e o narrador fictício, que acontece ser aqui o mesmo que o herói, o tempo de narração estando afetado do mesmo caráter fictício que o papel do narrador-herói. Ora, esse reconhecimento do caráter fictício do "eu" do herói-narrador exige uma análise que é precisamente a da *voz*. Com efeito, embora o ato da narração não traga em si mesmo nenhuma marca de duração, as variações de sua distância com relação aos acontecimentos narrados importam, ao contrário, para o "significado da narrativa" (p. 228). Em particular, as mudanças evocadas acima, que afetam o regime temporal da narrativa, encontram nessas variações uma certa justificativa: fazem sentir o encolhimento progressivo do próprio tecido do discurso narrativo, "como se, acrescenta Genette, o tempo da história tendesse a se dilatar e a se singularizar cada vez mais ao se aproximar de seu fim, *que é também sua origem*" (p. 236). Ora, o fato de que o tempo da história do herói se aproxime de sua própria origem, a saber, o presente do narrador, sem poder alcançá-lo, é uma característica que faz parte do *significado* da narrativa, a saber, que ela terminou ou, ao menos, foi interrompida, quando o herói se tornou escritor[58].

---

são tardiamente reservadas ao tempo da narração (pp. 228-38). Essa desproporção explica-se em parte pela adjunção da tríade tempo-modo-voz, emprestada da gramática do verbo, à tripartição enunciação-enunciado-objeto. São, finalmente, aquelas três classes que determinam a disposição dos capítulos no discurso da narrativa: "os três primeiros (ordem, duração, frequência) tratam do tempo, o quarto, do modo, o quinto e último, da voz" (p. 76, n. 4). Podemos assim observar uma certa concorrência entre os dois esquemas, concorrência que faz que "o tempo e o modo ajam, ambos, no nível das relações entre história e narrativa, enquanto a voz designa concomitantemente as relações entre narração e narrativa e entre narração e história"(p. 76). Essa concorrência explica que o acento principal seja posto na relação entre tempo da narrativa e tempo da história, e que o tempo da enunciação seja tratado de um modo menor, a título da voz, no último capítulo.

58. "Há simplesmente interrupção da narrativa no ponto em que o herói encontrou a verdade e o sentido de sua vida e, portanto, onde se encerra essa 'história de uma vocação' que é, lembremos, o objeto declarado da narrativa proustiana (...). É pois necessário que a narrativa seja interrompida antes que o herói alcance o narrador, não é concebível que ambos escrevam juntos a palavra: Fim" (p. 137).

O recurso à noção de voz narrativa permite que a narratologia dê um lugar à subjetividade, sem que esta seja confundida com a do autor real. Se a *Recherche* não deve ser lida como uma autobiografia disfarçada, é porque o "eu" que o narrador-herói pronuncia é ele mesmo fictício. Mas, sem uma noção como a de *mundo* do texto, que justificarei no próximo capítulo, o recurso à noção de voz narrativa não basta para que se dê o justo valor à *experiência fictícia* que o narrador-herói faz do tempo nas suas dimensões psicológicas e metafísicas.

Ora, sem essa experiência, tão fictícia quanto o "eu" que a desenvolve e conta e, contudo, digna do título de "experiência" em virtude de sua relação com o mundo que a obra projeta, é difícil dar um sentido à noção de tempo perdido e tempo redescoberto que constituem o ponto crucial da *Recherche*[59].

É essa recusa tácita da noção de experiência fictícia que me causa certo mal-estar quando leio e releio as páginas intituladas "o jogo com o Tempo" (pp. 178-81) que dão, se não a chave, ao menos o tom do livro (páginas no mínimo prematuras, se considerarmos que se remete para mais tarde o estudo do tempo da narração). A experiência fictícia do tempo pela qual o narrador-herói passa, por não poder ser vinculada ao significado interno da narrativa, é remetida a uma justificativa extrínseca à obra, aquela que o autor Proust dá de sua técnica narrativa, com suas interpolações, distorções e, acima de tudo, suas condensações iterativas. Essa própria justificativa é assimilada à "motivação realista" que Proust partilha com toda uma tradição de escritores. Genette quer realçar apenas suas "contradições" e suas "complacências" (p. 181). Contradição entre a preocupação de contar as coisas como foram vividas no momento e contá-las como foram rememoradas depois. Con-

---

59. Podemos dizer da experiência metafísica do tempo na *Recherche* exatamente o que Gérard Genette diz do "eu" do herói da *Recherche*, a saber, que ele não é nem totalmente Proust nem totalmente um outro. Nenhum "retorno a si", nenhuma "presença a si" são postulados por uma experiência exprimida ao modo da ficção, mas sim uma "semi-homonímia" entre a experiência real e a experiência fictícia, semelhante à que a narratologia discerne entre o herói-narrador e o signatário da obra (p. 257).

tradição, pois, entre atribuir ora à própria vida, ora à memória, as sobreposições que os anacronismos da narrativa refletem. Contradição, sobretudo, de uma busca voltada simultaneamente para o "extratemporal" e para o "tempo em estado puro". Mas essas contradições não seriam o próprio coração da experiência fictícia do herói-narrador? Quanto às complacências, elas são atribuídas às "racionalizações retrospectivas, de que os grandes artistas são pródigos, e isso na própria medida de seu *gênio*, ou seja, da precedência de sua prática sobre toda teoria – inclusive a deles mesmos" (p. 181). Mas a prática narrativa não é a única a ter precedência sobre a teoria estética: a experiência fictícia que dá um significado a essa prática está, também, em busca de uma teoria que nunca lhe será adequada, como mostram os comentários com os quais o narrador sobrecarrega sua narrativa. É precisamente para um olhar teórico estranho à *poíesis* operante na própria narrativa que a experiência do tempo segundo a *Recherche* se reduz à "perspectiva contraditória" de um "mistério ontológico".

Talvez seja função da narratologia inverter as relações entre a reminiscência e a técnica narrativa, ver na motivação invocada um simples *medium* estético, em suma, reduzir a visão ao estilo. O romance do tempo perdido e redescoberto torna-se então para a narratologia um "romance do Tempo dominado, cativado, enfeitiçado, secretamente subvertido, ou melhor: *pervertido*" (p. 182).

Mas não deveríamos finalmente inverter essa inversão e considerar o estudo formal das técnicas narrativas, que fazem com que o tempo apareça como pervertido, como um longo desvio com o fito de recuperar uma inteligência mais aguda da experiência do tempo *perdido* e *redescoberto*? É essa experiência que, na *Recherche*, dá seu significado e sua perspectiva às técnicas narrativas. Senão, como poderíamos falar, a respeito do romance inteiro, como o próprio narrador a respeito do sonho, "do jogo formidável que ele faz com o Tempo" (p. 182)? Um jogo poderia ser "formidável", ou seja, assustador, se nele não houvesse nada *em jogo*?

Para além da discussão da interpretação da *Recherche* proposta por Genette, a questão é saber se, para preservar o significado da obra, não seria preciso subordinar a técnica narrativa à *perspectiva* que leva o texto para além dele mesmo, para uma experiência, sem dúvida simulada, mas contudo irredutível a um simples jogo com o tempo. Fazer essa pergunta é perguntar se não se deve fazer jus a essa dimensão que Günther Müller, invocando Goethe, chamava de *Zeiterlebnis*, e que a narratologia, por decreto e ascese de método, coloca fora do jogo. A dificuldade maior consiste então em preservar o caráter fictício desse *Zeiterlebnis*, resistindo ao mesmo tempo à sua redução unicamente à técnica narrativa. A essa dificuldade consagra-se nosso estudo da *Recherche*, no próximo capítulo.

4. Ponto de vista e voz narrativa

Nossa investigação dos *jogos com o tempo* exige um último complemento, que leva em conta as noções de ponto de vista e de voz narrativa, que encontramos mais acima sem perceber claramente sua ligação com as estruturas maiores da narrativa[60]. Ora, a noção de experiência fictícia do tempo, para a qual fazemos convergir todas as nossas análises da configuração do tempo pela narrativa de ficção, não poderá deixar de lado os conceitos de ponto de vista e de voz narrativa (categorias que consideramos provisoriamente idênticas), na medida em que o ponto de vista é ponto de vista sobre a esfera de experiência à qual pertence o personagem, onde a voz narrativa é a que, dirigindo-se ao leitor, apresenta-lhe o mundo narrado (para retomar o termo de Harald Weinrich).

Como incorporar as noções de ponto de vista e de voz narrativa ao problema da composição narrativa?[61] Essencialmen-

---

60. Vimos, acima, através de que viés gramatical Gérard Genette introduz essas noções no "Le discours du récit". Veremos mais adiante os complementos que ele introduz em *Nouveau Discours du récit*.

61. Se não apresento aqui uma discussão detalhada do conceito de *autor implicado*, introduzido por W. Booth em *The Rhetoric of Fiction*, é em razão da distinção que faço entre a contribuição da voz e do ponto de vista para a com-

te ligando-as às categorias de *narrador* e de *personagem*: o mundo narrado é o mundo do personagem e é narrado pelo narrador. Ora, a noção de personagem está solidamente ancorada na teoria narrativa, na medida em que a narrativa não poderia ser uma *mímesis* de ação sem ser também uma *mímesis* de seres que agem; ora, seres que agem são, no sentido amplo que a semântica da ação confere à noção de agente, seres que pensam e sentem; ou melhor, seres capazes de dizer seus pensamentos, sentimentos e ações. Desse modo, é possível deslocar a noção de *mímesis* da ação para o personagem e do personagem para o discurso do personagem[62]. Além do mais, a partir do momento em que incorporamos à diegese o discurso que o personagem faz sobre sua experiência, podemos reformular a dupla enunciação-enunciado, sobre cuja base o presente capítulo está construído, com um vocabulário que personaliza os dois termos; a enunciação torna-se o discurso do narrador, enquanto o enunciado torna-se o discurso do personagem. A questão será então saber por que procedimentos narrativos especiais a narrativa se constitui em *discurso de um narrador narrando o discurso de seus personagens*. As noções de ponto de vista e de voz narrativa designam alguns desses procedimentos.

Importa, em primeiro lugar, avaliar o deslocamento da *mímesis* da ação para a *mímesis* do personagem, que inaugura toda a cadeia de noções que leva às de ponto de vista e de voz narrativa.

Foi a consideração do drama que levou Aristóteles a dar ao personagem e a seus pensamentos um lugar eminente, apesar de sempre subordinado à ampla categoria do *mŷthos*, na teoria da *mímesis*: o personagem pertence verdadeiramente ao "o

---

posição (interna) da obra e seu papel na comunicação (externa). Não sem razão W. Booth colocou sua análise do autor implicado sob os auspícios de uma retórica e não de uma poética da ficção. É evidente, contudo, que todas as nossas análises sobre o discurso do narrador permanecem incompletas sem a contribuição de uma retórica da ficção que incorporaremos à teoria da leitura na nossa quarta parte.

62. Sobre a tríade intriga-personagem-pensamento na *Poética* de Aristóteles, cf. *Tempo e narrativa*, vol. 1, pp. 65-8.

que" da *mímesis*. E, como a distinção entre drama e diegese provém apenas do "como" – ou seja, do modo de apresentação dos personagens pelo poeta –, a categoria do personagem tem os mesmos direitos na diegese que no drama. Para nós, modernos, é ao contrário pela diegese, enquanto oposta ao drama, que entramos mais diretamente na problemática do personagem, com seus pensamentos, sentimentos e discurso. Com efeito, nenhuma outra arte mimética foi tão longe na representação do pensamento, dos sentimentos e do discurso quanto o romance. Foi mesmo a imensa diversidade e a indefinida flexibilidade de seus procedimentos que transformaram o romance no instrumento privilegiado da investigação da *psique* humana, ao ponto de Käte Hamburger poder fazer da invenção de centros de consciência fictícios, distintos dos sujeitos reais de asserções sobre a realidade, o próprio critério da corte entre ficção e asserção[63]. Contrariamente ao preconceito segundo o qual seria da confissão e do autoexame de consciência de um sujeito que derivaria o poder de descrever do interior sujeitos de ação, de pensamento, de sentimento e de discurso, ela chega ao ponto de sugerir que foi o romance em terceira pessoa, ou seja, o romance que narra os pensamentos, os sentimentos e as palavras de um outro fictício, que foi mais longe na inspeção do interior dos espíritos[64].

Na esteira de Käte Hamburger, a quem homenageia, Dorrit Cohn, em *Transparent Minds* [Mentes transparentes][65], não hesita em colocar o estudo da narração em terceira pessoa no início de um magnífico estudo sobre os "modos de representação

---

63. Examinamos acima a contribuição de Käte Hamburger à teoria dos tempos verbais. Mas, se o pretérito épico (ou seja, diegético) perde, segundo ela, seu poder de significar o tempo real, é porque esse pretérito é associado a verbos mentais, os quais designam a ação de sujeitos-origem (*Ich-Origo*) que já são em si mesmos fictícios.

64. "São", diz Käte Hamburger, "as pessoas épicas (*epische Personen*) que fazem da literatura narrativa o que ela é" (p. 58); e ainda: "a ficção épica é o único lugar gnoseológico em que a *Ich-Originät* (ou subjetividade) de uma terceira pessoa pode ser exposta (*dargestellt*) enquanto terceira pessoa" (p. 73).

65. Dorrit Cohn, *Transparent Minds*, Princeton, NJ, Princeton University Press, 1978; trad. fr., *La transparence intérieure*, Paris, Seuil, 1979.

da vida psíquica no romance" (segundo a tradução francesa do subtítulo). A primeira *mímesis* da vida psíquica ou interior (a autora diz: *"mimesis of consciousness"*, p. 8) é a mímesis de pessoas que não são o locutor (*"mimesis of other minds"*). O estudo da consciência nos "textos em primeira pessoa", ou seja, as ficções que simulam uma confissão, uma autobiografia[66], é posto em segundo lugar e conduzido segundo os mesmos princípios do estudo da narração em terceira pessoa. Estratégia notável, se considerarmos que, entre os textos em primeira pessoa, existe uma grande variedade cuja primeira pessoa é tão fictícia quanto a terceira pessoa das narrativas em ele (ou ela), ao ponto de essa primeira pessoa fictícia poder ser permutada, sem maiores danos, por uma terceira pessoa não menos fictícia, como Kafka e Proust experimentaram fazer[67].

Uma excelente pedra de toque das técnicas narrativas de que a ficção dispõe para exprimir essa "transparência interior" é fornecida pela análise das maneiras de apresentar as palavras e os pensamentos dos sujeitos fictícios na terceira e na primeira pessoa. É o caminho seguido por Dorrit Cohn. Tem a vantagem de respeitar ao mesmo tempo o paralelismo entre narrativas em terceira pessoa e narrativas em primeira pessoa e a extraordinária agilidade inventiva do romance moderno nesse domínio.

---

66. Na ficção narrativa em primeira pessoa, o narrador e o personagem principal são a mesma pessoa; apenas na autobiografia o autor, o narrador e o personagem principal são a mesma pessoa. Cf. Philippe Lejeune, *Le Pacte autobiographique*, Paris, Seuil, 1975. Não se tratará, pois, aqui da autobiografia. Não será proibido falar dela na perspectiva de uma refiguração do tempo operada conjuntamente pela história e pela ficção. É o melhor lugar que pode ser atribuído à autobiografia pela estratégia de *Tempo e narrativa*.

67. Dois dos textos que estudaremos no quarto capítulo – *Mrs. Dalloway* e *Der Zauberberg* – são narrativas fictícias em terceira pessoa e o terceiro é uma narrativa fictícia em primeira pessoa – *À la recherche du temps perdu* – na qual é inserida uma narrativa em terceira pessoa: *Un amour de Swann*. O caráter igualmente fictício do *eu* e do *ele* é um poderoso fator de integração da narrativa inserida na narrativa global. Quanto à permuta entre o *eu* e o *ele*, *Jean Santeuil* é uma testemunha irrecusável. Essa troca de pronomes pessoais não significa que a escolha entre uma ou outra técnica não tenha razões ou efeitos propriamente narrativos. Não é nossa intenção fazer o balanço das vantagens e dos inconvenientes de uma ou outra estratégia narrativa.

O procedimento dominante, de ambos os lados da linha divisória entre as duas grandes classes de ficção narrativa, é a narração direta dos pensamentos e dos sentimentos, quer o narrador os atribua a um outro fictício ou a si mesmo. Se no romance em primeira pessoa a autonarrativa (*"self-narration"*) é considerada, erroneamente, evidente, sob o pretexto de que simula uma memória, fabulosa, é verdade, o mesmo não acontece com a "psiconarrativa" (*"psycho-narration"*), ou narração aplicada a psiques alheias. Temos aqui um acesso privilegiado ao famoso problema do narrador onisciente, que retomaremos mais adiante a título do ponto de vista e da voz. Esse privilégio deixará de escandalizar se nos dispusermos a considerar, com Jean Pouillon, que é de qualquer modo pela imaginação que entendemos todas as *psiques* alheias[68]. O romancista o faz, se não sem dificuldades, ao menos sem escrúpulos, porque é próprio de seu ofício conferir expressões apropriadas aos pensamentos, os quais pode ler diretamente, porque os inventa, em vez de decifrar os pensamentos nas expressões, como fazemos na vida cotidiana. Nesse curto-circuito consiste toda a magia[69] do romance em terceira pessoa.

Além da narração direta dos pensamentos e sentimentos, a ficção romanesca dispõe de duas outras técnicas. A primeira – a do monólogo relatado (*"quoted monologue"*) – consiste em *citar* o monólogo interior do outro fictício ou em fazer com que o personagem cite a si mesmo monologando, como no monólogo autorrelatado[70] (*"self-quoted monologue"*). Meu propósito não é tirar a limpo as licenças, as convenções e até as inverossimilhanças desse procedimento, que pressupõe, tanto quanto

---

68. Jean Pouillon, *Temps et Roman*, Paris, Gallimard, 1946. "Toda compreensão é imaginação" (p. 45).
69. Robert Alter, *Partial Magic: The Novel as a Self-Conscious Genre*, Berkeley, University of California Press, 1975.
70. As aspas abrindo e fechando a citação servem geralmente de sinal. Mas todas as marcas podem estar ausentes no romance contemporâneo. Contudo, o monólogo citado ou autocitado respeita o tempo gramatical (geralmente o presente) e a pessoa (a primeira) e consiste numa interrupção da narrativa pelo fato de o personagem tomar a palavra. O texto tende para a ilegibilidade quando essas duas marcas são evitadas, como nos sucessores de Joyce.

o precedente, a transparência da mente, já que o narrador é aquele que ajusta as palavras relatadas aos pensamentos diretamente apreendidos, sem que tenha que remontar da fala ao pensamento, como na vida cotidiana. A essa "magia", nascida da leitura direta dos pensamentos, o procedimento acrescenta a dificuldade maior de atribuir a um sujeito solitário o uso de uma fala destinada, na vida prática, à comunicação: o que significa, no final das contas, falar consigo mesmo? Esse distanciamento da dimensão dialogal da fala em prol do solilóquio coloca imensos problemas ao mesmo tempo técnicos e teóricos que não cabem no meu propósito, e sim num estudo do destino da subjetividade na literatura. Em contrapartida, iremos retomar a relação entre o discurso do narrador e o discurso citado do personagem no quadro de nossa reflexão ulterior sobre o ponto de vista e sobre a voz.

A terceira técnica, inaugurada por Flaubert e Jane Austen – o famoso estilo indireto livre, o *erlebte Rede* da estilística alemã –, consiste não mais em citar o monólogo, mas em narrá-lo; não se falará mais de monólogo relatado, mas de monólogo narrativizado (*"narrated monologue"*). Quanto a seu conteúdo, as falas são, de fato, as do personagem, mas são "narradas" pelo narrador no tempo passado e em terceira pessoa. As dificuldades maiores do monólogo relatado ou autorrelatado (*self-quoted*) são mais mascaradas que resolvidas; para fazê-las reaparecer, basta traduzir o monólogo narrado em monólogo citado, restabelecendo as pessoas e os tempos adequados. Outras dificuldades, que os leitores de Joyce conhecem bem, tornam espinhoso um texto em que nenhuma fronteira separa mais o discurso do narrador e o do personagem; a maravilhosa combinação da psiconarrativa com o monólogo narrado ao menos realiza a mais completa integração dos pensamentos e das falas do outro no tecido da narração: o discurso do narrador se encarrega do discurso do personagem emprestando-lhe sua voz, enquanto o narrador se curva ao tom do personagem. O "milagre" do famoso *erlebte Rede* vem coroar a "magia" da transparência interior.

De que maneira as noções de ponto de vista e de voz são invocadas pelas considerações precedentes sobre a representação dos pensamentos, dos sentimentos e das falas pela ficção?[71] O elo intermediário é constituído pela busca de uma *tipologia* capaz de dar conta das duas grandes dicotomias, que acabamos de usar espontaneamente sem elucidá-las em si mesmas. A primeira dicotomia coloca duas espécies de ficções: por um lado, as que narram a vida de seus personagens como as de um terceiro (a *"mimesis of other minds"* de Dorrit Cohn): fala-se então de narrativa em terceira pessoa; por outro, as que atribuem a seus personagens a pessoa gramatical do narrador: são as chamadas narrativas em primeira pessoa. Mas uma outra dicotomia atravessa a precedente, conforme o discurso do narrador tenha ou não preeminência com relação ao discurso do personagem. Essa dicotomia é mais fácil de identificar nas narrativas em terceira pessoa, na medida mesma em que a distinção entre discurso narrante e discurso narrado é preservada

---

71. *Temps et Roman* de Jean Pouillon (*op. cit.*) antecipa a tipologia das situações narrativas com sua distinção entre visão *com*, visão *por detrás* e visão *de fora*. Ao contrário, porém, das análises mais recentes, ele se apoia não na dessemelhança, mas no parentesco profundo entre a ficção narrativa e a "compreensão psicológica real" (p. 69). Em ambas, a compreensão é obra da imaginação. É essencial pois ir alternadamente da psicologia para o romance e do romance para a psicologia (p. 71). Contudo, a compreensão de si conserva ainda um privilégio, na medida em que "o autor de um romance procura dar ao leitor a mesma compreensão dos personagens que ele próprio tem" (p. 69). Esse privilégio atravessa a categorização proposta. Assim, porque toda compreensão consiste em apreender um dentro num fora, a visão "de fora" sofre dos mesmos defeitos da psicologia behaviorista, que acredita inferir o de dentro a partir do de fora e mesmo contestar a pertinência do primeiro. Quanto à visão "com" e a visão "por detrás", elas correspondem a dois usos da imaginação na compreensão: num caso, ela divide "com" o personagem a mesma consciência irrefletida de si (p. 80); no outro, a visão é "descompassada", não como na visão de fora, mas do modo como a reflexão objetiva a consciência irrefletida (p. 85). Assim, em Pouillon, a distinção entre ponto de vista do narrador e ponto de vista do personagem, diretamente tirada da técnica romanesca, permanece solidária da distinção de origem sartriana entre consciência irrefletida e consciência refletida. Em contrapartida, a contribuição mais sólida de Jean Pouillon me parece a da segunda parte de sua obra: "A expressão do tempo". A distinção que ele estabelece entre *romances da duração* e *romances do destino* provém diretamente daquilo que estou chamando aqui de experiência fictícia do tempo (adiante, cap. IV).

pela diferença gramatical entre pessoas e tempos do verbo. É mais dissimulada nas ficções em primeira pessoa, na medida em que a diferença entre o narrador e o personagem não é marcada pela distinção dos pronomes pessoais; é portanto a outros sinais que é confiada a tarefa de distinguir o narrador e o personagem sob a identidade do eu gramatical. A distância entre um e outro pode variar, como pode variar o grau de preeminência do discurso do narrador com relação ao discurso do personagem. Foi esse duplo sistema de variações que suscitou a construção de tipologias que têm por ambição abranger todas as situações narrativas possíveis.

Uma das mais ambiciosas dessas tentativas é a teoria das "situações narrativas típicas" de Franz K. Stanzel[72]. Stanzel não emprega diretamente as categorias de perspectiva e de voz; ele prefere diferenciar os tipos de situações narrativas (*Erzählsituationen*, que chamaremos de ES) em função do caráter que lhe parece caracterizar universalmente as ficções romanescas, a saber, que elas *transmitem* (mediatizam) pensamentos, sentimentos e falas[73]. Ou a mediação-transmissão privilegia o narrador, que impõe do alto sua perspectiva (*auktoriale ES*[74]), ou a mediação é exercida por um refletor (termo emprestado de Henry James), ou seja, por um personagem que pensa, sente, percebe e não fala como o narrador, mas como um dos personagens; o leitor vê então os outros personagens através dos olhos dele (*personale* ou *figurale ES*); ou o narrador se identifica com

---

72. Frank K. Stanzel, *Die typischen Erzählsituationen im Roman*, 1955. Uma reformulação mais dinâmica, menos taxionômica, pode ser lida na *Theorie des Erzählens*, Göttingen, Van den Hoeck & Ruprecht, 1979. A primeira monografia dedicada ao problema foi a de Käte Friedemann, *Die Rolle des Erzählers in der Epik*, Leipzig, 1910.

73. O termo mediatidade (*Mittelbarkeit*) conserva um sentido duplo: oferecendo um *medium* para a apresentação do personagem, a literatura transmite ao leitor o conteúdo da ficção.

74. Autor é sempre tomado aqui no sentido de narrador: é o locutor interno responsável pela composição da obra. Os termos *auctorial/figural* [autorial/figural] são aceitos em francês como equivalentes do alemão *auktorial/personal*. Um termo melhor que *auctorial* [autorial] seria *narratorial* [narratorial], retomado por Alain Bony, tradutor de *La transparence intérieure*, de Roy Pascal (cf. Gérard Genette, *Nouveau Discours du récit, op. cit.*, p. 81).

um personagem que fala em primeira pessoa e vive no mesmo mundo dos outros personagens (*Ich-ES*).

Na verdade, a tipologia de Stanzel, apesar de seu notável poder de clarificação, tem, como muitas outras ideologias, o duplo defeito de ser muito abstrata para ser discriminante e muito pouco articulada para abranger todas as situações narrativas. A segunda obra de Stanzel tenta remediar o primeiro defeito, considerando cada uma de suas três situações tipo como o termo *marcado* de um par de opostos colocados nas extremidades de três eixos heterogêneos; o *auktoriale ES* torna-se assim o polo marcado no eixo da "perspectiva", conforme o narrador tenha de seus personagens uma visão *externa* e, portanto, ampla, ou um visão *interna* e, portanto, limitada. A noção de perspectiva recebe assim um lugar determinado na taxionomia. A *personale* ou *figurale ES* é o polo marcado no eixo do "modo", conforme o personagem defina ou não a visão do romance em nome do narrador, que se torna assim o polo não marcado da oposição. Quanto à *Ich-ES*, ela se torna o polo marcado no eixo da "pessoa", conforme o narrador pertença ou não ao mesmo domínio ôntico dos outros personagens; evitamos, assim, nos remeter ao critério simplesmente gramatical do emprego dos pronomes pessoais.

Quanto ao segundo defeito, Stanzel o atenua intercalando entre as três situações tipo, tornadas polos axiais, uma multiplicidade de situações intermediárias que ele coloca num círculo (*Typenkreis*). Podemos assim dar conta de situações narrativas variadas, conforme se afastem ou se aproximem de um polo ou de outro. O problema da perspectiva e da voz torna-se assim objeto de uma atenção mais detalhada: a perspectiva do narrador-autor não pode se apagar sem que a situação narrativa se aproxime da *personale ES*, em que a figura do refletor vem ocupar o lugar deixado vago pelo narrador; continuando o movimento circular, afastamo-nos da *personale ES* para nos aproximarmos da *Ich-ES*. Vemos o personagem que, no estilo indireto livre (*erlebte Rede*), ainda falava pela voz do narrador impondo ao mesmo tempo sua própria voz, dividir a mesma região de ser dos outros personagens; é ele que, a partir de então, diz "eu"; o narrador não tem outro remédio senão emprestar a voz dele.

Apesar de seu esforço para dinamizar sua tipologia, Stanzel não responde de modo completamente satisfatório às duas críticas evocadas acima. Só conseguiria responder perfeitamente ao defeito de abstração se, renunciando a tomar como ponto de partida da análise metalinguagens que apresentam uma certa coerência lógica e descrevem os textos em função de tais modelos, ele se pusesse em busca de teorias que dessem conta de nossa competência literária, ou seja, da capacidade dos leitores de reconhecer e resumir intrigas e de agrupar intrigas semelhantes[75]. Se se adotasse assim a regra de acompanhar de perto a experiência do leitor no seu movimento de organizar passo a passo os elementos da história narrada para tecer uma intriga com eles, as noções de perspectiva e de voz seriam abordadas menos como categorias definidas por seu lugar numa taxionomia que como um traço distintivo, destacado de uma constelação indefinida de outros traços e definido por seu papel na composição da obra literária[76].

A objeção de incompletude, por sua vez, permanece sem resposta plenamente satisfatória em um sistema que multiplica as formas de transição sem abandonar o círculo imperiosamente comandado pelas três situações narrativas típicas. Assim, não parece que se faça suficientemente justiça ao caráter maior da ficção narrativa que consiste em apresentar uma terceira pessoa enquanto terceira pessoa, em um sistema em que as três situações narrativas típicas continuam sendo variações sobre o discurso do narrador, conforme ele simule a autoridade do autor real, a perspicácia de um refletor ou a reflexividade de um sujeito dotado de uma memória fabulosa. Ora, parece que aquilo que o leitor pode identificar como ponto de vista ou voz per-

---

75. Jonathan Culler, "Defining Narrative Units", in *Style and Structure in Literature. Essays in the New Stylistics*, Roger Fowler, Ithaca, Cornell University Press, 1975, pp. 123-42.
76. Seymour Chatman, em "The Structure of Narrative Transmission" (in *Style and Structure in Literature, op. cit.*, pp. 213-57), tenta dar conta da competência do leitor de narrativas com base em uma enumeração aberta de "traços discursivos" isolados, ao modo dos inventários de tipos de força ilocutória nos atos de discurso em Austin e Searle. Essa é uma alternativa plausível para se dar sequência às taxionomias que seriam ao mesmo tempo sistemáticas e dinâmicas.

tence ao tratamento, pelas técnicas narrativas apropriadas, da relação *bipolar* entre narrador e personagem. Essas duas séries de observações críticas aplicadas à tipologia das situações narrativas sugerem que se abordem as noções de perspectiva e de voz, por um lado, sem excessiva preocupação taxionômica, como traços autônomos característicos da composição das ficções narrativas e, por outro, em relação direta com essa propriedade maior da ficção narrativa que é de produzir o discurso de um narrador narrando o discurso de personagens fictícios[77].

---

77. Uma tentativa particularmente preocupada em combinar ao mesmo tempo a sistematicidade da tipologia e sua capacidade de engendrar "modos narrativos" cada vez mais diferenciados é aquela cujo princípio foi exposto por Ludomír Doležel em "The Typology of the Narrator: Point of View in Fiction", in *To Honor R. Jakobson*, La Haye, Mouton, 1967, t. I, pp. 541-52. Diferentemente da de Stanzel (cujas três situações narrativas típicas permanecem simplesmente coordenadas), a de Doležel repousa numa série de dicotomias, partindo da mais geral, a dos textos com ou sem locutor. Os primeiros se distinguem por certo número de "marcas" (emprego dos pronomes pessoais, tempos verbais e dêiticos apropriados, relação de alocução, implicação subjetiva, estilo pessoal). Os segundos são não "marcados" de diferentes pontos de vista: as chamadas narrações "objetivas" pertencem a essa categoria. Os textos com locutores se distinguem conforme as marcas citadas caracterizem o locutor como *narrador* ou como *personagem* (*narrator's speech vs. characters'speech*). Segue a distinção entre domínios de *atividade* (ou de passividade) do narrador. Finalmente, todas as dicotomias são atravessadas pela que existe entre *Er*- e *Ich-Erzählung* [narrativa em primeira e em terceira pessoa]. A tipologia de Doležel encontra seu desenvolvimento em *Narrative Modes in Czech Literature*, Toronto, University of Toronto Press, 1973. Acrescenta à precedente uma análise estrutural dos modos narrativos atribuíveis ao discurso do narrador ou do personagem. Os modos são distinguidos a partir de uma base textual tão independente quanto possível da terminologia antropológica (narrador "onisciente" etc.): assim, o narrador exerce as *funções* de "representação" dos acontecimentos, de "domínio" da estrutura do texto, de "interpretação" e de "ação", em correlação com o personagem que exerce as mesmas funções em proporção inversa. Combinando esses traços com a divisão maior entre *Er*- e *Ich-Erzählung*, e completando o modelo *funcional* com um modelo *verbal*, obtém-se um modelo cujas divisões binárias prolongam a dicotomia inicial entre discurso do narrador e discurso do personagem. O estudo detalhado da prosa narrativa na literatura tcheca moderna (Kundera, em particular) permite desenvolver o dinamismo do modelo, adaptando-o à variedade dos estilos encontrados nas obras. A noção de ponto de vista é assim identificada com o esquema resultante dessas sucessivas dico-

O *ponto de vista*, diremos, designa numa narrativa em terceira ou em primeira pessoa a orientação do olhar do narrador em direção a seus personagens e dos personagens uns em direção aos outros. Diz respeito à composição da obra e torna-se com Boris Uspenski objeto de uma "*poética da composição*"[78], já que a possibilidade de adotar pontos de vista variáveis – propriedade inerente à própria noção de ponto de vista – dá ao artista a ocasião, sistematicamente explorada por ele, de variar os pontos de vista no interior da mesma obra, de multiplicá-los e incorporar suas combinações na configuração da obra.

A tipologia que Uspenski oferece concerne exclusivamente aos recursos de composição oferecidos pelo ponto de vista. Assim, o estudo da noção de ponto de vista pode ser incorporado ao da configuração narrativa. O ponto de vista se presta a

---

tomias. Direi dessa análise, herdeira do estruturalismo russo e "praguense", o que afirmei das análises estruturais estudadas no capítulo II, a saber, que se originam de uma racionalidade de segundo grau que explicita a lógica profunda da inteligência narrativa de primeiro grau. Ora, a dependência da primeira com relação à segunda e à competência adquirida do leitor que a exprime parece-me mais evidente numa tipologia do narrador que numa tipologia ao modo de Propp, fundada em ações imitadas pela ficção, em razão do caráter irredutivelmente antropomórfico dos papéis de narrador e de personagem: o primeiro é *alguém* que narra, o segundo *alguém* que age, pensa, sente e fala.

78. Boris Uspenski, *A Poetics of Composition, The Structure of the Artistic Text and Typology of a Compositional Form*, Berkeley, Los Angeles, Londres, University of California Press, 1973. O autor – Ouspenski, na grafia francesa [Uspenski, na grafia brasileira] – define sua empreitada como uma "*typology of composicional options in literature as they pertain to point of view*" [tipologia de opções de composição em literatura referidas ao ponto de vista] (p. 5). É uma tipologia, mas não uma taxionomia, na medida em que não pretende ser exaustiva e fechada. O ponto de vista é apenas uma das maneiras de ter acesso à articulação da estrutura de uma obra de arte. Esse conceito é comum a todas as artes interessadas na representação de uma parte qualquer da realidade (filme, teatro, pintura etc.), ou seja, a todas as formas de arte que apresentam uma dualidade de planos: conteúdo-forma. O conceito de obra de arte de Uspenski aparenta-se ao de Lotman evocado mais acima. Como ele, chama de texto "*Any semantically organized sequence of signs*" (p. 4) [Qualquer sequência de signos semanticamente organizada]. Lotman e Uspenski se referem, ambos, à obra pioneira de Mikhail Bakhtin, *A poética de Dostoiévski*, de que falaremos mais adiante.

uma tipologia na medida em que, como ressalta Lotman[79], a obra de arte pode e deve ser lida em vários níveis. Nisso consiste a plurivocidade essencial da obra de arte. Ora, cada um desses planos constitui também um lugar possível de manifestação do ponto de vista, um espaço para possibilidades de composição entre pontos de vista.

É em primeiro lugar no plano *ideológico*, ou seja, no plano das avaliações, que a noção de ponto de vista toma corpo, na medida em que uma ideologia é o sistema que regula a visão conceitual do mundo em toda a obra ou em parte dela. Pode ser a do autor ou a dos personagens. O chamado "ponto de vista autorial" não é a concepção de mundo do autor real, mas a que preside a organização da narrativa de uma obra particular. Nesse nível, ponto de vista e voz são simples sinônimos: a obra pode fazer ouvir outras vozes além da do autor e marcar várias mudanças regradas de pontos de vista, acessíveis a um estudo formal (por exemplo, um estudo do emprego dos epítetos fixos no folclore).

É ao plano *fraseológico*, ou seja, o das características do discurso, que pertence o estudo das marcas da primazia do discurso do narrador (*authorial speech*) ou do discurso de tal personagem (*figural speech*), na ficção em terceira pessoa ou na ficção em primeira pessoa. Esse estudo faz parte de uma poética da composição, na medida em que as mudanças de ponto de vista tornam-se vetores de estruturação (como mostram as variações dos nomes dos personagens, variações tão características do romance russo). Nesse plano revelam-se todas as complexidades de composição provenientes da correlação entre o discurso do autor e o do personagem. (Encontramos novamente

---

79. I. Lotman (*La Structure du texte artistique, op. cit.*, pp. 102-16) ressalta o caráter estratificado do texto artístico. Essa estrutura em camadas aproxima a atividade modelizante, exercida pela obra de arte com relação à realidade, da atividade de *jogo*, que, como ela, envolve condutas que operam ao menos em dois planos ao mesmo tempo, o da prática cotidiana e o das convenções do jogo; aliando, assim, processos regulares e processos aleatórios, a obra de arte propõe um reflexo ou "mais rico" ou "mais pobre" (ambos igualmente verdadeiros) da vida (*ibid.*, p. 110). Voltaremos, em nossa quarta parte, a esse "efeito de jogo" (p. 113) que, na língua francesa, abole a diferença entre *game* e *play*.

aqui uma observação feita anteriormente sobre as múltiplas maneiras de relatar o discurso de um personagem, e uma classificação semelhante à que emprestamos de Dorrit Cohn[80].)

O plano *espacial* e o plano *temporal* da expressão do ponto de vista nos interessam vivamente. É em primeiro lugar a perspectiva espacial, tomada literalmente, que serve de metáfora a todas as outras expressões do ponto de vista. A condução da narrativa não é possível sem uma combinação de perspectivas puramente perceptivas, implicando posição, ângulo de abertura, profundidade de campo (como é o caso para o filme). O mesmo acontece com a posição temporal, tanto do narrador com relação a seus personagens quanto dos personagens entre si. O importante aqui é mais uma vez o grau de complexidade que resulta da composição entre perspectivas temporais múltiplas. O narrador pode caminhar ao passo de seus personagens, fazendo o presente de narração deles coincidir com o seu, aceitando assim seus limites e sua ignorância; pode, ao contrário, se mover para frente e para trás, considerar o presente do ponto de vista das antecipações de um passado rememorado ou como a lembrança passada de um futuro antecipado etc.[81]

O plano dos *tempos verbais* e dos *aspectos* constitui um nível distinto, na medida em que são os recursos puramente gramaticais e não os significados temporais propriamente ditos que são aqui tratados. Como em Weinrich, são as modulações ao longo de um texto que importam para uma poética da com-

---

80. A mais notável técnica narrativa do ponto de vista do jogo com os tempos verbais, conhecida com o nome de *erlebte Rede* (o estilo indireto livre dos autores franceses), resulta da contaminação do discurso do narrador pelo discurso do personagem, que, em contrapartida, impõe sua pessoa gramatical e seu tempo verbal. Uspenski observa todas as nuances resultantes da variedade dos papéis assumidos pelo narrador, conforme ele registre, edite ou reescreva o discurso do personagem.

81. Podemos comparar com o estudo que Genette faz das anisocronias na *Recherche...* e com a análise de Dorrit Cohn dos dois modelos propostos que dominam a narrativa em eu: a narrativa francamente retrospectiva e dissonante de Proust, em que a distância é extrema entre o narrador e o herói, e a narrativa sincrônica e consonante de Henry James, em que o narrador se torna contemporâneo do herói.

posição. Uspenski interessa-se particularmente pela alternância entre o tempo presente, quando aplicado às cenas que marcam uma pausa na narrativa e em que o narrador coloca seu presente em sincronia com o da narrativa suspensa, e o tempo passado, quando ele exprime os saltos da narrativa como por *quanta* discretos[82].

Uspenski não quer misturar aos planos anteriormente percorridos o plano *psicológico*, para o qual reserva a oposição entre os pontos de vista objetivo e subjetivo, conforme os estados de coisas descritos sejam tratados como fatos que supostamente se impõem a qualquer olhar ou como impressões experimentadas por um indivíduo particular. É nesse plano que é legítimo opor ponto de vista externo (uma conduta vista por um espectador) e ponto de vista interno (interno ao personagem descrito), sem que a localização do locutor no espaço e no tempo seja necessariamente determinada. O que se chama muito apressadamente de observador onisciente é aquele para quem tanto os fenômenos psíquicos quanto os físicos são enunciados como observações não referidas a uma subjetividade interpretante: "Ele pensava, ele sentia etc." Um pequeno número de marcas formais bastam: "aparentemente", "evidentemente", "parecia que", "como se". Essas marcas de um ponto de vista "alheio" são geralmente combinadas com a presença de um narrador colocado numa relação de sincronia com a cena da ação. Não devemos pois confundir os dois sentidos da palavra interno: o primeiro caracteriza os fenômenos de consciência que podem ser os de uma terceira pessoa, o segundo – único em causa aqui – caracteriza a posição do narrador (ou do personagem que tem a palavra) com relação à perspectiva descrita. O narrador pode se manter no exterior ou no interior por um processo dito interno, ou seja, mental.

Estabelecem-se então correlações com as distinções anteriores, sem que se tornem correspondências termo a termo: por exemplo, entre ponto de vista retrospectivo, no plano do

---

82. A língua russa oferece, além disso, os recursos gramaticais do *aspecto*, para dizer os caracteres iterativos e durativos de um comportamento ou de uma situação.

tempo, e ponto de vista objetivo, no plano psicológico, e entre ponto de vista sincrônico e ponto de vista subjetivo. Mas é importante não confundir os planos, pois é precisamente da interconexão desses pontos de vista, não necessariamente congruentes, que resulta o estilo dominante de composição de uma obra. As tipologias conhecidas (narrativas em primeira ou em terceira pessoa, situações narrativas ao modo de Stanzel etc.) caracterizam de fato esses estilos dominantes, que privilegiam implicitamente tal ou tal plano.

Não podemos deixar de admirar o equilíbrio atingido aqui entre o espírito de análise e o espírito de síntese. Mas o elogio que se sobrepõe a todos os outros concerne à arte com a qual a noção de ponto de vista é incorporada a uma poética da *composição* e assim colocada na esfera de gravitação da *configuração* narrativa. Nesse sentido, *a noção de ponto de vista marca o ponto culminante de um estudo centrado na relação entre enunciação e enunciado*.

Se esse é o estatuto privilegiado do ponto de vista numa problemática da composição, que dizer da voz narrativa?[83] Essa categoria literária não poderia ser eliminada pela de ponto de vista, na medida em que é inseparável daquela, inexpugnável, de narrador, enquanto projeção fictícia do autor real no próprio texto. Ora, se o ponto de vista pode ser definido, sem que se recorra a uma metáfora personalizante, como lugar de origem, orientação, ângulo de abertura de uma fonte de luz que, ao mesmo tempo, ilumina seu sujeito e capta-lhe os traços[84], o narrador – locutor da voz narrativa – não pode ser isento, no mesmo grau, de toda metáfora personalizante, na medida em que é autor fictício do discurso[85].

---

83. Encontramos um excelente balanço do problema até 1970 no artigo de Françoise van Rossum-Guyon, "Point de vue ou perspective narrative", *Poétique*, 4, 1970, pp. 476-97.

84. Em *Nouveau Discours du récit*, Genette propõe substituir o termo ponto de vista pelo focalização (pp. 43-52); a personalização, inevitavelmente exigida pela categoria de narrador, é então remetida à noção de voz.

85. É por isso que, em muitas críticas de língua alemã ou inglesa, encontramos o adjetivo *auktorial* (Stanzel) ou *authorial* (Dorrit Cohn). Esse adjetivo,

A impossibilidade de eliminar a noção de voz narrativa é atestada de modo evidente pela categoria dos romances construídos sobre uma polifonia de vozes, completamente distintas e ao mesmo tempo postas, cada uma delas, na sua relação com uma outra. Dostoiévski, segundo Mikhail Bakhtin, é o criador dessa espécie de romance que o genial crítico chama de "romance polifônico"[86]. Devemos entender bem o alcance dessa inovação. Se, com efeito, esse gênero de romance marca o ponto culminante de nossa investigação sobre a configuração na narrativa, designa também um limite da composição por níveis, para além do qual nosso ponto de partida na noção de intriga torna-se irreconhecível. O último estágio da investigação seria também o ponto de saída para fora do campo de qualquer análise estrutural.

Por romance polifônico, Bakhtin entende uma estrutura romanesca que rompe com aquilo que ele chama de princípio monológico (ou homofônico) do romance europeu, incluindo Tolstói. No romance monológico, é a voz do narrador-autor que se estabelece como voz solitária no ápice da pirâmide das vozes, mesmo que essas estivessem harmonizadas da maneira complexa e refinada que dissemos mais acima, ao tratarmos do ponto de vista como princípio de composição. O mesmo romance pode ser rico não apenas em monólogos de todos os gêneros, mas em diálogos pelos quais o romance se alçaria ao nível do drama; pode, contudo, constituir, enquanto todo orde-

---

que traduzimos mais acima por *auctorial* [autorial] (ou narratorial), tem a vantagem de estabelecer uma outra espécie de relação entre autor e autoridade, o adjetivo *autoritativo*, efetuando a ligação entre as duas constelações de sentido. Sobre a relação entre autor e autoridade, cf. Edward W. Said, *Beginnings: Intentions and Method, op. cit.*, pp. 16, 23, 83-4. Esse tema se liga ao da "molestação", evocado acima, p. 45, n. 4.

86. Mikhail Bakhtin, *La poétique de Dostoïevski*, Paris, Seuil, 1970. A primeira edição em russo foi publicada em 1929 em Leningrado com o título de *Problemy tvortchevstva Dostoievskogo*; uma segunda edição ampliada foi publicada em Moscou em 1963 com o título de *Problemy poetiki Dostoievskogo*; uma terceira edição foi publicada em 1972 e uma quarta em 1979. A tradução francesa de Isabelle Kolitcheff, com uma apresentação de Julia Kristeva, foi feita a partir da segunda edição. Cf. Tzvetan Todorov, *Mikhaïl Bakhtine. Le principe dialogique*, seguido de *Écrits du Cercle de Bakhtine*, Paris, Seuil, 1981.

nado, o grande monólogo do narrador. Parece à primeira vista difícil que não seja assim, já que o narrador fala supostamente com uma única voz, como a retórica da ficção, no sentido de W. Booth, confirmará mais tarde. É pois uma revolução tanto na concepção do narrador e da voz do narrador como na do personagem que constitui a estranha originalidade do romance polifônico. A relação dialogal entre os personagens é, com efeito, desenvolvida ao ponto de incluir a relação entre o narrador e seus personagens. Desaparece a consciência autorial única. Em seu lugar, surge um narrador que *conversa* com seus personagens e torna-se ele próprio uma pluralidade de centros de consciência irredutíveis a um denominador comum. É essa "dialogização" da própria voz do narrador que faz a diferença entre romance monológico e romance dialógico. É portanto a própria relação entre discurso do narrador e discurso do personagem que é totalmente subvertida.

Nosso primeiro movimento é de rejubilarmos em ver o próprio princípio da estrutura dialógica do discurso, do pensamento e da consciência de si ser alçado ao nível de princípio estrutural da obra romanesca[87]. Nosso segundo movimento é de nos perguntar se o princípio dialógico, que parece coroar a pirâmide dos princípios de composição da ficção narrativa, não está ao mesmo tempo minando a base do edifício, a saber, o papel organizador da composição da intriga, mesmo estendida a todas as formas de síntese do heterogêneo pela qual a ficção narrativa permanece sendo uma *mímesis* de ação. Passando da *mímesis* de ação à *mímesis* do personagem e, depois, à de seus pensamentos, sentimentos e linguagem, e atravessando o último patamar, o do monólogo ao diálogo, tanto no plano do discurso do narrador quanto no do personagem, não substituímos sub-repticiamente a composição da intriga por um princípio estruturante radicalmente diferente, que é o próprio diálogo?

As observações nesse sentido abundam na *Poética de Dostoiévski*. O recuo da intriga em prol de um princípio de coexistência e de interação mostra a emergência de uma forma *dramá-*

---

87. As páginas dedicadas ao diálogo, enquanto princípio "translinguístico" geral da linguagem em todos os atos de discurso, merecem tanta atenção quanto o exame da forma *particular* do romance polifônico (*op. cit.*, pp. 238-64).

tica na qual o espaço tende a suplantar o tempo[88]. Uma outra imagem se impõe: a do *contraponto*, que apresenta simultaneamente todas as vozes. A própria noção de *polifonia*, equiparada à de organização dialógica, já deixava prever isso. A coexistência das vozes parece ter substituído a configuração temporal da ação, que foi o ponto de partida de todas as nossas análises. Além disso, com o diálogo, intervém um fator de inacabamento e incompletude, que afeta não apenas os personagens e sua visão de mundo, mas a própria composição, condenada, parece, a permanecer em suspenso, se não inacabada. Devemos acaso concluir que apenas o romance monológico obedece ainda ao princípio de composição fundado na composição da intriga?

Não penso que seja permitido tirar essa conclusão. No capítulo que dedica "às particularidades de composição e de gênero nas obras de Dostoiévski" (pp. 145-237), Bakhtin busca na perenidade e na reemergência de formas de composição herdadas do romance de aventuras, da confissão, das vidas de santos e sobretudo das formas do cômico sério, que já combinam o diálogo socrático e a sátira menipeia, os recursos de um gênero que, sem ser enquanto tal um tipo de intriga, constitui uma *matriz* de intrigas. Esse gênero, que ele chama de "carnavalesco", é perfeitamente identificável, apesar da variedade de suas encarnações[89]. O gênero "carnavalesco" torna-se assim o princípio, indefinidamente flexível, de uma composição da qual nunca se poderá dizer que seja informe.

Se fosse permitido tirar uma conclusão dessa aproximação entre romance polifônico e gênero carnavalesco, seria esta:

---

88. *Ibid.*, p. 23. Ressaltando a rapidez das mudanças sobrevindas ao longo da narrativa, Bakhtin nota: "A rapidez 'catastrófica' da ação, o 'turbilhão' dos acontecimentos, o dinamismo de suas obras... não representam (como, aliás, em nenhum outro lugar) a vitória sobre o tempo; ao contrário, a rapidez é o único meio de dominar o tempo no tempo" (p. 62).

89. Pode-se ler os catorze traços distintivos que Mikhail Bakhtin reconhece como próprios da literatura carnavalesca (diálogo socrático, sátira menipeia) (pp. 155-65). Ele não hesita, a esse respeito, em falar da "lógica interna que determina inelutavelmente a engrenagem de todos os elementos" (p. 98). Além disso, o laço secreto que une o discurso dissimulado nas profundezas de um personagem com o discurso escancarado na superfície de um outro constitui um poderoso fator de composição.

é incontestável que o romance polifônico distende até o ponto de ruptura a capacidade de extensão da *mímesis* de ação. No limite, um puro romance de vozes múltiplas – *The Waves* [*As ondas*] de Virginia Woolf – não seria mais de maneira nenhuma um romance, mas uma espécie de *oratório* a ser lido. Se o romance polifônico não rompe esse limite é graças ao princípio organizador que ele vai buscar na longa tradição marcada pelo gênero carnavalesco. Em resumo, o romance polifônico convida-nos mais a dissociar o princípio de composição da intriga do princípio monológico e a estendê-lo até esse ponto em que a ficção narrativa se transforma em um gênero inédito. Mas quem disse que a ficção narrativa era a primeira e a última palavra na apresentação das consciências e seus mundos? Seu privilégio começa e termina onde a narração pode ser identificada como "fábula do tempo" ou, se não for possível, como "fábula sobre o tempo".

A noção de voz nos é particularmente cara precisamente em razão de suas importantes conotações *temporais*. Como autor de discurso, o narrador determina de fato um presente – o presente de narração – tão fictício quanto a instância de discurso constitutiva da enunciação narrativa. Podemos considerar intemporal esse presente de narração se, como Käte Hamburger, admitimos apenas uma espécie de tempo, o tempo "real" dos sujeitos "reais" de asserções que se referem à "realidade". Mas não há razão para excluir a noção de presente fictício, quando admitimos que os próprios personagens são sujeitos fictícios de pensamentos, sentimentos e discursos. Esses personagens desenrolam na ficção seu tempo próprio, que comporta passado, presente e futuro, ou até quase presentes, quando deslocam seu eixo temporal ao longo da ficção. É esse presente fictício que atribuímos ao autor fictício do discurso, ao narrador.

Essa categoria se impõe a dois títulos. Em primeiro lugar, o estudo dos tempos verbais da ficção narrativa, em particular o do monólogo narrativo na *erlebte Rede*, colocou-nos várias vezes no meio de um jogo de interferências entre os tempos do narrador e os dos personagens. Um *jogo com o tempo* vem juntar-se aqui aos que analisamos acima, na medida em que o desdobramento entre enunciação e enunciado prolonga-se no desdobramento entre o discurso do enunciador (narrador, autor fictício) e o discurso do personagem.

Além disso, a atribuição de um presente de narração à voz narrativa permite resolver um problema que deixamos até aqui em suspenso, a saber, a posição do pretérito como tempo básico da narração. Embora tenhamos concordado com Käte Hamburger e Harald Weinrich em desconectar o pretérito de narração de sua referência ao tempo vivido e, assim, ao passado "real" de um sujeito "real" que se lembra ou reconstrói um passado histórico "real", no final das contas pareceu-nos insuficiente dizer, com a primeira, que o pretérito conserva sua forma gramatical e perde simultaneamente seu significado de passado, e, com o segundo, que o pretérito é apenas o sinal de que se entrou em narrativa. Pois, por que o pretérito conservaria sua forma gramatical se houvesse perdido *todo* significado temporal? E por que seria o sinal privilegiado da entrada em narrativa? Uma resposta surge para nós: não podemos dizer que o pretérito conserva sua forma gramatical e seu privilégio porque o presente de narração é entendido pelo leitor como *posterior* à história narrada e, assim, que a história narrada é o *passado* da voz narrativa? Toda história narrada não é acaso passado para a voz que a narra? Daí os artifícios desses romancistas de outros tempos, que fingiam ter encontrado, num cofre ou num sótão, o diário do herói, ou ter recebido a narrativa de um viajante. O artifício visava simular, num caso, o significado do passado para a memória e, no outro, seu significado para a historiografia. Se o romancista se despojar de seus artifícios, restará o passado da voz narrativa, que não é nem o de uma memória, nem o da historiografia, mas o que resulta da relação de posterioridade da voz narrativa com relação à história que ela narra[90].

---

90. Sobre a noção de narração "ulterior", cf. Gérard Genette, *Figures III*, op. cit., pp. 74 e 231. O *Nouveau Discours du récit* traz a seguinte precisão: um narrador que anuncia de antemão um desenvolvimento ulterior da ação que ele conta "põe desse modo e sem ambiguidade possível seu ato narrativo como posterior à história que conta ou, ao menos, ao ponto da história que assim antecipa" (p. 54). Veremos, no último capítulo de nossa quarta parte, de que maneira essa posição posterior da voz narrativa na narrativa de ficção favorece a historicização da ficção, que compensa a ficcionalização da história.

Em suma, as duas noções de ponto de vista e de voz são tão solidárias que se tornam indiscerníveis. Não faltam análises em Lotman, Bakhtin, Uspenski, que passam sem transição de uma à outra. Trata-se fundamentalmente de uma única função considerada sob o ângulo de duas questões diferentes. O ponto de vista responde à questão: *de onde* vemos o que é mostrado pelo fato de ser narrado? E, assim, de onde se fala? A voz responde à questão: *quem* fala aqui? Se não quisermos ser iludidos pela metáfora da visão, numa narrativa em que tudo é contado e na qual fazer ver pelos olhos de um personagem é, segundo a análise que faz Aristóteles da *léxis* (elocução, dicção), "colocar sob os olhos", ou seja, transformar a compreensão em quase intuição, então é preciso considerar a visão como uma concretização da compreensão e, portanto, paradoxalmente, como um anexo da escuta[91].

Desse modo, uma única diferença subsiste entre ponto de vista e voz: o ponto de vista ainda faz parte de um problema de composição (como vimos com Uspenski) e, portanto, ainda continua no campo de investigação da configuração narrativa; a voz, em contrapartida, já faz parte dos problemas de comunicação, na medida em que é dirigida a um leitor; situa-se assim no ponto de transição entre configuração e refiguração, na medida em que a leitura marca a intersecção entre o mundo do texto e o mundo do leitor. São precisamente essas duas funções que são intercambiáveis. Todo ponto de vista é um convite feito ao leitor para que dirija seu olhar na mesma direção que o autor ou o personagem; em contrapartida, a voz narrativa é a fala muda que apresenta o mundo do texto ao leitor; como a voz que se dirige a Agostinho na hora da conversão, ela diz: "*Tolle! Lege!*" Pega e lê![92]

---

91. Voltarei, no último capítulo da quarta parte, ao papel dessa quase intuição na ficcionalização da história.

92. Sobre a leitura como resposta à voz narrativa do texto, Mario Valdés, *Shadows in the Cave, op. cit.*, p. 23: o texto será digno de confiança quando a voz fictícia também o for (p. 25). A questão reveste uma urgência particular no caso da paródia. A paródia característica de *Dom Quixote* deve finalmente poder ser identificada por sinais não enganadores. Essa "habilidade" do texto, enunciada pela voz narrativa, constitui a própria intencionalidade do texto (pp. 26-32). Cf. com relação a isso a interpretação de Dom Quixote por Mario Valdés, *ibid.*, pp. 141-62.

4. A EXPERIÊNCIA TEMPORAL FICTÍCIA

A distinção entre a enunciação e o enunciado no interior da narrativa forneceu, ao longo do capítulo precedente, um quadro apropriado para o estudo dos jogos com o tempo, suscitados pelo desdobramento, paralelo a essa distinção, entre o tempo que se leva para narrar e o tempo das coisas narradas. Ora, a análise dessa estrutura temporal de caráter reflexivo fez surgir a necessidade de dar como *finalidade* a esses jogos com o tempo a tarefa de articular uma *experiência* do tempo que seria o que está em jogo nesses jogos. Com isso, abrimos o campo a uma investigação que aproxima os problemas de configuração narrativa aos de refiguração do tempo pela narrativa. Contudo, essa investigação não ultrapassará, no momento, o limiar que conduz da primeira problemática à segunda, na medida em que a experiência do tempo em questão aqui é uma experiência *fictícia* que tem como horizonte um mundo imaginário, que continua sendo o *mundo do texto*. Apenas a confrontação entre esse mundo do texto e o mundo de vida do leitor fará com que a problemática da configuração narrativa se remeta à da refiguração do tempo pela narrativa.

Apesar dessa limitação de princípio, a noção de mundo do texto exige que a obra literária seja *aberta* – segundo a expressão empregada mais acima[1] – para um "fora" que ela projeta

---

1. Cf., acima, p. 9.

diante de si e oferece à apropriação crítica do leitor. A noção de abertura não contradiz a de fechamento implicada pelo princípio formal de configuração. Uma obra pode ser ao mesmo tempo fechada em si mesma quanto à sua estrutura e aberta para um mundo, ao modo de uma "janela" que recorta a perspectiva fugidia da paisagem que se oferece[2]. Essa abertura consiste na *pro-posição de um mundo suscetível de ser habitado*. Dessa perspectiva, um mundo inóspito, como muitas obras modernas projetam, só é assim no interior da mesma problemática do mundo habitável. O que chamamos aqui de experiência fictícia do tempo é apenas o aspecto temporal de uma experiência virtual do ser no mundo proposta pelo texto. É desse modo que a obra literária, escapando ao seu próprio fechamento, se reporta a..., se dirige para..., em suma, é a respeito de... Para além da recepção do texto pelo leitor e da intersecção entre essa experiência fictícia e a experiência viva do leitor, o mundo da obra constitui o que eu chamaria de uma *transcendência imanente* ao texto[3].

A expressão, à primeira vista paradoxal, de experiência fictícia não tem pois outra função senão designar uma projeção da obra, capaz de entrar em intersecção com a experiência ordinária da ação: uma experiência sim, mas fictícia, já que é apenas a obra que a projeta.

Para ilustrar meu propósito, escolhi três obras: *Mrs. Dalloway*, de Virginia Woolf, *Der Zauberberg* [*A montanha mágica*], de Thomas Mann, *À la recherche du temps perdu* [*Em busca do tempo perdido*], de Marcel Proust. Por que essa escolha?

---

2. Eugen Fink, *De la Phénoménologie, op. cit*. Num sentido próximo, Lotman vê no "quadro" que demarca toda obra de arte o procedimento de composição que a transforma no "modelo finito de um universo infinito" (*La Structure du texte artistique, op. cit.*, p. 309).

3. Essa noção de transcendência imanente corresponde exatamente à de intencionalidade aplicada por Mario Valdés ao texto como totalidade. É no ato de leitura que a intencionalidade do texto é efetuada (*op. cit.*, pp. 45-76). Essa análise pode ser aproximada da de voz narrativa como aquilo que apresenta o texto. A voz narrativa é o vetor da intencionalidade do texto, que só se efetua na relação intersubjetiva que se desenvolve entre a intenção da voz narrativa e a resposta da leitura. Essa análise será retomada de modo sistemático na nossa quarta parte.

Em primeiro lugar, essas três obras ilustram a distinção proposta por A. A. Mendilow entre "*tales of time*" e "*tales about time*"[4]. "Se nos pedem muitas vezes para contar uma fábula *do* tempo, declara Thomas Mann no *Vorsatz* (*Propósito*) da *Montanha mágica*, não é menos verdade que o desejo de contar uma fábula *sobre* o tempo não é tão absurdo assim... Confessamos espontaneamente que tivemos algo dessa natureza em vista na presente obra." As obras que iremos estudar são *fábulas sobre o tempo*, na medida em que é a própria experiência do tempo que constitui o cerne de suas transformações estruturais.

Além disso, cada uma dessas obras explora, a seu modo, modalidades inéditas de concordância discordante, que não afetam mais apenas a *composição* narrativa, mas também a experiência viva dos personagens da narrativa. Falaremos de *variações imaginativas* para designar essas figuras variadas de concordância discordante, que vão bem além dos aspectos temporais da experiência cotidiana, tanto práxica como pática, como os descrevemos no primeiro volume sob o título de *mímesis* I. São variedades da experiência temporal que apenas a ficção pode explorar e que são oferecidas à leitura com o intuito de refigurar a temporalidade comum[5].

Finalmente, essas três obras têm em comum explorar, nos confins da experiência fundamental de concordância discordante, a relação do tempo com a *eternidade* que, já em Agostinho, oferecia uma grande variedade de aspectos. A literatura, novamente aqui, procede por variações imaginativas. Cada uma das três obras consideradas, libertando-se assim dos aspectos mais lineares do tempo, pode em contrapartida explorar os níveis hierárquicos que constituem a profundidade da experiência temporal. São, assim, temporalidades mais ou menos estendidas que a narrativa de ficção detecta, oferecendo a cada vez uma figura diferente do recolhimento, da eternidade no tem-

---

4. A. A. Mendilow, *Time and the Novel* (*op. cit.*, p. 16).
5. A expressão "variações imaginativas" só ganhará todo seu sentido quando estivermos em condições de opor a gama das soluções que elas dão às aporias do tempo à resolução oferecida pela constituição do tempo histórico (quarta parte, seção III, cap. I).

po ou fora do tempo e, acrescentarei, da relação secreta desta com a morte.

Deixemo-nos agora instruir por essas três *fábulas sobre o tempo**.

1. Entre o tempo mortal e o tempo monumental: Mrs. *Dalloway*[6]

Antes de começar a interpretação, é importante insistir uma vez mais sobre a diferença entre dois níveis de leitura crítica da mesma obra. Num primeiro nível, o interesse se concentra na configuração da obra. No segundo nível, o interesse se volta para a visão de mundo e para a experiência temporal que essa configuração *projeta* para fora de si mesma. No caso de *Mrs. Dalloway*, uma leitura do primeiro tipo, sem ser estéril, seria pura e simplesmente truncada: se a narrativa é configurada da maneira sutil como iremos expor, é a fim de que o narrador – não digo o autor, mas a voz narrativa que faz com que a obra fale e se dirija a um leitor – ofereça a esse leitor um punhado de experiências temporais a serem partilhadas. Em contrapartida, admito sem nenhuma dificuldade que é a configuração narrativa de *Mrs. Dalloway* – configuração muito particular e contudo fácil de situar na família dos romances do "fluxo de consciência" – que serve de suporte para a experiência que seus personagens fazem do tempo e que a voz narrativa do romance quer comunicar ao leitor.

O narrador fictício faz com que todos os acontecimentos da história que conta se passem entre a manhã e a noite de um esplêndido dia de junho de 1923, portanto, alguns anos após o fim do que foi chamado de A Grande Guerra. A técnica narrativa é tão sutil quanto o fio da narrativa é simples. Clarissa Dal-

---

* As traduções de trechos das três obras analisadas foram feitas a partir das citações do autor, em francês. (Nota do Editor)

6. Virginia Woolf, *Mrs. Dalloway*, Londres, The Hogarth Press, 1925. Citamos a obra na edição de bolso, Nova York e Londres Harcourt Brace Jovanovitch, 1925.

loway, uma mulher de cerca de cinquenta anos da alta sociedade londrina, dará essa mesma noite uma recepção, cujas peripécias marcarão o ápice e o fechamento da narrativa. A composição da intriga consiste em formar uma elipse, cujo segundo foco é o jovem Septimus Warren Smith, um antigo combatente da Grande Guerra, cuja loucura o leva ao suicídio algumas horas antes que Clarissa ofereça sua recepção. O nó da intriga consiste em fazer com que a notícia da morte de Septimus seja levada pelo doutor Bradshaw, uma celebridade médica que faz parte do círculo mundano de Clarissa. A história apanha Clarissa de manhã, no momento em que se prepara para sair para comprar flores para a recepção, e a deixará no momento mais crítico de sua noite. Trinta anos antes, Clarissa quase desposou Peter Walsh, um amigo de infância, de quem aguarda o próximo retorno das Índias, onde ele arruinou a vida em ocupações subalternas e amores malsucedidos. Richard, que Clarissa preferiu a ele no passado e que, desde então, é seu marido, é um homem importante nas comissões parlamentares, sem ser um político brilhante. Outros personagens, frequentadores assíduos das mundanidades de Londres, gravitam em torno desse núcleo de amigos de infância; é importante que Septimus não pertença a esse círculo e que o parentesco entre os destinos de Septimus e Clarissa seja obtido pelas técnicas narrativas de que iremos falar, em um nível mais profundo que a peripécia da notícia de seu suicídio em plena recepção que permite fechar a intriga.

A técnica narrativa de *Mrs. Dalloway* é bastante sutil. O primeiro procedimento, o mais fácil de detectar, consiste em marcar o avanço do dia com pequeníssimos acontecimentos; com exceção do suicídio de Septimus, evidentemente, esses acontecimentos, às vezes ínfimos, impulsionam a narrativa para seu fechamento necessário: a recepção dada por Mrs. Dalloway; são incontáveis as idas e vindas, os incidentes, os encontros: no caminho da manhã, o príncipe de Gales, ou uma outra figura principesca, passa de carro; um aeroplano estende sua bandeirola publicitária em letras maiúsculas que a multidão soletra; Clarissa volta para arrumar o vestido de gala; Peter Walsh, repentinamente chegado das Índias, surpreende-a na atividade de costura; após revolver as cinzas do passado, Clarissa lhe dá um beijo; Peter se afasta em prantos; atravessa os mesmos lugares que Clarissa e dá com o casal formado por Septimus e Rezia, a pequena modista de Milão que se tornara sua esposa; Rezia leva o marido a um primeiro psiquiatra, o doutor Holmes; Richard hesita em comprar um colar de pérolas para a mulher e escolhe rosas (ah, essas rosas que circulam do começo ao fim da narrativa e chegam a fixar-se por um momento na tapeçaria do quarto de Septimus condenado ao repouso pela medicina); Richard, demasiadamente pudico, não poderá pronunciar a mensagem de amor que essas rosas significam; Miss Kilman, a devota e feia preceptora de Elizabeth, a filha do casal Dalloway, vai às compras com Elizabeth, que a abandona no meio de suas bombas de chocolate; Septimus, instado pelo doutor Bradshaw a deixar a mulher por uma clínica no campo, joga-se pela janela; Peter decide-se a comparecer à recepção dada por Clarissa; vem a grande cena da festa de Mrs. Dalloway, o anúncio do suicídio de Septimus pelo doutor Bradshaw; a maneira como Mrs. Dalloway recebe a notícia do suicídio desse jovem que não conhece decide o tom que a própria Clarissa dará ao fechamento da noite, que é também a morte do dia. Esses acontecimentos, ínfimos ou consideráveis, são pontuados pelo ressoar das poderosas pancadas do Big Ben e de outros sinos de Londres. Mostraremos mais adiante que o significado mais importante da lembrança da hora não deve ser buscado no nível da configuração da narrativa, como se o narrador se limitasse a ajudar o leitor a se situar no tempo narrado: as pancadas do Big Ben têm seu verdadeiro lugar na experiência viva que os diversos personagens fazem do tempo. Pertencem à experiência fictícia do tempo para a qual a configuração da obra se abre.

Nesse primeiro procedimento de acúmulo progressivo, insere-se o procedimento mais conhecido da técnica narrativa de *Mrs. Dalloway*. À medida que a narrativa é impulsionada para a frente por tudo o que acontece – por mínimo que seja – no tempo narrado, ela é ao mesmo tempo empurrada para trás, retardada de algum modo, por amplas incursões no passado, que constituem outros tantos acontecimentos de pensamento, interpoladas em longas sequências entre as breves irrupções de ação. Para o círculo dos Dalloway, esses pensamentos narrados – *he thought, thought she** – são no essencial voltas à infância em Bourton e, principalmente, a tudo o que pudesse estar relacionado ao amor malogrado, ao casamento recusado, entre Clarissa e Peter; para Septimus e Rezia, tais mergulhos no passado são uma ruminação desesperada sobre a cadeia de acontecimentos que levou a um casamento desastroso e à infelicidade absoluta. Essas longas sequências de pensamentos mudos – ou, o que dá no mesmo, de discursos interiores – não constituem apenas voltas ao passado que, paradoxalmente, fazem avançar o tempo narrado retardando-o; cavam por dentro o instante do acontecimento de pensamento, amplificam do interior os momentos do tempo narrado, de tal modo que o intervalo total da narrativa, apesar de sua relativa brevidade, parece rico de uma imensidão implicada[7]. Na linha desse dia, cujo avanço é pontuado pelas pancadas do Big Ben, as ondas de lembrança, as suputações pelas quais cada personagem esforça-se em adivinhar as conjecturas que os outros fazem sobre sua própria aparência, seu próprio pensamento, seu próprio segredo, formam amplas molas que dão sua distensão específica à extensão do tempo narrado[8]. A arte da ficção consiste

---

* Ele pensou, pensou ela.

7. James Hafley, *The Glass Roof*, p. 73, opondo *Mrs. Dalloway* ao *Ulisses* de Joyce, escreve: "*(Virginia Woolf) used the single day as a unity (...) to show that there is no such thing as a single day*" [Virginia Woolf usa um dia comum como unidade (...) para mostrar que não existe algo como um dia comum], citado por Jean Guiguet, *Virginia Woolf et son oeuvre: l'art et la quête du réel*, Paris, Didier, "Études anglaises 13", 1962; trad. inglesa, *Virginia Woolf and Her Works*, Londres, The Hogarth Press, 1965, p. 389.

8. Virginia Woolf estava muito orgulhosa pela descoberta e pelo exercício dessa técnica narrativa que em seu *Diário* ela chama de "*the tunneling process*": "*It took me a year's groping to discover what I call my tunneling process, by which I tell the past by instalments, as I have need of it*" [processo de abertura de túneis: "Custou-me um ano tateando para descobrir o que eu chamo de meu processo de abertura de túneis, pelo qual conto o passado por prestações, conforme tenho necessidade"] (*A Writer's Diary*, Londres, The Hogarth Press, 1959, p. 60, citado por Jean Guiguet, *op. cit.*, p. 229). Na época em que o esboço do romance ainda se chamava *The Hours*, ela escreve em seu *Diário*: "*I should say a good deal*

assim em tecer juntos o mundo da ação e o da introspecção, em mesclar o sentido do cotidiano e o da interioridade.

Para uma crítica literária mais atenta à descrição dos caracteres do que à exploração do tempo narrado e, através desta, do tempo vivido pelos personagens da narrativa, é certo que esse mergulho no passado e também essa avaliação incessante das almas umas pelas outras contribuem, ao lado dos gestos descritos de fora, para reconstruir subterraneamente os caracteres em seu estado presente; dando uma espessura temporal à narrativa, a imbricação do presente narrado com o passado relembrado confere uma espessura psicológica aos personagens, sem nunca, contudo, conferir-lhes uma identidade estável, tanto as percepções dos personagens sobre os outros e sobre eles mesmos são discordantes; o leitor é deixado com as peças soltas de um grande jogo de identificação dos caracteres, cuja solução lhe escapa tanto quanto aos personagens da narrativa. Essa tentativa de identificação dos personagens é certamente conforme às incitações do narrador fictício quando ele entrega seus personagens à interminável busca de si mesmos[9].

---

about The Hours *and my discovery: how I dig out beautiful caves behind my characters: I think that gives exactly what I want; humanity, humour, depth. The idea is that the caves shall connect and each comes to daylight at the present moment*" ["Eu deveria falar bastante sobre *The Hours* e minha descoberta: como escavei belas cavernas por trás de meus personagens: acho que isso proporciona exatamente o que eu quero; humanidade, humor, profundidade. A ideia é que as cavernas estejam conectadas e venham todas à luz no momento presente"] (*A Writer's Diary*, p. 60, citado por Jean Guiguet, *op. cit.*, p. 233-4). A alternância entre a ação e a lembrança torna-se assim uma alternância entre o superficial e o profundo. Os dois destinos de Septimus e de Clarissa se comunicam essencialmente pela vizinhança das "cavernas" subterrâneas visitadas pelo narrador; na superfície eles são postos em relação pelo personagem do doutor Bradshaw, que pertence às duas subintrigas: a notícia da morte de Septimus trazida pelo doutor Bradshaw assume assim, *na superfície*, a unidade da intriga.

9. É à exploração dos caracteres que se consagra principalmente Jean Alexander, em *The Venture of Form in the Novels of Virginia Woolf*, Port Washington, N.Y., Londres, Kennikat Press, 1974, cap. III, "Mrs. Dalloway *and* To the Lighthouse", pp. 85-104. Esse crítico vê em *Mrs. Dalloway* o único romance de Virginia Woolf que "*evolves from character*" [que se desenvolve a partir de um caráter] (p. 85). Isolando assim o personagem de Clarissa, Jean Alexander pode

Um procedimento da técnica narrativa de *Mrs. Dalloway*, menos fácil de perceber que o precedente, merece toda nossa atenção. O narrador – ao qual o leitor concedeu de bom grado o privilégio exorbitante de conhecer do interior os pensamentos de todos seus personagens – dá a si mesmo o meio de *passar* de um fluxo de consciência a outro, fazendo com que seus personagens se encontrem nos mesmos lugares (as ruas de Londres, o parque público), fazendo-os ouvir os mesmos barulhos, fazendo-os assistir aos mesmos incidentes (a passagem do carro do príncipe de Gales, o voo do aeroplano etc.). Assim é incorporada pela primeira vez ao mesmo campo narrativo a história de Septimus, totalmente estranha à do círculo Dalloway. Septimus ouviu, como Clarissa, os rumores suscitados pelo incidente real (veremos mais adiante a importância que este último adquire na visão que os diversos protagonistas têm do próprio tempo). É recorrendo ao mesmo procedimento que o narrador salta das ruminações de Peter sobre seu antigo amor malogrado aos funestos pensamentos trocados pelo casal Rezia-Septimus, remoendo o desastre de sua união. A unidade de lugar, o face a face em um banco do mesmo parque, equivale à unidade de um mesmo instante no qual o narrador enxerta a extensão de um lapso de memória[10]. O proce-

---

realçar o falso brilho, misturado com o esplendor, e os compromissos com um mundo social que, para ela, nunca perde a solidez e a glória. Clarissa torna-se assim um *"class symbol"*, cuja dureza e cujo vazio Peter Walsh bem percebeu. Mas a relação secreta com Septimus Warren Smith muda a perspectiva, fazendo emergir os perigos que a vida de Clarissa supostamente desarma, a saber, a destruição possível da personalidade pelo jogo das relações humanas. Essa abordagem psicológica suscita uma análise pertinente da gama dos sentimentos de medo e de terror que o romance explora. A aproximação com *A náusea*, de Sartre, parece-me dessa perspectiva totalmente justificada (p. 97).

[10]. David Daiches (*The Novel and the Modern World*, University of Chicago Press, 1939, ed. rev. 1969, cap. X: "Virginia Woolf") considera esse procedimento o mais avançado da arte da ficção em Virginia Woolf; ele permite tecer juntos os modos da ação e da introspecção; essa conjunção induz um *"twilight mood of receptive reverie"* (p. 189) [disposição difusa de devaneio receptivo], que o leitor é convidado a partilhar. A própria Virginia Woolf exprimiu-se sobre esse *"mood"* [disposição], tão característico de toda sua obra, em seu ensaio "On Modern Fiction", *The Common Reader*, 1923: *"Life is a luminous halo, a semi-*

dimento torna-se verossímil pelo efeito de ressonância que compensa o efeito de ruptura criado pelo salto de um fluxo de consciência a outro: acabado, e sem retorno possível, é o antigo amor de Peter; acabado, e sem futuro possível, é também o casamento do casal Rezia-Septimus. É por uma transição semelhante que se volta em seguida de Peter a Rezia, passando pelo refrão da velha paralítica, cantando amores frustrados: uma ponte é lançada entre as almas, ao mesmo tempo pela continuidade

---

transparent envelope surrounding us from the beginning of consciousness to the end" [A vida é um halo luminoso, um envelope semitransparente envolvendo-nos do início ao fim da consciência] (citado por D. Daiches, *op. cit.*, p. 192). Daiches propõe um esquema simples que dá conta perfeitamente dessa técnica sutil, mas fácil de analisar. Ou nós nos mantemos imóveis no tempo e abarcamos com o olhar acontecimentos diversos, mas que se desenrolam simultaneamente no espaço, ou permanecemos imóveis no espaço, ou melhor, num personagem, erigido em "lugar" fixo, e avançamos ou remontamos no tempo da consciência do mesmo personagem. A técnica narrativa consiste assim em fazer alternar a dispersão dos personagens num mesmo ponto do tempo e a dispersão das lembranças no interior de um mesmo personagem. Cf. o diagrama proposto por Daiches, *op. cit.*, pp. 204-5. A esse respeito, Virginia Woolf se mostra mais preocupada do que Joyce em dispor aqui e ali marcos inequívocos que guiam o curso dessas alternâncias. Para uma comparação com *Ulisses*, que também faz acontecer em um dia o emaranhado infinitamente mais complexo de suas excursões e incursões, cf. Daiches (*op. cit.*, pp. 190, 193, 198, 199), que vincula a diferença de técnica dos dois autores à diferença de suas intenções: "*Joyce's aim was to isolate reality from all human attitudes – an attempt to remove the normative element from fiction completely, to create a self-contained world independent of all values in the observer, independent even (as though it is possible) of all values in the creator. But Virginia Woolf refines on values rather than eliminates them. Her reaction to crumbling norms is not agnosticism but sophistication*" (*op. cit.*, p. 199) [O objetivo de Joyce era isolar a realidade de todas as atitudes humanas – uma tentativa de remover completamente o elemento normativo da ficção, de criar um mundo fechado independente de todos os valores do observador, independente mesmo (tanto quanto possível) dos valores do criador. Mas Virginia Woolf refina os valores em lugar de eliminá-los. Sua reação às normas esfaceladas não é agnosticismo, mas sofisticação]. David Daiches retomou e desenvolveu sua interpretação de *Mrs. Dalloway* em *Virginia Woolf*, New Directions Norfolk, Conn, 1942, Londres, Nicholson e Watson, 1945, pp. 61-78, edição revisada, 1963, pp. 187-217. É essa edição que citamos aqui. Jean Guiguet, na obra já citada, retoma, apoiando-se principalmente no *Diário* de Virginia Woolf, publicado apenas em 1953, a questão das relações entre o *Ulisses*, de Joyce, e *Mrs. Dalloway* (pp. 241-5).

dos lugares e pelo ressoar de um discurso interior em um outro. Em uma outra ocasião, é a descrição de admiráveis nuvens no céu de junho que permite à narrativa atravessar o abismo que separa o curso dos pensamentos da jovem Elizabeth, de volta de sua livre escapada após ter deixado Miss Kilman, e o fluxo de consciência de Septimus, preso a seu leito por ordem dos psiquiatras. Uma parada no mesmo lugar, uma pausa no mesmo lapso de tempo formam uma passarela entre duas temporalidades estranhas uma à outra.

Que esses procedimentos, característicos da configuração temporal, sirvam para suscitar o compartilhamento, entre o narrador e o leitor, de uma experiência temporal ou, melhor, de uma gama de experiências temporais, e, assim, para *refigurar na leitura o próprio tempo*, é o que importa agora mostrar, penetrando na fábula sobre o tempo ao longo de *Mrs. Dalloway*.

O tempo cronológico é bem evidentemente representado na ficção pelas pancadas do Big Ben e de alguns outros sinos e relógios soando as horas. Mas o importante não é esse alerta da hora, soando ao mesmo tempo para todos, mas a *relação* que os diversos protagonistas estabelecem com as marcas do tempo. São as variações dessa relação, segundo os personagens e as ocasiões, que constituem a *experiência temporal fictícia* que a narrativa constrói com extremo cuidado, para persuadir o leitor.

As pancadas do Big Ben ressoam pela primeira vez quando Clarissa, na rota das lojas de luxo, em Westminster, revolve em seus pensamentos o idílio rompido com Peter, ainda sem saber que este último está de volta. O importante é o que significam para ela, nesse momento, as pancadas do Big Ben: "Ah! Ele está começando. Primeiro, o prelúdio musical, depois a hora, irrevogável. Os pesados círculos se dissolvem no ar" (p. 6). Essa frase, três vezes repetida ao longo da narrativa, lembrará sozinha a identidade, para todos, do tempo dos relógios. A hora é irrevogável? Nessa manhã de junho, porém, o irrevogável não oprime, reaviva a alegria de viver, no frescor do novo momento e na expectativa da brilhante recepção. Mas uma sombra passa: se Peter voltasse, não a chamaria novamente, com sua terna ironia: *"The perfect hostess!"**? Assim caminha o tempo interior, puxado para trás pela memória e aspirado pela expectativa. *Distentio animi*: "Sempre sentira que era muito, muito perigoso viver, por um só dia que fosse" (p. 11). Estranha Clarissa: símbolo da preocupação forjada pela vaidade do mundo, preocupada com a imagem de si mesma que entrega à interpretação dos outros, atenta a seus próprios humores instáveis e, acima de tudo, *corajosamente* apaixonada pela vida, apesar de sua fragilidade e de sua duplicidade; para ela canta – e cantará ainda uma vez ao longo da narrativa – o refrão da *Cymbeline* de Shakespeare:

> *Fear no more the heat o' the sun*
> *Nor the furious winter's rages.*[11]

Mas, antes mesmo de evocar os outros incidentes das pancadas marcadas pelo Big Ben, é importante notar que o tempo oficial com o qual os personagens são confrontados não é apenas esse tempo dos relógios, mas tudo o que é conivente com ele. Está de acordo com ele tudo o que, na narrativa, evoca a história monumental, para falar como Nietzsche e, em primeiro lugar, o admirável cenário de mármore da capital imperial (lugar "real", na ficção, de todos os acontecimentos e de seus ecos interiores). Essa história monumental, por sua vez, secreta o que eu ousarei chamar de *tempo monumental*, do qual o tempo cronológico é apenas a expressão audível; a esse tempo monumental pertencem as figuras de Autoridade e de Poder que constituem o contrapolo do tempo vivo, respectivamente vivido por Clarissa e por Septimus, desse tempo que, pela virtude do rigor, levará o último ao suicídio e, pela virtude do or-

---

* A perfeita anfitriã!

11. "Não mais temas o calor do sol. Nem as iras do inverno furioso" (p. 13). Clarissa leu esse refrão ao parar diante da vitrine de um livreiro; ele constitui ao mesmo tempo uma das pontes lançadas, pela técnica narrativa, entre o destino de Clarissa e o de Septimus, tão apaixonado, como veremos, por Shakespeare.

gulho, levará a primeira a enfrentar[12]. Mas figuras de Autoridade são por excelência os horríveis médicos que atormentam o infortunado Septimus, perdido em seus pensamentos suicidas, ao ponto de levarem-no à morte. O que é, com efeito, a loucura para Sir William Bradshaw, essa sumidade médica enaltecida pelo enobrecimento, senão "ser privado do senso de medida [*proportion*]" (p. 146)? "Medida, divina medida, deusa que Sir William adorava" (p. 150). É esse senso de medida, de proporção, que inscreve toda sua vida profissional e mundana no tempo monumental. O narrador não temeu associar a essas figuras de Autoridade, tão consoantes com o tempo oficial, a religião, figurada por Miss Kilman, a preceptora feia, rancorosa e devota que tirou Elizabeth da mãe, antes que a moça lhe escapasse para recobrar seu próprio tempo, com suas promessas e ameaças. "Mas a Medida tem uma irmã menos sorridente, mais terrível... Chama-se Intolerância [*Conversion*]" (p. 151).

Tempo dos relógios, tempo da história monumental, tempo das figuras de Autoridade: mesmo tempo! É sob a regência desse tempo monumental, mais complexo que o simples tempo cronológico, que se deve ouvir soar – ou melhor, bater – as horas, ao longo de toda a narrativa.

Uma segunda vez o Big Ben brada, no momento em que Clarissa acaba de apresentar a filha a Peter[13]: "o som do Big Ben batendo a meia hora ressoou entre eles com extraordinário vigor, como se um jovem vigoroso, indiferente, brutal, lançasse seus halteres para frente e para trás" (p. 71). Não é, como a pri-

---

12. Figura furtiva de Autoridade: o carro entrevisto do príncipe de Gales (e a rainha, se fosse ela, não é acaso "o perdurável símbolo do Estado" *"the enduring symbol of the State"*)? Até as vitrines de antiquários lembram suas funções: *"sifting the ruins of time"* (p. 23) [esquadrinhando os destroços do tempo]. Ou ainda o avião e sua faixa publicitária em letras maiúsculas imponentes. Figuras de Autoridade, os Lordes e as Ladies das eternas "recepções" e mesmo o honesto Richard Dalloway, fiel servidor do Estado.

13. "Esta é minha Elizabeth", diz Clarissa, com todos os subentendidos do possessivo, que só encontrarão sua réplica na última aparição de Elizabeth, que vai encontrar o pai *dela*, no momento em que as cortinas irão se fechar sobre a recepção de Mrs. Dalloway: "E repentinamente entendera que era sua própria Elizabeth" (p. 295).

meira vez, a lembrança do inexorável, mas a ingerência – "entre eles" – do incongruente: "Os pesados círculos se dissolvem no ar", repete o narrador. Por quem, pois, soou a meia hora? "Não esqueça minha recepção!" lança Mrs. Dalloway a Peter, que a deixa; e este se afasta modulando ritmicamente as seguintes palavras às pancadas do Big Ben: ainda onze e meia? pensa ele. Associam-se a ele os sinos de St. Margaret, amigáveis, hospitaleiros, como Clarissa. Alegres, pois? Apenas até o ponto em que o enlanguescer do som evoca a antiga doença de Clarissa e em que a força da última pancada torna-se o dobre fúnebre soando sua morte imaginada. Quantos recursos tem a ficção para acompanhar as sutis variações entre o tempo da consciência e o tempo cronológico!

Uma terceira vez, o Big Ben soa (p. 142). O narrador faz soar meio-dia simultaneamente para Septimus e Rezia, a caminho do doutor Holmes, sobre cuja relação oculta com o tempo oficial já comentamos, e para Clarissa estendendo seu vestido verde na cama. Para cada um deles, e para ninguém, "os pesados círculos se dissolvem no ar" (*ibid.*). Pode-se ainda dizer que a hora é a mesma para todos? De fora, sim, de dentro, não. Só a ficção, precisamente, pode explorar e exprimir pela linguagem esse divórcio entre as visões de mundo e suas perspectivas inconciliáveis sobre o tempo, que o tempo público *cava*.

A hora soa de novo, uma e meia, dessa vez nos relógios do rico bairro comercial; para uma Rezia em prantos, eles "aconselhavam a submissão, exaltavam a autoridade e louvavam em coro as vantagens incomparáveis da medida" (pp. 154-5).

É para Richard e Clarissa que o Big Ben soa três horas. Para o primeiro, cheio de reconhecimento pelo milagre que seu casamento com Clarissa lhe parece significar: "Big Ben começava a soar, primeiro, o prelúdio musical, depois a hora, irrevogável" (p. 177). Ambígua mensagem: pontuação da felicidade? ou do tempo perdido em vaidade? Quanto a Clarissa, mergulhada, no meio de seu salão, na preocupação com seus convites: "o som do sino inundou o aposento com suas ondas melancólicas" (p. 178). Mas eis Richard, diante dela, estendendo-lhe suas flores. Rosas – sempre rosas: "A felicidade é isto, é isto, pensou ele" (p. 180).

Quando o Big Ben soa a meia hora seguinte, é para pontuar a solenidade, o milagre, o milagre da velha senhora entrevista por Clarissa, ao longe, diante dela, no vão da janela, retirando-se para as profundezas de seu quarto; como se as pancadas dadas pelo enorme sino submergissem de novo Clarissa numa zona de tranquilidade, onde nem a vã nostalgia do amor outrora perseguido por Peter nem a religião esmagadora professada por Miss Kilman poderiam penetrar. Mas, dois minutos após o Big Ben, ressoa um outro sino, cujos sons leves, mensageiros da futilidade, mesclam-se às últimas ondas majestosas das pancadas do Big Ben pronunciando a Lei.

É para inscrever no tempo público o ato supremamente privado do suicídio de Septimus que o relógio soa seis batidas: "Um relógio soava, uma, duas, três... Que razão tem esse relógio, comparado com todos esses rumores de passos, esses murmúrios... ele tem razão, como Septimus. Ela [Rezia] adormecia; o sino continuava batendo quatro, cinco, seis" (p. 227). As três primeiras pancadas como algo de concreto, de sólido, no tumulto dos murmúrios, as três outras como a bandeira içada em honra dos mortos no campo de batalha.

O dia avança, impulsionado para a frente pela flecha do desejo e da expectativa lançada desde o início da narrativa (esta noite, a recepção oferecida por Mrs. Dalloway!) e puxado para trás pelo incessante mergulho na lembrança que, paradoxalmente, pontua o avanço inexorável do dia que morre.

O narrador faz o Big Ben soar uma última vez a hora, quando o anúncio do suicídio de Septimus lança Clarissa em pensamentos contraditórios que explicitaremos mais adiante; e a mesma frase retorna: "os pesados círculos se dissolvem no ar". Para todos, para todas as variedades de humor, o barulho é o mesmo; mas a hora não é apenas o barulho que o tempo inexorável faz ao passar...

Não é pois numa oposição simplista entre tempo dos relógios e tempo interior que devemos nos deter, mas na variedade das relações entre a experiência temporal concreta dos diversos personagens e o tempo monumental. As variações sobre o tema dessa relação levam a ficção bem além da oposição abstrata evocada há pouco e se transformam, para o leitor, num poderoso detector das maneiras infinitamente variadas de *compor* entre si perspectivas sobre o tempo, que apenas a especulação não consegue *mediar*.

Essas variações constituem aqui toda uma gama de "soluções", cujos dois extremos são figurados, por um lado, pelo acordo íntimo com o tempo monumental das figuras de Autoridade, resumidas no doutor Bradshaw, e pelo "terror da história" – para falar como Mircea Eliade – figurado por Septimus. As outras experiências temporais, as de Clarissa em primeiro lugar, a de Peter Walsh em menor grau, ordenam-se com relação a esses dois polos, em função de seu maior ou menor parentesco com a experiência *princeps* que o narrador erige como ponto de referência para toda sua exploração da experiência temporal: a experiência da mortal discordância entre o tempo íntimo e o tempo monumental, do qual Septimus é o herói e a vítima. É pois desse polo de discordância radical que se deve partir.

A "vivência" de Septimus confirma abundantemente que nenhum abismo se cavaria para ele entre o tempo "batido" pelo Big Ben e o horror da história que o conduz à morte, se a história monumental, presente em toda parte em Londres, e as diversas figuras de Autoridade resumidas no poder médico não dessem ao tempo dos relógios o cortejo de poder que transforma o tempo em ameaça radical. Também Septimus viu passar o carro principesco; ouviu os rumores de respeito da multidão, assim como viu a passagem do aeroplano publicitário que não pôde deixar de arrancar-lhe lágrimas, tanto a beleza dos lugares faz parecer tudo horrível. Horror! Terror! Essas duas palavras resumem para ele o antagonismo entre as duas perspectivas temporais, como entre ele próprio e os outros – "essa solidão eterna" (p. 37) – e entre ele mesmo e a vida. Se essas experiências, no limite indizíveis, chegam contudo à linguagem interior, é porque encontraram uma conivência verbal na leitura de Ésquilo, Dante, Shakespeare, leitura que só lhe transmitiu uma mensagem de universal insignificância. Ao menos esses livros estão do seu lado, como um protesto contra o tempo monumental e toda ciência opressiva e repressiva do poder médico. Precisamente por estarem do seu lado, esses livros constituem mais um muro entre ele, os outros e a vida. Uma passagem de *Mrs. Dalloway* diz tudo; quando Rezia, a pequena modista de Milão, perdida em Londres para onde foi acompanhando o marido, pronuncia: "Está na hora..." "a palavra 'hora' rebentou sua casca, derramou seus tesouros sobre ele, e de seus lábios escapavam, como escamas, como limalhas, sem que nada fizesse para isso, duras, imperecíveis palavras que voaram e se fixaram em seu lugar numa ode imortal ao Tempo" (p. 105). O tempo recuperou a grandeza mítica, sua obscura reputação de destruir mais do que engendrar. Horror do tempo, que traz de entre os mortos o fantasma de seu companheiro de guerra, Evans, que remonta do fundo da história monumental – a Grande Guerra – para o coração da cidade imperial. Humor ácido do narrador: "Vou te dizer a hora (*I will tell you the time*[14]), disse Septimus, muito lentamente, com torpor, sorrindo misteriosamente para o morto de terno cinza. Enquanto sentava sorrindo, o quarto de hora soou; onze horas e três quartos." "O que é ser jovem! pensou Peter Walsh ao passar por eles" (p. 106).

Os dois extremos da experiência temporal são confrontados na cena do suicídio de Septimus: o doutor Bradshaw – Sir William! – decidiu que Rezia e Septimus deveriam ser separa-

---

14. Virginia Woolf não pôde deixar de pensar nos jogos de palavras de Shakespeare em *As you like it*: "(Rosalind) *I pray you, what is't o'clock?* – (Orlando) *You should ask me, what time o'day; there's no clock in the forest.* – (Ros.) *Then there is no true lover in the forest; else sighing every minute and groaning every hour would detect the lazy foot of Time as well as a clock* – (Orl.) *And why not the swift foot of Time? Had not that been as proper?* – (Ros.) *By no means, sir. Time travels in divers paces with divers persons. I'll tell you who Time ambles withal, who Time trots withal, who Time gallops withal, and who he stands still withal...*" [(Rosalinda) Por favor, que horas são no relógio daqui? – (Orlando) Você deveria me perguntar que horas são no sol; não existe relógio na floresta. – (Ros.) Então, não existe nenhum verdadeiro apaixonado na floresta; pois um suspiro dele a cada minuto, um gemido a cada hora nos diriam a marcha preguiçosa do tempo tão bem quanto um relógio. – (Orl.) Por que não dizer a marcha lépida do tempo? Acaso não seria igualmente verdadeiro? – (Ros.) De modo algum, senhor. O tempo tem marchas diferentes conforme as pessoas. Eu poderia dizer com quem ele vai ao passo, com quem vai a trote, com quem galopa, com quem para e permanece imóvel] (Ato III, cena II, versos 301 ss.).

dos para o bem do doente: "Holmes e Bradshaw o perseguiam" (p. 223). Pior, foi a "natureza humana" que pronunciou sobre ele o veredicto de culpabilidade, sua condenação à morte. Nos papéis que Septimus pede para queimar e que Rezia procura salvar, estão suas "odes ao Tempo" (p. 224). Seu tempo, a partir de então, não tem mais nenhuma medida comum com o dos portadores do saber médico, seu sentido de medida, seus veredictos, seu poder de infligir o sofrimento. Septimus joga-se pela janela.

A questão se põe de saber se, para além do horror da história que ela exprime, a morte de Septimus não foi imbuída pelo narrador de um outro significado que transformaria o tempo no negativo da eternidade. Na sua loucura, Septimus é o portador de uma revelação que percebe no tempo o obstáculo à visão de uma unidade cósmica e na morte o acesso a esse significado salvador. Contudo, o narrador não quis fazer dessa revelação a "mensagem" de sua narrativa. Associando revelação e loucura, deixa o leitor na dúvida sobre o próprio sentido da morte de Septimus[15]. Além disso, é a Clarissa, como se vai

---

15. John Graham, "Time in the Novels of Virginia Woolf", *University of Toronto Quarterly,* vol. XVIII, 1949, pp. 186-201, retomado em *Critics on Virginia Woolf,* Jacqueline E. M. Latham, org. por Corall Gables, Florida University of Miami Press, 1970, pp. 28-35. Esse crítico leva muito longe essa interpretação do suicídio de Septimus. É a *"complete vision"* (p. 32) [visão completa] de Septimus que dá a Clarissa *"the power to conquer time"* [o poder de vencer o tempo] (p. 32). Dão-lhe razão as reflexões, que evocaremos mais adiante, de Clarissa sobre a morte do jovem. Ela entendeu intuitivamente, diz John Graham, o significado da visão de Septimus, que ele só podia comunicar com a morte. Assim, voltar à sua *"party"* [festa] simbolizará para Clarissa *"the transfiguration of time"* (p. 33) [a transfiguração do tempo]. Hesito em seguir essa interpretação da morte de Septimus até o final: *"In order to penetrate to the center like Septimus, one must either die, or go mad, or in some other way lose one's humanity in order to exist independently of time"* (p. 31) [Com o intuito de penetrar o centro, como Septimus, deve-se ou bem morrer, ou ficar louco, ou ainda, de alguma maneira, perder sua humanidade para existir independentemente do tempo]. De resto, esse crítico nota muito bem que *"the true terror of his vision is that it destroys him as a creature of the time-world"* (p. 30) [o verdadeiro terror de sua visão é que ela o destrói enquanto criatura do mundo temporal]. Não é mais então o tempo que é mortal, é a eternidade que dá a morte. Mas como separar essa *"complete vision"* [visão completa] – essa gnose – da loucura que tem todas

dizer, que o narrador confia a tarefa de legitimar, mas apenas até certo ponto, o sentido redentor da morte de Septimus. Nunca devemos pois perder de vista que é a justaposição da experiência do tempo em Septimus e em Clarissa que faz sentido[16]. Considerada à parte, a visão de mundo em Septimus exprime a agonia de uma alma para a qual o tempo monumental é insuportável; a relação que a morte pode ter, além disso, com a eternidade, intensifica essa agonia (segundo a interpretação da relação entre a eternidade e o tempo que propus mais acima em minha leitura das *Confissões* de Santo Agostinho[17]). É portanto com relação a essa falha insuperável, aberta entre o tempo monumental do mundo e o tempo mortal da alma, que se distribuem e se ordenam as experiências temporais de cada um dos outros personagens e seu modo de negociar a relação entre as duas margens da falha. Limitar-me-ei a Peter Walsh e Clarissa, apesar de haver muito a dizer sobre outras variações imaginativas reportadas pelo narrador.

Peter: seu amor de antigamente perdido para sempre – *it was over!* –, sua vida presente em ruínas lhe fazem murmurar: "a morte da alma" (p. 88). Se ele não tem, para se reerguer, a confiança vital de Clarissa, tem, para ajudá-lo a sobreviver, a própria leveza: "É terrível, exclamou ele, terrível, terrível! E, contudo, o sol brilha; e, contudo, consolamo-nos; e a vida tem a arte de adicionar um dia a outro dia. Contudo... Contudo... Peter começou a gargalhar" (pp. 97-8). Pois, se a idade não enfraque-

---

as características da paranoia? Que me seja permitido acrescentar que a interpretação das revelações de Septimus por John Graham dá a oportunidade de lançar uma ponte entre a interpretação de *Mrs. Dalloway* e a de *Der Zauberberg* que tentarei mais adiante, em que o tema da eternidade e de sua relação com o tempo passam para o primeiro plano.

16. Uma nota de Virginia Woolf em seu *Diário* alerta contra uma separação radical entre loucura e sanidade: "*I adumbrate here a study of insanity and suicide; the world seen by the sane and the insane stay side by side – something like that*" [Esboço aqui um estudo da insanidade e do suicídio; o mundo visto pelo são e pelo insano convivem lado a lado – algo assim] (*A Writer's Diary, op. cit.*, p. 52). A visão do louco não é desqualificada pela "insanidade". É seu ressoar na alma de Clarissa que finalmente importa.

17. *Tempo e narrativa*, vol. 1, pp. 40-55.

ce as paixões, "adquire-se – enfim! – a faculdade que acrescenta à experiência o supremo sabor, a faculdade de nos apoderarmos da experiência e de volteá-la, lentamente, em plena luz" (p. 119).

Clarissa é bem evidentemente a heroína do romance; é a narrativa de seus atos e de seus discursos interiores que dá ao tempo contado sua delimitação; mas é mais ainda sua experiência temporal, medida com relação à de Septimus, de Peter e das figuras de Autoridade, que constitui o ponto crucial do jogo com o tempo operado pelas técnicas narrativas características de *Mrs. Dalloway*.

Sua vida mundana, seu convívio com figuras de Autoridade fazem com que uma parte dela mesma esteja do lado do tempo monumental. Nessa mesma noite, ela acaso não se postará no alto das escadarias para sua recepção, como a rainha recebendo seus hóspedes no Buckingham Palace? Acaso ela não é para os outros uma figura de Autoridade, por sua postura reta e empertigada? Vista por Peter, não é acaso um fragmento do Império Britânico? Acaso a expressão terna e cruel de Peter não a define plenamente: "*The perfect hostess*[18]"? E, contudo,

---

18. A. D. Moody ("*Mrs. Dalloway* as a Comedy", in *Critics on Virginia Woolf, op. cit.*, pp. 48-50) vê em Mrs. Dalloway a imagem viva da vida superficial levada pela "*the British ruling class*" [classe dominante inglesa], como a sociedade londrina é chamada no próprio livro. É verdade que encarna ao mesmo tempo a crítica de sua sociedade, mas sem ter o poder de dissociar-se dela. Por isso o "cômico", alimentado pela *ironia* feroz do narrador, domina até na cena final da recepção, marcada pela presença do primeiro-ministro. Essa interpretação parece padecer de uma simplificação inversa à que, há pouco, via na morte de Septimus, transposta por Clarissa, o poder de transfigurar o tempo. A meio caminho entre a comédia e a gnose encontra-se a fábula sobre o tempo em *Mrs. Dalloway*. Como nota com justeza Jean Guiguet (*op. cit.*, p. 235): "a crítica social desejada pelo autor está inserida no tema psicometafísico do romance". Jean Guiguet faz aqui alusão a uma observação de Virginia Woolf em seu *Diário*: "*I want to give life and death, sanity and insanity; I want to criticize the social system, and show it at work at its most intense*" [Quero dar vida e morte, sanidade e insanidade; quero criticar o sistema social, e mostrá-lo funcionando em seu modo mais intenso] (*A Writer's Diary*, p. 57, citado p. 228). O primado da investigação psicológica sobre a crítica social foi excelentemente estabelecido por Jean O. Love, em *Worlds in Consciousness, Mythopoetic Thought in the Novels of Virginia Woolf*, Berkeley, University of California Press, 1970.

o narrador quer comunicar ao leitor o sentido do parentesco profundo entre ela e Septimus, que ela nunca viu, cujo próprio nome ignora. O mesmo horror a habita; mas, ao contrário de Septimus, ela o enfrentará, levada por um indestrutível amor à vida. O mesmo terror: a simples evocação do definhar da vida no rosto de Mrs. Bruton – que não a convidou para almoçar junto com o marido! – basta para lembrá-la que "o que ela temia era o tempo" (p. 44). O que mantém seu frágil equilíbrio entre o tempo mortal e o tempo da resolução diante da morte – se ousarmos aplicar-lhe essa categoria existencial maior de *Sein und Zeit* [*Ser e Tempo*]– é seu amor à vida, à beleza perecível, à luz volúvel, sua paixão pela "gota que cai" (p. 54). Daí seu espantoso poder de apoiar-se na lembrança para mergulhar "no coração mesmo do momento" (*ibid.*).

A maneira como Clarissa recebe a notícia do suicídio desse jovem desconhecido é a ocasião para o narrador situar Clarissa na linha divisória entre os dois extremos de suas variações imaginativas no que se refere à experiência temporal. Como já se deve ter adivinhado há muito tempo: Septimus é o "duplo" de Clarissa[19]; de algum modo, ele morre em seu lugar. Quanto a ela, ela redime sua morte continuando a viver[20]. A notícia do suicídio, lançada para servir de pasto em plena recepção, arranca inicialmente este pensamento, ao mesmo tempo frívolo e cúmplice de Clarissa: "Oh!, pensou Clarissa, no meio de minha recepção, eis a morte" (p. 279). Mas, no mais profundo de si mesma, essa certeza insuperável: perdendo a vida, esse jo-

---

19. A expressão é da própria Virginia Woolf no seu *Prefácio* à edição americana de *Mrs. Dalloway*: Septimus "*is intended to be her double*" [está destinado a ser seu duplo]; cf. Isabel Gamble, "Clarissa Dalloway's double", em *Critics on Virginia Woolf, op. cit.*, pp. 52-5. Clarissa torna-se o "duplo" de Septimus quando ela se dá conta "*that there is a core of integrity in the ego that must be kept intact at all costs*" (*ibid.*, p. 55) [de que há um cerne de integridade no ego que deve ser mantido intacto a todo custo].

20. Sabemos, pelo *Prefácio* escrito por Virginia Woolf, que, na sua primeira versão, Clarissa deveria se suicidar. Acrescentando o personagem de Septimus e fazendo-o suicidar-se, o autor permitiu ao narrador – à voz narrativa que conta a história ao leitor – aproximar ao máximo a linha de destino de Mrs. Dalloway da do suicida, mas prolongá-la para além da tentação da morte.

vem salvou o sentido mais elevado da morte: "A morte é um desafio; a morte é um esforço de união; os homens, sentindo que o centro misteriosamente lhes escapa – o que está próximo se retira, o encanto se desfaz; estamos sozinhos. Na morte, há um abraço" (p. 281). Aqui, o narrador reúne, em uma única voz narrativa, a sua, a de Septimus e a de Clarissa. É a própria voz de Septimus que diz, em eco através da de Clarissa: "A vida é intolerável; essa espécie de homens torna a vida intolerável" (p. 281). É com os olhos de Septimus que ela vê o doutor Bradshaw como "dotado de uma obscura malevolência, sem sexo nem desejo, capaz, apesar de sua extrema polidez para com as mulheres, de algum crime impensável – violar a nossa alma, é isso" (*ibid.*). Mas o tempo de Clarissa não é o tempo de Septimus. Sua recepção não acabará em desastre. Um "sinal", ali colocado pela segunda vez pelo narrador, ajudará Clarissa a reunir o terror e o amor pela vida no orgulho de enfrentar; esse sinal é o gesto da velha senhora, do outro lado da rua, abrindo as cortinas, retirando-se da janela e indo se deitar "sozinha, muito tranquilamente" – figura de serenidade, repentinamente associada ao refrão de *Cymbeline*: *"Fear no more the heat of the sun..."** Nessa mesma manhã, cedo, como nos lembramos, Clarissa, parando na frente de uma vitrine, vira o volume de Shakespeare aberto nesses versos. Ela se perguntou: "Que tentava ela recuperar? Que lembrança de branca aurora no campo?" (p. 12). Mais tarde, no mesmo dia, em um momento de retorno pacificado à realidade do tempo, Septimus devia discernir nesses mesmos versos uma palavra de consolo: "Nada mais temas, dizia o coração, nada mais temas. – Ele não tinha medo. A cada instante, a Natureza enviava-lhe uma mensagem alegre, como aquela mancha dourada que percorria a parede – ali, ali –, para lhe dizer que estava pronta a lhe revelar... murmurando-lhe na orelha as palavras de Shakespeare – seu sentido" (p. 212). Quando Clarissa repete o verso, no fim do livro, ela o repete como Septimus o fez: *"With a sense of peace and reassurance."***[21]

---

* Não temas mais o calor do sol... (N. da T.)
** Com um sentimento de paz e reconforto. (N. da T.)
21. John Graham, em *Critics on Virginia Woolf, op. cit.*, pp. 32-3.

O livro termina assim: a morte de Septimus, entendida e de algum modo partilhada, dá ao amor instintivo que Clarissa dedica à vida um tom de desafio e de resolução: "Ela precisa voltar, reassumir seu papel (*she must assemble*)" (p. 284).Vaidade? Arrogância? *The perfect hostess*? Talvez. Nesse ponto, a voz do narrador se confunde com a de Peter que, nesse último instante da narrativa, torna-se para o leitor a voz mais digna de confiança: "Que é esse terror? perguntou-se Peter, o êxtase? Que extraordinária emoção é essa que me agita? É Clarissa, pensou. Pois ela ali estava (*For there she was*)" (p. 296).

A voz diz simplesmente: "*For there she was.*" A força dessa presença é o dom do suicida a Clarissa[22].

Finalmente, podemos falar de uma experiência una do tempo em *Mrs. Dalloway*? Não, na medida em que os destinos dos personagens e suas visões de mundo permanecem justapostos; sim, na medida em que a proximidade entre as "cavernas" visitadas constitui uma espécie de rede subterrânea que *é* a experiência do tempo em *Mrs. Dalloway*. Essa experiência do tempo não é nem a de Clarissa, nem a de Septimus, nem a de Peter, nem a de nenhum dos personagens: é sugerida ao leitor pela *repercussão* (expressão que Bachelard gostava tanto de emprestar de E. Minkowski) *de uma experiência solitária numa ou-*

---

22. Devemos sem dúvida evitar dar a dimensão de uma mensagem de redenção a esse dom da presença. Clarissa continuará sendo uma mulher do mundo, para quem o tempo monumental é uma grandeza com a qual é preciso conservar a coragem de negociar. Nesse sentido, Clarissa continua sendo uma figura de compromisso. A pequena frase "*there she was*" [ela ali estava], nota Jean Guiguet, "*contains everything and states nothing precisely*" (*op. cit.*, p. 240) [contém tudo e não afirma nada precisamente]. Esse julgamento um pouco severo é justificado, se deixamos Clarissa sozinha perante o prestígio da ordem social. É o parentesco entre os destinos de Septimus e de Clarissa, numa outra profundidade, a das "*caves*" [cavernas] que o narrador "*connects*" [conecta], que governa não apenas a intriga, mas a temática psicometafísica do romance. O tom firme dessa asserção ressoa mais forte que as pancadas do Big Ben e de todos os relógios, mais forte que o terror e o êxtase que, desde o início do romance, disputam a alma de Clarissa. Se a recusa, por parte de Septimus, do tempo monumental pôde novamente lançar Mrs. Dalloway na vida transitória e suas alegrias fugazes, é porque ele a colocou no caminho de um tempo mortal assumido.

tra experiência solitária. É essa rede, tomada na sua integridade, que é a experiência do tempo em *Mrs. Dalloway*. Essa experiência, por sua vez, defronta-se, numa relação complexa e instável, com o tempo monumental, ele próprio nascido de todas as conivências entre o tempo dos relógios e as figuras de Autoridade[23].

2. *Der Zauberberg* [24]

Que *A montanha mágica* seja um romance *sobre* o tempo é evidente demais para que precisemos insistir nisso. Muito mais difícil é dizer em que sentido ele o é. Limitemo-nos, para começar, aos traços mais manifestos que impõem a caracterização global da *Montanha mágica* como *Zeitroman*.

Em primeiro lugar, a *abolição do senso das medidas do tempo* é o traço maior da maneira de existir e de habitar dos pensionistas do Berghof, o sanatório de Davos. Do início ao fim do romance, esse apagamento do tempo cronológico é claramente realçado pelo contraste entre "os do alto", aclimatados a esse

---

23. Seria um grave erro considerar essa experiência, por mais paciente que fosse, como a ilustração de uma filosofia constituída fora do romance, mesmo que fosse a de Bergson. O tempo monumental com o qual Septimus e Clarissa são confrontados nada tem do tempo espacializado de Bergson. Tem, por assim dizer, seu direito próprio e não resulta de nenhuma confusão entre o espaço e a duração. Por isso eu o aproximei mais da história monumental, na concepção de Nietzsche. Quanto ao tempo íntimo, trazido à luz pelas excursões do narrador às cavernas subterrâneas, ele tem mais afinidade com o arroubo do momento que com a continuidade melódica da duração segundo Bergson. O próprio ressoar da hora é um desses momentos, a cada vez qualificado de modo diferente pelo humor presente (cf. Jean Guiguet, *op. cit.*, pp. 388-92). Sejam quais forem as semelhanças e as diferenças entre o tempo em Virginia Woolf e o tempo em Bergson, o erro maior consiste, aqui, em não dar à ficção enquanto tal o poder de explorar modalidades da experiência temporal que escapam à conceitualização filosófica, justamente em razão de seu caráter aporético. Esse será um tema maior de nossa quarta parte.

24. Thomas Mann, *Der Zauberberg, Roman, Ges. Werke*, t. III, Oldenburg, Ed. S. Fischer, 1960. Os comentários anteriores a 1960 se referem a uma edição de 1924 (Berlim, Ed. S. Fischer) em 2 vols. A paginação entre parênteses remete à edição de bolso do original alemão (Fischer Taschenbuch Verlag, 1967).

fora-do-tempo, e "os de baixo" – os da região plana –, que cuidam de suas ocupações no ritmo do calendário e dos relógios. A oposição espacial redobra e reforça a oposição temporal. Depois, o fio da história, relativamente simples, é pontuado por algumas idas e vindas entre os de baixo e os do cima, que dramatizam o feitiço do lugar. A chegada de Hans Castorp constitui o primeiro acontecimento dessa ordem. Esse jovem engenheiro de cerca de trinta anos vem de Hamburgo, região plana por excelência, visitar seu primo Joachim, em tratamento já há seis meses no Berghof; sua intenção inicial é permanecer apenas três semanas nesse lugar insólito. Reconhecido como doente pelo doutor Behrens, o chefe sinistro e zombeteiro da instituição, torna-se por sua vez um hóspede entre outros do Berghof. A partida de Joachim, voltando à vida militar, seu ulterior retorno ao sanatório, para ali morrer por sua vez, a repentina partida da sra. Chauchat – personagem central da intriga amorosa misturada à fábula sobre o tempo – após o episódio decisivo da "Noite de Walpurgis", seu retorno inesperado junto com Mynheer Peperkorn: todas essas chegadas e partidas constituem outros tantos pontos de ruptura, provas e questionamentos, numa aventura que, no essencial, desenrola-se na reclusão espacial e temporal do Berghof. O próprio Hans Castorp ali permanecerá sete anos, até que o "trovão" da declaração de guerra de 1914 o arranque do feitiço da montanha mágica; mas a irrupção da grande história o restituirá ao tempo dos de baixo apenas para entregá-lo a essa "festa da morte" que é a guerra. O desdobramento da narrativa, em seu aspecto episódico, leva então a ver o fio condutor da *Montanha mágica* no confronto de Hans Castorp com o tempo abolido.

Por sua vez, a *técnica narrativa* empregada na obra confirma sua caracterização como *Zeitroman*. O procedimento mais visível diz respeito ao acento colocado na relação entre o tempo de narração e o tempo narrado[25].

---

25. Sobre essa relação, cf. Hermann J. Weigand, *The Magic Mountain*, 1.ª ed. D. Appleton-Century Co., 1933; 2.ª ed. sem modificações, Chapel Hill The University of North Carolina Press, 1964.

A distribuição em sete capítulos abrange um espaço cronológico de sete anos. Mas a relação entre o comprimento do tempo narrado em cada capítulo e o tempo gasto para narrá-lo, medido em número de páginas, não é proporcional. O capítulo I dedica 21 páginas à "chegada". (O capítulo II constitui uma volta ao tempo transcorrido até o momento em que se tomou a decisão de empreender a viagem fatal; diremos mais adiante o significado disso.) O capítulo III dedica 75 páginas ao primeiro dia completo (ou segundo dia, contando-se a chegada); após o que as 125 páginas do capítulo IV bastam para abranger as três primeiras semanas, o exato intervalo de tempo que Hans Castorp pensava dedicar à sua visita ao Berghof; os sete primeiros meses requerem as 222 páginas do capítulo V; um ano e nove meses são cobertos pelas 333 páginas do capítulo VI; os quatro anos e meio restantes ocupam as 295 páginas do capítulo VII. Essas relações numéricas são mais complexas do que parecem: por um lado, o *Erzählzeit* não cessa de se reduzir proporcionalmente ao *erzählte Zeit*; por outro, o alongamento dos capítulos, combinado com a abreviação da narrativa, cria um efeito de perspectiva essencial à comunicação da experiência maior, o debate interior do herói com a perda do senso do tempo. Esse efeito de perspectiva requer, para ser percebido, uma leitura cumulativa, permitindo à totalidade da obra permanecer presente em cada um de seus desenvolvimentos. Efetivamente, e em razão da extensão da obra, apenas a releitura pode restituir essa perspectiva.

As considerações sobre a extensão da obra nos levam a evocar um último argumento em favor da interpretação da *Montanha mágica* como *Zeitroman*. E esse argumento é, em certo sentido, o mais decisivo. Mas ele nos lança ao mesmo tempo no coração das perplexidades que assaltam o leitor, tão logo ele se pergunta em que sentido e a que preço trata-se precisamente de um *Zeitroman*. Devemos nos apoiar, efetivamente, nas próprias declarações do autor, que se arrogou o privilégio, em si indiscutível, e frequentemente assumido pelos romancistas do passado, de intervir em sua narrativa. É impossível não considerar isso, na medida em que essas intrusões contribuem, no trabalho da escrita, para realçar e para pôr em cena a *voz narrativa* no interior da obra. (Aliás, é inteiramente a esse título que nos valemos das intervenções do autor, bem decididos que estamos a ignorar as informações de caráter biográfico e psicográfico relativas a Thomas Mann, que essas irrupções encorajam. Não que eu negue que o narrador encontrado na narrativa seja o próprio autor, ou seja, Thomas Mann. Basta-nos que o autor, exterior à sua obra e hoje morto, se tenha transmutado na voz narrativa ainda hoje audível em sua obra.) A voz narrativa que, de tempos em tempos, interpela o leitor e disserta sobre seu herói, integra efetivamente a escrita do texto. Ao mesmo tempo, essa voz, distinta da narrativa propriamente dita e superposta à história narrada, tem o direito indiscutível de ser escutada – com as ressalvas que exporemos mais adiante – quando ela se esforça para caracterizar a narrativa como um *Zeitroman*.

Sua primeira intervenção pode ser ouvida no *Vorsatz* (o "propósito") que abre a narrativa. Esse *Vorsatz* não é exatamente uma introdução: ele impõe a autoridade da voz narrativa no próprio interior do texto. Ora, o problema que o *Vorsatz* coloca é precisamente o da relação entre o *Erzählzeit* e o *erzählte Zeit*. O problema comporta dois aspectos. Começo pelo segundo, um debate que nos é familiar desde nosso estudo dos jogos com o tempo[26]. A questão, aqui, é a da duração (*Dauer*) da leitura. E a resposta a essa questão subtrai-nos de imediato ao tempo cronológico: "O interesse de uma história ou o tédio que nos causa já dependeram, algum dia, do espaço e do tempo que exigiu?" (pp. 5-6). A simples evocação do possível tédio sugere uma analogia entre o tempo da escrita e o tempo da experiência projetada pela narrativa. Até o número sete – sete dias, sete meses, sete anos – estabelece essa relação entre o tempo de leitura – considerado coextensivo ao tempo da escrita – e o tempo narrado, com a nota de ironia ligada à escolha do número sete, prenhe de simbolismo hermético: "Afinal de contas, Deus me livre!, não serão provavelmente sete anos" (*ibid.*) que o contador e o leitor passarão contando a história!... Por trás

---

26. Cf. acima, cap. III, § 2.

dessa resposta dilatória já se esboça a questão da pertinência das medidas do tempo na experiência do herói[27]. Mas ainda mais decisiva para nossa tese é a enigmática observação que precede essas alusões: falando do tempo narrado, o *Vorsatz* declara que a história que iremos ler deve ser absolutamente narrada "sob a forma do passado mais remoto" (*In der Zeitform der tiefesten Vergangenheit*) (p. 5). Ora, que as histórias sejam contadas no passado já constitui em si um problema, ao qual voltaremos no nosso capítulo final: que, além disso, o passado narrado deva ser "o mais remoto" coloca um enigma específico, a antiguidade perdendo seu caráter cronológico: "Não é propriamente ao *tempo* – afirma-se ali – que ela [a história] deve seu caráter de antiguidade" (*ibid.*). O que o impõe então? O zombeteiro narrador dá aqui uma resposta ambígua: a antiguidade, no caso, desdobra-se em uma antiguidade datada, mas já ultrapassada para nós, a do mundo de antes da Grande Guerra, e uma antiguidade sem idade, a da lenda (*Märchen*)[28]. Essa primeira alusão não deixa de repercutir no problema da experiência do tempo que a história contada produz: "Pretendemos fazer simultaneamente alusão à dupla natureza, problemática e singular, desse elemento misterioso." Que dupla natureza? Precisamente a que, através de todo o romance, confrontará o tempo do calendário e dos relógios com um tempo

---

27. O narrador voltará a esse tema do tempo de leitura em várias intervenções. É o que fará no episódio decisivo *Ewigskeitssuppe* [p. 145]. No início do capítulo VII, ele se pergunta mais precisamente se podemos narrar o próprio tempo (p. 365): se, declara o narrador, não podemos narrar o tempo, ao menos supõe-se que possamos "*von der Zeit erzählen zu wollen*" (p. 750) ("vouloir évoquer le temps dans un récit" [querer evocar o tempo em uma narrativa], diz o tradutor francês, II, p. 272). A expressão *Zeitroman* toma então seu duplo sentido de romance que se estende no tempo e, assim, exige tempo para ser narrado, e de romance sobre o tempo; o narrador volta insistentemente a essa mesma ambiguidade em um de seus episódios "Mynheer Peeperkorn" e no início de "O grande tédio" (p. 661).

28. Essa ambiguidade calculada vale como advertência: *A montanha mágica* não será apenas a história simbólica que vai da doença à morte da Europa culta, antes do trovão de 1914; também não será apenas a narrativa de uma busca espiritual. Entre o simbolismo sociológico e o simbolismo hermético, não se deve escolher.

progressivamente despojado de qualquer caráter mensurável e mesmo de todo interesse pela medida.

À primeira vista, o problema posto por essa dupla natureza do tempo assemelha-se ao posto por *Mrs. Dalloway*: esquematicamente, a exploração das relações conflituosas entre o tempo interior e o tempo cronológico, ampliada às dimensões do tempo monumental. A diferença é na realidade considerável. Em *A montanha mágica*, são constelações completamente diferentes que gravitam em volta dos dois polos, ao ponto de nos fazer duvidar que *A montanha mágica* seja apenas um *Zeitroman*, ou mesmo que ela seja principalmente um *Zeitroman*. Precisamos, pois, agora, ouvir uma argumentação de espírito contrário.

Em primeiro lugar, a linha que separa "os de cima" e "os de baixo" separa ao mesmo tempo do mundo cotidiano – o mundo da vida, da saúde e da ação – o mundo da doença e da morte. De fato, no Berghof, todos são doentes, inclusive os médicos, tanto o tisiólogo como o psiquiatra charlatão. Hans Castorp penetra num universo onde o reino da doença e da morte já está instituído; qualquer um que ali penetre torna-se, por sua vez, um condenado à morte; quem deixa esse mundo, como Joachim, volta para ali morrer; a magia, o feitiço da montanha mágica, é o encantamento pela doença, pela pulsão de morte. O próprio amor é cativo desse feitiço. No Berghof, a sensualidade e a degradação convivem. Um pacto secreto liga o amor e a morte. É também isso e, talvez, principalmente isso, a magia desse lugar fora do espaço e do tempo. A paixão de Hans Castorp pela sra. Chauchat é inteiramente dominada por essa fusão entre a atração sensual e o fascínio pela decomposição e pela morte. Ora, a sra. Chauchat já está ali quando Hans Castorp chega; ela faz parte, por assim dizer, da instituição da doença; sua súbita partida e seu regresso inopinado, acompanhada pelo exuberante Mynheer Peperkorn – que também se suicidará no Berghof –, constituem as peripécias maiores, no sentido aristotélico do termo.

A montanha mágica não é pois apenas uma fábula sobre o tempo. O problema é principalmente saber como o mesmo romance pode ser ao mesmo tempo o *romance do tempo* e o *roman-*

ce da doença mortal. A decomposição do tempo deve ser interpretada como uma prerrogativa do mundo da doença, ou esta última constituiria uma espécie de situação limite para uma experiência por si só insólita do tempo? Na primeira hipótese, *A montanha mágica* é o romance da doença; na segunda, o romance da doença é, prioritariamente, um *Zeitroman*.

A essa primeira alternativa aparente, soma-se uma segunda. O problema é efetivamente complicado pela presença, na composição do romance, de um terceiro componente, ao lado do apagamento do tempo e do fascínio pela doença. Essa terceira temática é a do *destino da cultura europeia*. Dando um lugar tão considerável às conversações, às discussões e às controvérsias que têm esse destino como tema, criando personagens tão precisamente trabalhados como Settembrini, o letrado italiano, porta-voz prolixo da filosofia das Luzes, e Naphta, o jesuíta de origem judaica, crítico perverso da ideologia burguesa, o autor transforma seu romance num vasto apólogo da decadência da cultura europeia, em que o fascínio pela morte no confinamento do Berghof simboliza com – como diria Leibniz – a tentação do niilismo. O próprio amor é transfigurado pelo debate sobre a cultura em uma grandeza transindividual, sobre a qual nos perguntamos se não esgotou os recursos salvadores do próprio amor.

Como, perguntamo-nos então, esse mesmo romance pode ser *um romance do tempo, um romance da doença e um romance da cultura*? O tema da relação com o tempo, que inicialmente parecia preeminente e que, em seguida, pareceu se retrair diante do tema da relação com a doença, não recua mais um grau, se o destino da cultura europeia se torna o ponto principal?

Mann, ao que parece, resolveu o problema incorporando essas três grandezas – tempo, doença e cultura – na experiência singular – em todos os sentidos da palavra – do personagem central, Hans Castorp. Desse modo, Mann compôs uma obra que se filia à grande tradição alemã do *Bildungsroman*, ilustrada um século antes por Goethe no famoso *Os anos de aprendizagem de Wilhelm Meisters*. O tema do romance passa então a ser a instrução, a formação, a educação de um rapaz "simples", mas "curioso" e "ativo" (todas essas expressões são da voz narrativa). Se o romance passa a ser lido como a história de um aprendizado espiritual, centrado no personagem de Hans Castorp, a verdadeira questão torna-se, então, a de saber por que meio a técnica narrativa conseguiu integrar uma à outra a experiência do tempo, a doença mortal e o grande debate sobre o destino da cultura.

No que concerne à primeira alternativa evocada – romance do tempo *ou* romance da doença? – a técnica narrativa consiste em *elevar* ao nível de uma experiência de pensamento, cujas transformações estudaremos mais adiante, o duplo confronto com o apagamento do tempo e o fascínio pela degenerescência. A destemporalização e a corrupção se tornam, pela arte da narrativa, o objeto indiviso do fascínio e da especulação do herói. Apenas a ficção poderia criar as condições insólitas requeridas por essa experiência temporal, em si mesma insólita, fazendo conspirar o apagamento do tempo e a atração da morte. Assim, antes mesmo que consideremos o debate sobre o destino da cultura, a história de um aprendizado espiritual já une o *Zeitroman* ao romance da doença no quadro de um *Bildungsroman*.

A segunda alternativa – destino de um herói, ou mesmo de um anti-herói, *ou* destino da cultura europeia? – é resolvida pelos mesmos meios. Fazendo de Settembrini e de Naphta os "preceptores" de Hans Castorp, Mann integrou o grande debate europeu à história singular de uma educação sentimental. As discussões intermináveis com os porta-vozes do humanismo otimista e de um niilismo tingido de catolicismo comunizante são elevadas à categoria de objetos de fascínio e de especulação, ao mesmo título que a morte e o tempo.

O *Bildungsroman*, no quadro do qual é recolocado o *Zeitroman*, bem merece seu nome, não porque o destino da cultura europeia seja seu ponto crucial, mas porque esse debate transindividual é de algum modo miniaturizado – se ousarmos dizer isso de um romance de mais de mil páginas! – no *Bildungsroman* centrado em Hans Castorp. Assim, entre essas três grandezas – tempo, morte e cultura – produzem-se trocas: o destino da cultura torna-se um aspecto do debate entre o amor e a morte; em contrapartida, as decepções de um amor em que a sensualidade convive com a corrupção tornam-se "preceptores" à imagem dos educadores pelo verbo, na busca espiritual do herói. Isso significa dizer que, nessa arquitetura complexa, o *Zeitroman* se torna um simples aspecto do *Bildungsroman*, em pé de igualdade com o romance da doença e o romance da decadência europeia? O *Zeitroman* conserva, na minha opinião, um privilégio inegável que só aparece se formularmos a mais difícil de todas as questões, a da verdadeira natureza do aprendizado espiritual, de que esse romance é a história. Thomas Mann decidiu fazer das investigações do herói relativas ao tempo a *pedra de toque* de todas suas outras investigações sobre a doença e a morte, sobre o amor, a vida e a cultura. O tempo é comparado, num certo ponto da história de que falaremos mais adiante, ao termômetro sem graduação dado aos doentes que trapaceiam; reveste-se então do significado – num sentido semimítico, semi-irônico – de uma "irmã muda". "Irmã muda" da atração pela morte, do amor cúmplice da corrupção e da preocupação com a grande história. O *Zeitroman*, poderíamos dizer, é a "irmã muda" da epopeia da morte e da tragédia da cultura.

Assim focalizadas na experiência do tempo, todas as questões postas pelo aprendizado do herói, nos múltiplos registros entre os quais se distribui o romance, resumem-se numa só: O herói aprendeu alguma coisa no Berghof? É um gênio, como alguns disseram, ou um anti-herói? Ou seu aprendizado é de uma natureza mais sutil, que rompe com a tradição do *Bildungsroman*?

É aqui que as dúvidas suscitadas pela *ironia* do narrador voltam com força. Situamos o lugar privilegiado dessa ironia na relação de distanciamento estabelecida entre uma voz narrativa, posta em cena com ostentação, insistência e obstinação, e o conjunto da história contada, no curso da qual essa voz narrativa não cessa de intervir. O narrador assume o papel de observador irônico da história que está contando. Numa primeira aproximação, essa distância crítica parece minar a credibilidade do narrador e tornar problemática toda resposta à questão de saber se o herói aprendeu alguma coisa no Berghof sobre o tempo, a vida e a morte, o amor e a cultura. Mas, numa segunda reflexão, começamos a desconfiar que essa relação de distanciamento entre a voz narrativa e a narrativa talvez constitua a chave hermenêutica do problema posto pelo próprio romance. *O herói não estaria, quanto ao seu debate com o tempo, na mesma relação que o narrador com relação à história que conta: uma relação de distância irônica?* Nem vencido pelo universo mórbido, nem vencedor goethiano num triunfo pela ação, acaso não seria uma vítima, cujo crescimento se dá na dimensão da lucidez, da potência reflexiva?

É essa hipótese de leitura que é preciso pôr à prova de um segundo percurso através dos sete capítulos da *Zauberberg*[29].

---

29. Uma avaliação positiva do aprendizado do herói foi proposta, já em 1933, por Hermann J. Weigand na obra citada mais acima. Weigand foi o primeiro a caracterizar *A montanha mágica* como "romance pedagógico"; mas ele vê nessa "novel of self-development" (p. 4) [novela de autodesenvolvimento] *"a quest for Bildung that transcends any specific practical aims"* (*ibid.*) [uma busca de *Bildung* que transcende todos os objetivos práticos específicos], em que o acento principal é colocado na *integração* progressiva de uma experiência total da qual emerge uma atitude afirmativa com relação à vida em seu conjunto. Mesmo as grandes crises evocadas na primeira parte (a tentação de fugir, a convocação do doutor Behrens que transformará Hans Castorp num pensionista do Berghof, a noite de Walpurgis) sempre encontram o herói capaz de escolha e de "elevação" (*Steigerung*). É verdade que o autor reconhece expressamente que o fim da primeira parte marca o ponto culminante da simpatia pela morte: ele chama *Der Zauberberg* "*the epic of disease*" (p. 39) [o épico da doença]. Mas a segunda parte marcaria a subordinação do fascínio pela morte ao fascínio pela vida (p. 49). Prova disso é o episódio "Neve", *"spiritual climax of clarity that marks the acme of his capacity to span the poles of cosmic experience... that he owes the resource which enables him ultimately to sublimate even his passion for Clawdia into this interested friendship"* [clímax espiritual da clareza que marca o ápice de sua capacidade de abarcar os polos da experiência cósmica... que ele possui o recurso que o capacita enfim a sublimar até mesmo sua paixão por Clawdia nessa amizade interessada]. Com a sessão de espiritismo, H. Weigand vê a experiência do herói desembocar no misticismo (o último capítulo do livro de Weigand consagra-se expressamente ao misticismo); mas, segundo o autor, a sessão de ocultismo nunca faz com que Hans Castorp perca o controle de sua vontade de viver; além disso, a exploração do desconhecido, do proibido, vai até revelar *"the essential ethos of sin for Thomas Mann"* (p. 154) [o ethos essencial do pecado para Thomas Mann]; nisso consiste o lado "russo", o lado Clawdia, de Castorp. Com ela, ele aprende que não existe curiosidade sem uma certa perversidade. A questão é, contudo, saber se o herói *integrou*, como afirma Weigand, esse caos de experiências *"synthesis is the principle that governs*

O romance começa assim: "Um jovem simples viajava, em pleno verão, de Hamburgo, sua cidade natal, a Davos-Platz, no cantão dos Grisões. Ia de visita por três semanas" (p. 7). O *Zeit-*

---

the pattern of the Zauberberg from first to last" (p. 157) [a síntese é o princípio que governa o padrão do Zauberberg do começo ao fim]. O leitor encontrará no *Thomas Mann* de Hans Meyer (Frankfurt, Suhrkamp, 1980) uma apreciação mais negativa do aprendizado de Hans Castorp no Berghof. Hans Meyer, passando ao largo do *Zeitroman*, ressalta francamente a "epopeia da vida e da morte" (p. 114). O ponto crucial da educação do herói é, decerto, o estabelecimento de uma nova relação com a doença, a morte, a decadência, como *Faktum* da vida, relação que contrasta com a nostalgia da morte, recebida de Novalis, e que reina soberana em *A morte em Veneza*, obra de Thomas Mann que precisamente precede *A montanha mágica*. O próprio Thomas Mann atesta em seu discurso de Lübeck: "*Was ich plante, war eine groteske Geschichte, worin die Faszination durch den Tod, die das venezianischen Novelle gewesen war, ins Komische gezogen werden sollte: etwas wie ein Satyrspiel also zum 'Tod in Venedig'*" (p. 116) [O que planejei foi uma história grotesca, na qual a fascinação pela morte, que existia na novela veneziana, deveria se transformar em comédia: algo como uma sátira de "A morte em Veneza"]. Segundo Hans Meyer, o tom irônico adotado pelo romance pedagógico estabelece um segundo contraste, não apenas com a herança romântica, mas com o romance de aprendizagem de tipo goethiano: no lugar de um desenvolvimento contínuo do herói, a *Zauberberg* pintaria um herói essencialmente *passivo* (p. 122), receptivo aos extremos, mas sempre numa mesma distância, no "meio", como a própria Alemanha dilacerada entre o humanismo e o anti-humanismo, entre a ideologia do progresso e a da decadência. A única coisa que o herói pode ter aprendido é a se esquivar (*Abwendung*) (p. 127) de todas as impressões, conferências, conversações que deve suportar. Disso resulta que o acento deve ser igualmente posto na influência pedagógica exercida pelos outros protagonistas – Settembrini, Naphta, sra. Chauchat e Peperkorn –, se quisermos ter uma ideia justa do amplo afresco social que aproxima *A montanha mágica* de Balzac, na mesma medida em que a afasta de Goethe e, com ainda mais razão, de Novalis. Hans Meyer certamente não ignora a oposição entre o tempo da região baixa e o tempo da região alta; chega a aproximá-la expressamente da oposição que Bergson faz entre o plano da ação e o plano do sonho. Mas, no que concerne ao próprio Hans Castorp, ele sustenta que, entre os parasitas burgueses do Berghof, todos condenados à morte, Hans Castorp não podia aprender nada, porque não havia nada para aprender (p. 137). É nesse ponto que minha interpretação difere da de Hans Meyer, sem concordar com a de Hermann Weigand. O que havia para aprender no Berghof era uma nova relação com o tempo e com seu apagamento, cujo *modelo se encontra na relação irônica do narrador com sua própria narrativa*. A esse respeito, encontro apoio no notável estudo que Hans Meyer dedica à passagem da ironia à paródia em Thomas Mann (*op. cit.*, pp. 171-83).

roman é instaurado pela simples menção das três semanas[30]. Mas não é só isso: na releitura, a voz narrativa é reconhecida logo na primeira caracterização do herói como um jovem "simples" (*einfach*), que ecoará nas últimas linhas do romance, em que o narrador interpela cruamente seu herói: "Aventuras da carne e do espírito que elevaram (*steigerten*) tua simplicidade permitiram-te superar no espírito aquilo a que provavelmente não sobreviverás na carne" (p. 757). Além disso, a ironia dessa voz dissimula-se na aparente constatação: "Ia de visita por três semanas." Na releitura, essas três semanas contrastarão com os sete anos passados no Berghof. Uma questão está assim subentendida nesse inocente começo: o que acontecerá com a simplicidade desse jovem, quando seu projeto for despedaçado pela aventura que ele próprio pôs em marcha? Sabemos que a duração da estada será o motor dramático de toda a narrativa.

Nesse brevíssimo primeiro capítulo, o narrador serve-se pela primeira vez da relação com o espaço para significar a relação com o tempo; o afastamento do país natal age como o esquecimento: "Dizem que o tempo é como o rio Lete. Mas o ar dos lugares longínquos é uma poção semelhante e, embora seu efeito seja menos radical, não deixa de ser mais rápido" (p. 8). Ao chegar ao Berghof, Hans Castorp traz a visão do tempo da região baixa. As primeiras discussões entre Hans e o primo Joachim, já aclimatado ao tempo da região alta, trazem para o primeiro plano a discordância entre duas maneiras de existir e habitar. Hans e Joachim não falam a mesma língua sobre o tempo: Joachim já perdeu a precisão das medidas: "Três meses são para eles como um dia... aqui nossas concepções mudam" (p. 11). Cria-se assim uma expectativa no leitor; a conversação não servirá apenas, como aqui, de simples procedimento para fazer surgir, no plano da linguagem, a diferença entre maneiras de

---

30. Richard Thieberger, em *Der Begriff der Zeit bei Thomas Mann, vom Zauberberg zum Joseph*, Baden-Baden, Verlag für Kunst und Wissenschaft, 1962 ("Die Zeitaspekte im Zauberberg", pp. 25-65), dedicou-se a reunir todas as considerações sobre o tempo que aparecem ou nas conversações, ou nos pensamentos (em outras palavras, no discurso interior) atribuídos aos personagens da narrativa, ou no comentário do narrador. Devo a ele a escolha das citações mais típicas.

conceber e experimentar o tempo: será o meio privilegiado de aprendizado do herói[31]. O segundo dia, completo, contado pelo capítulo III, é feito de pequeníssimos acontecimentos que se atropelam; as refeições parecem se suceder sem parar; uma população heteróclita é descoberta num breve lapso de tempo que parece ao mesmo tempo bem preenchido e, sobretudo, exatamente ritmado pelos passeios, as sessões de termômetro, as paradas prolongadas; as conversações com Joachim, e depois com o primeiro preceptor, Settembrini, posto sem tardar em cena pelo narrador, agravam os mal-entendidos de linguagem já esboçados no dia anterior, o da "chegada". Hans Castorp espanta-se com as aproximações de Joachim[32]. Em seu primeiro encontro com Settembrini, ele defende suas "três semanas"[33].

---

31. O capítulo II opera um mergulho no passado. Esse retrospecto – de resto muito habitual no romance do século XIX e do início do século XX – não é estranho à construção do efeito de perspectiva de que falamos mais acima. O capítulo instaura, efetivamente, as *Urerlebnisse* [vivências ou experiências primitivas], para falar como Weigand (*op. cit.*, pp. 25-39), que vão subterraneamente guiar o crescimento espiritual que acompanha a diminuição do interesse pelo tempo medido: sentido da continuidade das gerações, simbolizada pela transmissão do jarro batismal; sentido que acompanha a morte, simultaneamente sagrada e indecente, sentida pela primeira vez diante dos despojos mortais do avô; sentido irrefreável da liberdade, figurada pelo gosto da experimentação e da aventura; tendência erótica, sutilmente evocada pelo episódio do empréstimo do lápis de Pribislav Hippe, o mesmo lápis que, na *Walpurgis Nacht*, Clawdia Chauchat pedirá que Hans Castorp lhe devolva. Além de essas *Urerlebnisse* encerrarem as energias tenazes que farão da experiência negativa do tempo uma experiência de *Steigerung* [elevação] interior, sua evocação *após* a cena da "chegada" e *antes* da narrativa agitada do primeiro dia, tem como função precisa desencadear a experiência maior do apagamento do tempo; era preciso ter conferido ao tempo essa antiguidade, essa espessura e essa densidade para dar a medida da perda experimentada, quando precisamente as medidas do tempo se desvanecem.

32. "Recentemente (*neulich*), faz, vejamos, talvez oito semanas... – Então, você não pode dizer 'recentemente', observou Hans Castorp atento e frio. – Como? Não posso dizer recentemente? Que homem meticuloso você é! Citei esse número sem muita precisão. Bem, faz algum tempo..." (p. 57).

33. "O Dio, três semanas! Ouviu, tenente? Não é quase impertinente dizer: ficarei três semanas e depois partirei? Não conhecemos aqui uma medida de tempo chamada 'semana', se me permite, senhor, transmitir-lhe esse conhecimento. Nossa menor unidade é o mês. Fazemos nossas contas em grande estilo (*im grossen Stil*), esse é um privilégio das sombras" (p. 63).

Mas a discussão com Settembrini já tem, desde o início, um viés diferente das conversas com Joachim; o mal-entendido já é o início de uma investigação, de uma busca; Settembrini tem razão: "Também a curiosidade faz parte de nossos privilégios" (p. 63). A seção intitulada *Gedankenschärfe* – "Lucidez" – introduz os pródromos de uma especulação que a arte da narrativa tentará incansavelmente narrativizar. Na cena do termômetro, a segurança de Hans se esfacela, mas não sua vigilância; não é em horários *fixos* e durante *sete* (sete!) minutos que a temperatura é tomada?[34] Hans se apega à ordem metódica do que poderíamos chamar de *tempo clínico*; mas é precisamente isso que transtorna o tempo. Ao menos Hans dá o primeiro passo na ordem da lucidez, dissociando o tempo, como aparece para o "*sentimento*" (*Gefühl*), do tempo medido pelo movimento da agulha percorrendo o mostrador do relógio (p. 69). Magras descobertas, sem dúvida, mas que não devemos deixar de atribuir à lucidez[35], mesmo que a perplexidade ganhe de longe[36]. Não é de pouca importância, para a educação de nosso herói, que

---

34. O próprio Joachim, pela maior experiência que ainda tem em comparação com Hans, é de grande ajuda para aguçar a perplexidade do primo: "Sim, quando se vigia o tempo, ele passa muito devagar. Gosto muito de tomar a temperatura quatro vezes por dia, porque, nesse momento, percebe-se de fato o que é na realidade um minuto, ou mesmo sete minutos, enquanto, aqui, ninguém faz o mínimo caso dos sete dias de uma semana, o que é terrível" (p. 70). O narrador continua: "Não estava nem um pouco habituado a filosofar e, contudo, sentia essa necessidade" (p. 71).

35. "Estou muito lúcido hoje. Afinal, que é o tempo? pergunta Hans Castorp" (p. 71). É engraçado acompanhar nosso herói parodiando Agostinho, que supostamente ignora. Mas certamente não o narrador!

36. "Ainda tenho uma infinidade de pensamentos sobre o tempo, um vasto complexo, posso garantir" (p. 72). "Meu Deus, ainda estamos no primeiro dia. Tenho a nítida impressão de estar aqui há muito, muito tempo... – Não recomece a divagar sobre o tempo, disse Joachim. Você já me deixou suficientemente confuso hoje de manhã. – Não se preocupe, já esqueci tudo, respondeu Hans Castorp. Todo o complexo. De resto, já não tenho as ideias muito claras neste momento, passou" (p. 88). "E, contudo, tenho por outro lado a impressão de não estar aqui há apenas um dia, mas há muito tempo, exatamente como se eu tivesse me tornado mais velho e mais inteligente... Sim, é essa minha impressão. – Mais inteligente também? perguntou Settembrini..." (p. 91).

uma primeira e súbita iluminação sobre o que o tempo pode verdadeiramente ser lhe seja dada em *sonho*. Como o próprio tempo se anuncia? Como "uma irmã muda, simplesmente como uma coluna de mercúrio desprovida de escala, para aqueles que quisessem trapacear" (p. 98). A cena do termômetro é simultaneamente retomada e abolida: as escalas desapareceram do termômetro; o tempo normal desapareceu, como num relógio que não mostrasse mais as horas. Por sua tonalidade "de alegria transbordante e de esperança" (p. 96), os dois sonhos reportados pertencem à sequência dos "momentos felizes" – para já falar como Proust – que balizarão a busca e para os quais as últimas linhas do romance chamarão a atenção numa segunda leitura: "momentos houve em que, nos sonhos que governavas (*ahnungsvoll und regierungsweise*), viste brotar da morte e da luxúria do corpo um sonho de amor" (p. 756). É verdade que esse sonho não está ainda entre aqueles que se pode dizer que o herói "governou". Ele indica ao menos uma curiosidade que, por estar cativa da atração erótica exercida por Clawdia Chauchat, é forte o suficiente para fazê-lo resistir ao conselho, que lhe prodigaliza Settembrini, de partir: "Passou a falar de repente com muita insistência..." (p. 93).

A erosão do sentido do tempo e de sua linguagem apropriada prossegue no grande capítulo IV, que abrange as três semanas que Hans Castorp se propusera passar como simples visitante no Berghof. A confusão das estações concorre para embaralhar as referências usuais do tempo, enquanto as intermináveis discussões político-culturais com Settembrini pegam fogo (Naphta ainda não foi introduzido). Para uma primeira leitura, essas intermináveis discussões tendem a fazer perder de vista o fio da experiência temporal do herói e a fazer o *Bildungsroman* sair dos limites do *Zeitroman*. Para uma segunda leitura, parece que o papel designado para o *Exkurs über den Zeitsinn* (pp. 108-12) – "Digressão sobre o tempo" – é reinserir o grande debate sobre o destino da cultura europeia na história do aprendizado realizado pelo herói e garantir assim o equilíbrio entre *Zeitroman* e *Bildungsroman*. Uma palavra serve de gancho nesse delicado ajuste que é obra exclusiva do narrador[37]: a "aclimatação" (*diesem Sicheinleben an fremden Ort*) (p. 110) (I, p. 157) como fenômeno ao mesmo tempo cultural e temporal. A digressão parte daí para se tornar ruminação do próprio narrador sobre a monotonia e o tédio: é falso, afirma-se, que essas impressões tornem mais lento o curso do tempo. Ao contrário: "O vazio e a monotonia sem dúvida alongam por vezes o instante ou a hora e os tornam tediosos, mas abreviam e aceleram as maiores quantidades de tempo, até reduzi-las a nada" (p. 110). Esse duplo efeito de abreviação e de alongamento retira toda univocidade da ideia de extensão de tempo, e não permite mais do que uma resposta à questão "Há quanto tempo?" "Há muito tempo" (p. 112).

O tom geral do *Exkurs* é sobretudo de alerta: "No fundo, é uma aventura singular essa aclimatação a um lugar estranho, essa adaptação e essa transformação por vezes penosas à qual as pessoas se sujeitam só para variar e com o firme propósito de renunciar a ela assim que ela terminar e de voltar ao estado anterior" (p. 110). Quando não se trata absolutamente de uma interrupção, de um intervalo no curso principal da vida, o que uma monotonia ininterrupta demais ameaça fazer perder é a própria consciência da duração, "essa consciência está tão estreitamente filiada e ligada à sensação de vida que uma não pode ser enfraquecida sem que a outra sofra e definhe também" (p. 110). A expressão "sensação de vida" (*Lebensgefühl*) não é, sem dúvida, desprovida de alguma ironia. Contudo, atribuindo pensamentos análogos ao seu herói, o narrador ressalta que não está muito na frente dele no caminho da lucidez[38].

---

37. O narrador, intervindo sem pudor, declara: "Essas observações são aqui intercaladas porque o jovem Hans Castorp tinha pensamentos análogos" (I, p. 159).

38. "Hans Castorp ainda tinha que aprender a cada passo, observar de mais perto as coisas olhadas superficialmente e acolher o novo com uma receptividade juvenil" (p. 112). No mesmo sentido, o narrador fala do espírito empreendedor (*Unternehmungsgeist*) de Hans Castorp. Thieberger aproxima esse *Exkurs* da apologia que Joachim faz da música que, pelo menos, conserva uma ordem, divisões precisas. Settembrini reforça: "A música desperta o tempo, desperta-nos para o mais refinado gozo do tempo... Desperta... E, nessa medida, é moral. A arte é moral na medida em que desperta" (I, pp. 172-6). Mas Hans Castorp opõe sua distração à diatribe moralizante dos preceptores.

Ora, a curiosidade do herói nunca fica embotada, mesmo que às vezes lhe aflore o desejo "de escapar de uma vez por todas ao círculo mágico (*Bannkreis*) do Berghof, de respirar profundamente ao ar livre" (p. 124).

Para o apagamento do tempo, do qual o herói é assim a vítima parcialmente lúcida, concorre ainda o aparecimento, num estado de sonho acordado, de Pribislav Hippe, o ginasiano do lápis, cujos olhos e cujo olhar se tornam os de Clawdia Chauchat. Graças ao caráter emblemático desse *leitmotiv* do lápis emprestado e devolvido[39] (que oferecerá ao narrador um fim enigmático para o episódio da *Walpurgisnacht*, de que falaremos mais adiante), esse episódio que Thieberger chama, de modo apropriado, de *verträumte Intermezzo* [intermezzo sonhado], esse episódio faz vir à tona a profundidade de um tempo cumulativo, já sondado pelo retrospecto do capítulo II – profundidade que, por sua vez, confere ao instante presente uma espécie de duração infinita (p. 129). É com base nessa profundidade que será edificada, mais tarde, a sequência dos sonhos de eternidade.

Antes mesmo de as três semanas previstas terem escoado, para Hans, "a revivescência de seu senso de duração" enfraqueceu; contudo, os dias que passam voando não deixam de se estender "numa expectativa (*Erwartung*) sempre renovada" (p. 150): a atração por Clawdia e a perspectiva da partida dão ainda ao tempo movimento e tensão[40]. Mas, no final, quando o prazo de três semanas se avizinha, Hans Castorp já foi seduzido precisamente pelas ideias com as quais Joachim o acolhera: "Três semanas aqui tinham sido pouca coisa ou absolutamente nada. Todos não lhe haviam dito desde o primeiro dia? Ali, a menor unidade de tempo era o mês..." (p. 172). Acaso ele já não lamenta não ter reservado mais tempo para essa tem-

---

39. Entre os *leitmotiv*, citemos o prato batismal – "Essa peça ancestral que se transmitia invariavelmente de pai para filho" (I, p. 231) – e também o tremor de cabeça do avô (I, pp. 178, 203, 319, 499) (durante a noite de Walpurgis).

40. As vozes do narrador e do herói se juntam para pontuar: "Sim, o tempo é um singular enigma; como desvendá-lo?" (p. 150). A lucidez se reduz ao suspense dessa questão.

porada? E, ao se submeter à regra do "termômetro" (subtítulo importante do capítulo IV) (p. 170), acaso não se tornou, como os outros doentes, presa da montanha mágica?[41]
"Aclimatado", Hans Castorp está contudo pronto para a primeira experiência de eternidade com a qual se abre o capítulo V, ainda mais longo que o precedente. O narrador, já no primeiro momento, retomou o controle das coisas, para voltar à questão da extensão do romance, posta pelo *Vorsatz*: "Num piscar de olhos – diz ele –, como já se vê, essas três semanas estarão mortas e enterradas" (p. 195). Aqui, a alegada estranheza da relação entre *Erzählzeit* e *erzählte Zeit* concorre para destacar a estranheza da própria experiência, feita pelo herói da ficção: são as leis da narração, diz ele, que determinam que a experiência do tempo de escrita e de leitura se encolha na medida da aventura do herói; agora que a lei do alto o conquistou, não resta senão mergulharmos na espessura do tempo. Não há mais testemunha de baixo. O tempo do sentimento eliminou o tempo dos relógios. Desse modo, abre-se o mistério do tempo, para nossa *surpresa* (a palavra volta duas vezes) (p. 195).

O episódio *Ewigkeitssuppe und plözliche Klarheit* – "Sopa eterna e clareza repentina" (pp. 195 ss.) – não contém propriamente um dos "milagres" anunciados, mas mais precisamente o palco – ou mesmo os bastidores – no qual os "milagres" decisivos se desenrolarão. Estranha eternidade, de fato, essa eternidade *identitária*. É ainda a voz narrativa que diz dessa sequência de dias semelhantes passados na cama: "Trazem-te a sopa para o almoço, como a trouxeram ontem e como a trarão amanhã... É um presente fixo, no qual trazem eternamente a sopa. Mas seria paradoxal falar de tédio a respeito da eternidade; e queremos evitar os paradoxos, principalmente em companhia de nosso herói" (p. 195). A ironia do tom não deixa dúvidas. Essa notação é contudo da maior importância; o leitor deve retê-la, no tempo cumulativo da releitura que esse tipo de romance requer parti-

---

41. Ao final de duas semanas, o regime dos de cima "começara a adquirir a seus olhos uma intangibilidade quase sagrada e natural, de tal modo que a vida de baixo, na planície, vista dali, parecia-lhe quase singular e como que de ponta-cabeça" (p. 157).

cularmente: o sentido da *Ewigkeitssuppe* deve permanecer em suspenso até que a réplica lhe seja dada pelas duas outras experiências de eternidade, a da "Noite de Walpurgis" no final desse mesmo capítulo e a da cena da "Neve" no capítulo VII.

O elemento narrativo que sustenta esse comentário do narrador é a nova condição de Hans Castorp, preso, por ordem do doutor Behrens, no leito de morte da pensionista precedente; três semanas dessa eternidade são percorridas a galope em dez páginas. Conta apenas "a eternidade imóvel dessa hora" (p. 202), que também se exprime por um acúmulo de observações sobre a hora; não se sabe mais em que dia se está; mas sabe-se qual a hora desse "dia esfacelado e artificialmente reduzido" (p. 204). Cabe a Settembrini contar, no tom do letrado, do humanista político, a relação que todas as coisas, religião e amor, mantêm com a morte. A radioscopia pode trazer brutalmente o diagnóstico fatal: Hans Castorp já é a presa viva da doença e da morte. A visão de seu próprio fantasma na tela luminosa do doutor Behrens é uma prefiguração de sua própria decomposição, um olhar para a própria tumba: "Com olhos penetrantes de visionário, e pela primeira vez na vida, entendeu que morria" (p. 233).

A última contagem exata do tempo – por uma nova ironia do narrador – para em sete semanas, as sete semanas que Hans Castorp se propunha passar no Berghof: é o narrador que faz essa contagem para nós (pp. 233-4). Não é insignificante que a última contagem (contaremos seis semanas até o Natal e sete até a famosa "noite") encontre-se sob o título da subseção *Freiheit* (p. 233), "Liberdade". O progresso da educação de Hans Castorp é inseparável da vitória sobre esse último suspiro da preocupação com o tempo datado. Mais importante ainda: nosso herói aprende a se destacar de seu mestre pensador italiano, à medida que se destaca do tempo[42]. Mas não se liber-

---

42. É notável que, em seu desprezo pelos russos e sua pródiga negligência com relação ao tempo, o preceptor italiano faça o elogio do Tempo: "Um dom dos Deuses, dado ao homem para que ele o aproveite, para que o aproveite de um modo útil, engenhoso, a serviço do progresso da humanidade" (p. 258). Weigand não deixa de ressaltar aqui o jogo sutil entre o espírito alemão, o espírito italiano e o espírito eslavo. Esse jogo constitui uma das inúmeras sobredeterminações dessa lenda do tempo.

tará dele antes de escapar ao niilismo da *Ewigkeitessuppe*, o qual, em contrapartida, não cessa de apor seu selo mórbido no amor, confundido com a doença e a morte[43].

A partir de então, a educação de Hans Castorp adquirirá as cores de uma emancipação pela graça do tempo vazio (p. 304). Uma outra subseção desse longo capítulo, durante o qual o tempo extrapola seus marcos e ultrapassa sete semanas, intitula-se *Forschung* (p. 283) – *Pesquisas*. Está carregado de aparentes digressões sobre a anatomia, a vida orgânica, a matéria, a morte, a mistura da volúpia com a substância orgânica, da corrupção com a criação. Por mais que se vanglorie de suas leituras anatômicas, é contudo sozinho que Hans fará sua educação sobre o tema da vida em sua relação com a volúpia e a morte, sob o emblema do esqueleto da mão radiografada. Hans Castorp já se tornou um observador – como o narrador. A "Pesquisas" sucede a *Totentanz* (p. 303) – *Dança macabra*: três dias de festividades em honra do Natal, em que não se vislumbra nenhum raio da Natividade, mas que será apenas marcado pela contemplação do cadáver do defunto *"Gentleman rider"*. O caráter sagrado e indecente da morte, entrevisto no passado, em face dos despojos mortais do avô, impõe-se novamente. Por mais macabro que seja o impulso que leva Hans Castorp da cabeceira de um moribundo a outra, é a preocupação de prestar homenagem à vida que o move, na medida em que a honra prestada à morte parece-lhe o caminho necessário dessa homenagem (pp. 313-4). Um "filho dileto da vida", na graciosa expressão de Settembrini, só pode cuidar dos "filhos da morte" (p. 326). Não saberíamos dizer, nesse estágio, se, na experiência que o modifica, Hans Castorp é prisioneiro das pessoas do alto ou se está no caminho da liberdade.

---

43. O autor conduz, mais uma vez, o leitor pela mão: "Como todo o mundo, reivindicamos o direito, na narrativa que se desenrola aqui, de nos entregarmos a nossas reflexões pessoais, e arriscamos a suposição de que Hans Castorp não teria ultrapassado, até o ponto em que chegamos, o prazo preestabelecido para sua estadia, se sua alma simples tivesse encontrado nas profundezas do tempo algumas respostas satisfatórias quanto ao sentido e ao objetivo desse serviço encomendado: viver" (p. 244).

É nesse estado indeciso, em que a atração do macabro tende a ocupar o lugar deixado livre pelo apagamento do tempo que, poucos dias antes de concluir os sete primeiros meses de sua estadia, muito exatamente na véspera da terça-feira gorda e, portanto, por ocasião do carnaval, o herói é envolvido pela extraordinária experiência que o irônico narrador intitulou *Walpurgisnacht* (pp. 340 ss.) – *Noite de Walpurgis*. Começa com um Hans Castorp meio bêbado tuteando Settembrini, que não deixa de aí perceber a independência de seu "aluno" ("Isso soa como um adeus..."; p. 348), e culmina na conversa quase delirante com Clawdia Chauchat, no meio do "baile dos doentes fantasiados"[44]. Desse galanteio em "tu", que começa e termina com o jogo do lápis emprestado e devolvido – o lápis de Hippe! –, surge uma visão meio onírica, na qual paira um senso de eternidade – eternidade sem dúvida muito diferente da *Ewigkeitssuppe*, mas contudo eternidade *sonhada*: "É como um sonho para mim, sabes, que fiquemos assim, *como um sonho singularmente profundo, pois é preciso dormir muito profundamente para sonhar assim... Quero dizer que é um sonho bem conhecido, desde sempre sonhado, longo, eterno, sim; estar sentado perto de ti como agora, eis a eternidade*" (pp. 355-6) (as palavras em itálico estão em francês no texto). Eternidade sonhada, que o anúncio, por Clawdia, de sua partida próxima, recebido como a notícia de um cataclismo, basta para fazer vacilar. Mas Clawdia, pregando a liberdade pelo pecado, pelo perigo, pela perda de si, terá sido para Hans mais do que as sereias para Ulisses, quando este manda que o amarrem ao mastro de seu navio para resistir a seus cantos? O corpo, o amor e a morte estão fortemente ligados, a doença e a volúpia, a beleza e a degradação demasiado confundidas, para que a perda do senso do tempo contado seja compensada pela coragem de viver, cujo preço é essa perda[45].

---

44. Tal baile não faz pensar irresistivelmente no jantar de máscaras em *À la recherche du temps perdu*, depois da visão decisiva na biblioteca do duque de Guermantes?

45. A ironia da última frase – "E ela saiu" – deixa o leitor sem saber o que Clawdia e Hans fizeram no resto da noite de carnaval. Mais tarde, a confidência ao pobre Wehsal excitará nossa curiosidade sem satisfazê-la. O irônico autor

A *Ewigkeitssuppe* só teve como sequência uma eternidade de sonho, uma eternidade de carnaval: *Walpurgisnacht*!

A composição do capítulo VI que, sozinho, estende-se por mais da metade da segunda parte de *A montanha mágica*, é uma boa ilustração da diferença, não apenas entre *Erzählzeit* e *erzählte Zeit*, mas entre o tempo narrado e a *experiência do tempo* projetada pela ficção.

No plano do tempo narrado, o arcabouço narrativo é assegurado pelos diálogos, cada vez mais raros e cada vez mais dramáticos, entre os do alto e os de baixo, diálogos que figuram ao mesmo tempo os assaltos do tempo normal à duração destemporalizada que é o quinhão comum do Berghof. Joachim, possuído pela vocação militar, foge do sanatório. Naphta, o segundo preceptor – jesuíta de origem judaica, simultaneamente anarquizante e reacionário –, é introduzido na história, rompendo o cara-a-cara entre Settembrini e Hans Castorp. O tio-avô de Hamburgo, como delegado dos de baixo, tenta em vão arrancar o sobrinho do feitiço. Joachim volta ao Berghof para ali morrer.

De todos esses acontecimentos, emerge um episódio – *Schnee* (p. 493), *Neve* – que é o único que merece se inscrever na sequência dos instantes de sonho e devaneio de amor evocados nas últimas linhas do romance, "instantes" (*Augenblick*) que permanecem picos descontínuos, em que o tempo narrado e a experiência do tempo encontram simultaneamente o ápice. Toda a arte da composição consiste em produzir essa conjunção entre tempo narrado e experiência do tempo no ponto culminante.

Abaixo desse cimo e antes de chegar a ele, as ruminações de Hans Castorp sobre o tempo – ampliadas pelas do narrador – distendem, quase até a ruptura, o quadro narrativo que acabamos de traçar, como se a própria história do aprendizado es-

---

observa então: "Temos razões (...) para nos calar diante de nossos leitores" (p. 451). Mais tarde, quando volta, Clawdia ainda falará de "nossa noite como uma noite de sonho" (p. 631). A curiosidade de Mynheer Peeperkorn não conseguirá levantar o véu.

piritual não cessasse de se libertar das contingências materiais. Aliás, é o narrador que ocupa a primeira cena, ajudando de algum modo seu herói a colocar os pensamentos em ordem, tanto a perspectiva do tempo, subtraindo-se à cronologia e aprofundando-se, decompunha-se em perspectivas irreconciliáveis. Perdendo o tempo mensurável, Hans Castorp chegou às mesmas aporias que nossa discussão sobre a fenomenologia do tempo em Agostinho fez surgir e que dizem respeito às relações entre o tempo da alma e a mudança física: "Que é o tempo? Um mistério! Sem realidade própria, é todo-poderoso. É uma condição do mundo fenomenal, um movimento ligado e mesclado à existência dos corpos no espaço e a seu movimento" (p. 365). Assim, uma vez desligado da medida, não é o tempo *interior* propriamente dito o problema, mas a impossibilidade de conciliá-lo com aspectos *cósmicos* do tempo que, longe de ter desaparecido junto com todo o interesse pela passagem do tempo, vão ser progressivamente exaltados. O que preocupa Hans Castorp é precisamente a equivocidade do tempo – sua eterna circularidade e sua capacidade de produzir mudança: "É inútil continuar indagando? O tempo é ativo, ele produz. O que produz? A mudança" (*ibid.*). O tempo é um mistério, precisamente porque as percepções que se impõem a seu respeito não podem ser unificadas. (É exatamente isso o que, para mim, constitui o enigma insuperável. Por isso perdoo facilmente o narrador por parecer soprar a Hans Castorp seus pensamentos[46].) Como o romance se afastou da simples ficção do apagamento de um tempo mensurável! O que esse apagamento liberou de algum modo foi o contraste entre a eternidade imóvel e as mudanças produzidas, quer se trate das mudanças visíveis das estações e da renovação da vegetação (pelas quais Hans Castorp ganha novo interesse) ou dessas mudanças mais dissimuladas, que Hans Castorp experimentou em si mesmo – e isso apesar da *Ewigkeissuppe* – graças à sua atração erótica por Clawdia, depois por ocasião do momento de plenitude da *Walpurgisnacht*

---

46. "Hans Castorp colocava-se essas questões e outras semelhantes... Para si mesmo, ele só colocava essas questões, porque desconhecia as respostas" (p. 365).

e agora na *expectativa* de seu retorno. A paixão de Hans Castorp pela astronomia, que suplanta no momento a paixão pela anatomia, confere então à experiência monótona do tempo proporções cósmicas. A contemplação do céu e dos astros dá à fuga do tempo uma paradoxal fixidez que se avizinha da experiência nietzchiana do eterno retorno. Mas quem poderia lançar uma ponte entre a eternidade sonhada da *Walpurgisnacht* e a eternidade contemplada da fixidez do céu?[47]

O aprendizado de Hans Castorp passa agora pela descoberta da equivocidade dos pensamentos na e pela confusão dos sentimentos[48]. Essa descoberta não constitui um avanço pequeno, comparada à estagnação dos hóspedes do Berghof no simples não tempo. No incomensurável, Hans Castorp descobriu o imemorial ("Esses seis meses imemoriais e que, contudo, tinham-se desvanecido num piscar de olhos"; p. 367).

Essa profunda mudança na experiência do tempo é inscrita, pelo narrador, na sequência dos acontecimentos que constituem o tempo narrado do romance. Por um lado, a expectativa do retorno de Clawdia torna-se a ocasião de um outro aprendizado: o da resistência com relação à ausência. Hans Castorp é agora forte o bastante para resistir à tentação de deixar a montanha mágica com Joachim: não, não partirá com ele, não desertará para a região plana ("Pois eu sozinho nunca mais reencontrarei o caminho que conduz à planície"; p. 438). A eternidade imóvel realizou ao menos sua obra negativa, o desaprendizado da vida. Essa passagem pelo negativo constitui por excelência a peripécia central tanto do *Bildungsroman* quanto do *Zeitroman*. Por sua vez, o "assalto rechaçado" (esse é o título do episódio) do tio-avô Tienappel, vindo de Hamburgo para marcar a data do retorno do fugitivo, só consegue transformar em obstinação a resistência que permanece a única réplica disponível

---

47. Thieberger tem certamente razão de evocar aqui *José e seus irmãos*, que liga a paixão pela observação do céu tanto ao arcaísmo dos mitos quanto à antiguidade da sabedoria.

48. "Se reflito e esforço-me para dizer a verdade, o leito, ou melhor, a espreguiçadeira, me fez avançar mais e me deu mais ideias que o moinho da planície durante todos os anos passados; é inegável" (p. 398).

à ação destruidora da eterna vanidade. A partir de então, Hans tornar-se-ia o refém do doutor Behrens e de sua ideologia médica, que nada mais faz que redobrar o culto da doença e da morte reinante no Berghof? Ou seria o novo herói de uma gnose da eternidade e do tempo? As duas interpretações são cuidadosamente propiciadas pelo narrador. Hans Castorp certamente desaprendeu a vida, por isso sua experiência é evidentemente suspeita. Em contrapartida, sua resistência aos assaltos da região plana "significava a liberdade perfeita que pouco a pouco cessara de fazer seu coração estremecer" (p. 463)[49].

Essa liberdade, Hans Castorp a exerce principalmente com relação a seus mentores, Settembrini e Naphta. O narrador fez o segundo aparecer muito oportunamente na segunda parte de sua narrativa, dando assim a seu herói a ocasião de se manter à mesma distância de dois educadores irreconciliáveis e, assim, assumir insensivelmente a posição superior que ele, narrador, ocupa ostensivamente desde o *Vorsatz*. Ora, Naphta não representa uma tentação menor que Settembrini e seu humanismo otimista. Suas divagações, nas quais Settembrini vê apenas um misticismo da morte e do assassinato, afinam-se subterraneamente com a lição da mensagem deixada por Clawdia na famosa *Walpurgisnacht*: se não fala de salvação pelo mal, professa que a virtude e a saúde não são estados "religiosos". Esse estranho cristianismo tingido de nietzchianismo – ou de comunismo[50] –, segundo o qual "ser homem é ser doente" (p. 490), representa no romance da educação de Hans Castorp o papel da tentação diabólica, do enredamento no negativo figurado pela *Ewigkeitssuppe*. Mas nem o tentador nem o enviado da região plana conseguem interromper o intrépido experimento do herói.

---

49. Seus longos passeios de esqui não deixam de ter relação com essa conquista da liberdade. Dão-lhe até mesmo o socorro de um emprego ativo do tempo, que prepara o episódio crucial de "Neve".
50. Suas divagações têm por vezes o tempo por tema. Naphta polemiza contra a "exploração criminosa" do tempo, essa "instituição divina, válida para todos", que só pertence a Deus (p. 425). Cf. também sua apologia do tempo comunista "pelo qual ninguém mais deveria ser remunerado" (p. 430).

O episódio intitulado *Schnee* (pp. 493 ss.) – "Neige" (Neve) –, do qual falaremos agora, o mais decisivo desde a *Walpurgisnacht*, ganha relevo por suceder imediatamente o episódio das manigâncias diabólicas de Naphta (episódio significativa e ironicamente intitulado *"Operationes spirituales"*). É também importante que tenha como cenário a fantasmagoria do *espaço* coberto de neve, a qual, curiosamente, assemelha-se à brancura das praias do mar: "A monotonia sempiterna da paisagem era comum às duas esferas" (p. 497). A montanha devastada pela neve é na verdade mais que um cenário para a cena decisiva: é o equivalente *espacial* da própria experiência temporal. *Das Urschweigen* (p. 501) – *Silêncio eterno* – une o espaço e o tempo numa mesma simbologia. Além disso, o conflito entre o esforço humano e a natureza e os obstáculos que ela lhe opõe simboliza exatamente a mudança de registro da relação entre tempo e eternidade – foco espiritual do episódio[51]. Tudo muda quando, a coragem tendo se transformado em *desafio* – essa "recusa obstinada da prudência razoável" (p. 507) –, o lutador, embriagado pelo cansaço (e pelo vinho do Porto), é visitado por uma visão de verdor e de azul, de cantos de pássaros e de luz: "Era assim, agora, com sua paisagem que se metamorfoseava, que se transfigurava progressivamente (*sich öffnete in wachsender Verklärung*) (p. 517). Evidentemente, a lembrança de um Mediterrâneo jamais visitado, mas conhecido "desde sempre" [*von je, ibid.*], não é isenta de terror (as duas velhas que dilaceram uma criança, em cima de uma bacia, entre as chamas de um braseiro...): Como se o feio estivesse irremediavelmente ligado ao belo! Como se a desrazão e a morte pertencessem à vida – "senão, a vida não seria vida" (p. 522)! Mas agora Hans não tem mais nenhuma necessidade de seus preceptores. Ele *sabe*. O que sabe? *"O homem não deve deixar a morte reinar sobre seus pensamentos em nome da bondade e do amor"* (p. 523) (em itálico no texto).

---

51. "Numa palavra: Hans Castorp demonstrava coragem lá em cima, se entendermos por coragem em face dos elementos, não um sangue-frio obtuso na sua presença, mas uma entrega consciente de si e um triunfo sobre o medo da morte, obtido por meio da simpatia por eles" (p. 502).

Assim, à eternidade sonhada da *Walpurgisnacht*, indiscernível do culto da doença e da morte, responde uma outra eternidade – "desde sempre" – que é ao mesmo tempo a recompensa e a origem da coragem de viver.

Importa menos, então, que Joachim volte ao Berghof e que sua volta se inscreva aparentemente na mesma ausência de gravidade temporal que, anteriormente, a chegada de Hans. As controvérsias podem se encarniçar entre Settembrini e Naphta sobre o tema da alquimia e da franco-maçonaria: uma nova relação com o mundo da doença e da morte se estabelece, anunciando uma mudança secreta da relação com o próprio tempo. O episódio da morte de Joachim o comprova. É sem repugnância nem atração que Hans assiste o moribundo e fecha os olhos do morto[52]. O sentimento perdido da extensão do tempo decorrido, a confusão das estações podem ter precipitado esse desinteresse pelas medidas do tempo – "Pois perdemos o tempo e ele nos perdeu" (p. 576) – a vida retoma pouco a pouco a primazia sobre o fascínio pela doença.

É esse novo interesse pela vida que é posto à prova ao longo de todo o capítulo VII, marcado essencialmente pelo retorno ao Berghof de Clawdia Chauchat, inopinadamente acompanhada por Mynheer Peeperkorn. A extravagância das cóleras reais, o delírio báquico do gigante holandês inspiram em Hans Castorp menos o ciúme esperado que uma reverência temerosa, progressivamente substituída por uma espécie de afabilidade alegre. Assim, apesar da renúncia a Clawdia que essa insólita chegada impõe, o benefício não é pequeno: primeiro, os dois "educadores" do "insignificante herói" perderam toda ascendência sobre ele, por serem comensurados a esse personagem ao qual o narrador confere – por pouco tempo – uma presença e uma potência fora do comum. É principalmente a es-

---

52. Ninguém deixará de notar a ironia do título desse episódio: *Als Soldat und brav* [Como um soldado, como um valente] (p. 525). Joachim foi arrancado do ofício das armas para morrer num sanatório; mas sua sepultura é a de um soldado: premonição de todas as sepulturas cavadas pela Grande Guerra, a mesma guerra que, no fim do capítulo VII, cairá sobre o Berghof como um trovão.

tranha relação triangular que se instala entre Mynheer, Clawdia e Hans que requer deste último um domínio das emoções em que a malícia se alia à submissão. Incitados pelo holandês, as próprias decisões adquirem um viés delirante e burlesco. O confronto com Clawdia é muito mais difícil de apreciar, porque a ironia do narrador faz vacilar o sentido aparente; a palavra gênio vem à superfície: "Essas regiões geniais", "um sonho genial", "a morte é o princípio genial", o "caminho genial" etc. (p. 630). Nosso herói acaso se tornou, como replica Clawdia, um filósofo desvairado? Estranha vitória sobre os preceptores, se o *Bildungsroman* só produz um "gênio" ávido de hermenêutica e de ocultismo[53]. Mas a hipótese menos razoável seria a de esperar de nosso herói um crescimento retilíneo, como Settembrini imagina o Progresso da Humanidade! O suicídio do holandês, a confusão de sentimentos que se segue, lançam Hans num estado para o qual o narrador só encontrou um nome: *Der grosse Stumpfsinn* (p. 661) – *O grande estupor*[54]. O grande estupor: "Nome grave e apocalíptico, próprio para inspirar uma secreta ansiedade... Sentia medo. Parecia-lhe que 'tudo aquilo' não podia acabar bem, que tudo acabaria com uma catástrofe, com uma revolta da natureza paciente, com uma explosão, com uma tempestade que varreria tudo, romperia o feitiço que pesava sobre o mundo, arrancaria a vida do 'ponto morto', e que o período de depressão seria seguido de um terrível juízo final" (p. 671). Os jogos de cartas, substituídos pelo fonógrafo, não lhe fazem dar um único passo para fora desse estado. Mesmo por trás de uma ária de Gounoud e do canto do Amor Proibido, o que vê erguer-se é a Morte. O gozo e a degenerescência não foram pois separados um do outro? Ou a renúncia e o autodomínio adquirem as mesmas cores que as mórbidas afei-

---

53. O beijo na boca, à moda russa, que o narrador aproxima da maneira "levemente equívoca" (p. 633) com que o doutor Krokowski falava do amor em suas inquietantes conferências, marcaria uma derrota ou uma vitória – ou, mais sutilmente, um irônico alerta a respeito do sentido vacilante da palavra amor, oscilando entre a piedade e a volúpia?

54. "Ele só via coisas lúgubres, inquietantes, e sabia o que via: a vida fora do tempo, a vida sem cuidados e sem esperanças, a vida, impudor de uma estagnação ativa, a vida morta" (II, p. 390).

ções que eles supostamente venceram? A sessão de espiritismo (que recebe bem apropriadamente o subtítulo *Fragwürdigstes* (p. 691) – *Dúvida suprema*), que culmina com a aparição fantasmática do primo Joaquim, leva a experimentação sobre o tempo às fronteiras incertas do equívoco e da impostura. "A estranheza inquietante" (p. 738) da cena do duelo entre Settembrini e Naphta (Settembrini atira para cima e Naphta mete uma bala na cabeça) leva a confusão ao ponto máximo. "Eram tempos tão estranhos..." (p. 743).

Explode o "trovão" – *Der Donnerschlag* – que todos nós conhecemos, a explosão ensurdecedora de uma mistura funesta de estupor e de irritação acumuladas – títulos das duas seções precedentes –, um trovão histórico..., "o trovão que destrói a montanha mágica (assim chamada pela primeira vez) e expulsa brutalmente nosso sonhador acordado" (p. 750). Assim fala a voz do narrador. Bruscamente, anula-se a distância, e a própria distinção, entre região alta e região plana. Mas é a irrupção do *tempo histórico* que fratura de fora a prisão enfeitiçada. Assim, ressurgem todas nossas dúvidas sobre a realidade do aprendizado de Hans Castorp: seria capaz de se libertar do sortilégio do alto, sem ser arrancado do círculo encantado? A experiência dominante, esmagadora, da *Ewigkeitssuppe* foi algum dia superada? O herói poderia ter feito mais que deixar superporem-se experiências inconciliáveis, por não poder pôr à prova da ação sua capacidade de integrá-las? Ou devemos dizer que a situação na qual sua experiência se desenvolveu era a mais apropriada para revelar a irredutível pluralidade das significações do tempo? E que a confusão da qual a grande história o arranca era o preço a pagar para colocar a nu o próprio paradoxo do tempo?

O epílogo não é feito para eliminar a perplexidade do leitor: num último acesso de ironia, o narrador mistura a silhueta de Hans Castorp às outras sombras da grande carnificina: "E é assim que, no tumulto, na chuva, no crepúsculo, o perdemos de vista" (p. 757). De fato, seu destino de combatente depende de uma outra história, da história do mundo. Mas o narrador sugere que entre a história contada – "ela não foi nem breve nem longa, é uma história hermética" (p. 757) – e a história do

Ocidente que se desenrola nos campos de batalha, existe um laço de analogia que, por sua vez, coloca uma questão: "Dessa outra festa da morte... surgirá um dia o amor?" (*ibid.*). O livro termina com essa questão. O importante, porém, é que ela seja precedida por uma afirmação menos ambígua, que só diz respeito à história contada: é o tom firme dessa outra questão que insinua uma nota de esperança na própria questão final. O julgamento que o narrador faz sobre sua própria história toma aqui a forma retórica de uma interpelação do herói: "Aventuras da carne e do espírito que elevaram tua simplicidade (*die deine Einfachheit steigerten*) permitiram-te superar no espírito aquilo de que provavelmente não sobreviverás na carne. Momento houve em que, nos sonhos que governavas, viste brotar da morte, da luxúria do corpo um sonho de amor" (*ibid.*). A elevação (*Steigerung*), evocada aqui, permitiu sem dúvida ao herói "sobreviver em espírito" (*im Geist überleben*), deixando-lhe pouca chance de "sobreviver na carne" (*im Fleisch*). Faltou-lhe a prova da ação, critério supremo do *Bildungsroman*. Nisso consiste a ironia, talvez mesmo a paródia. Mas o fracasso do *Bildungsroman* é o avesso do sucesso do *Zeitroman*. O aprendizado de Hans Castorp limita-se à emergência de alguns momentos (*Augenblick*) que, considerados no conjunto, têm como única consistência a de um "sonho de amor". Ao menos, os sonhos dos quais surgiu esse sonho de amor foram "governados" pelo herói. (A esse respeito, a tradução francesa das duas palavras-chave *ahnungsvoll* e *regierungsweise*[55] é fraca demais para transmitir o peso da única mensagem positiva que o irônico narrador comunica ao leitor no ponto mais alto da perplexidade à qual o levou.) Consequentemente, a ironia do narrador e a perplexidade do leitor não são simultaneamente a imagem e o modelo das do herói, no momento da interrupção brutal de sua aventura espiritual?

---

55. "*Augenblicke kamen, wo dir aus Tode und Körperunzucht ahnungsvoll und regierungsweise ein Traum von Liebe erwuchs*" (p. 756) [Havia momentos em que a morte e a luxúria te faziam ter um sonho de amor cheio de pressentimentos e que te governava].

Se perguntarmos agora que recursos *Der Zauberberg* pode trazer para a refiguração do tempo, mostra-se muito claramente que não é uma solução especulativa para as aporias do tempo que se deve esperar do romance, mas, de certo modo, sua *Steigerung,* sua *elevação de um grau.* O narrador escolheu livremente uma situação extrema em que o apagamento do tempo mensurável já está dado quando ele introduz o herói. O aprendizado ao qual essa prova o condena constitui por sua vez uma experiência de pensamento que não se limita a refletir passivamente essa condição de ausência de gravidade temporal, mas explora os paradoxos da situação limite assim posta a nu. A conjunção, pela técnica narrativa, entre o romance do tempo, o romance da doença e o romance da cultura, é o *medium* que a imaginação do poeta produz para levar ao extremo a lucidez que tal exploração requer.

Iremos ainda mais longe: a oposição maciça entre o tempo normal dos habitantes da região baixa e a perda de interesse pelas medidas do tempo entre os do alto representa apenas o grau zero da experiência de pensamento realizada por Hans Castorp. O conflito entre a duração interior e a irrevogável exterioridade do tempo dos relógios não pode pois ser seu ponto crucial, como a rigor ainda podemos dizer a respeito de *Mrs. Dalloway.* À medida que se reduzem as relações entre os de baixo e os do alto, um novo espaço de exploração se abre, no qual os paradoxos que emergem são precisamente os que afligem a experiência interna do tempo, quando esta está desligada de sua relação com o tempo cronológico.

As mais frutuosas explorações quanto a isso concernem à relação entre o tempo e a eternidade. E, nesse ponto, as relações sugeridas pelo romance são extraordinariamente variadas: entre a "sopa eterna" do meio do tomo I, passando pelo "sonho bem conhecido, desde sempre sonhado, longo, eterno" da "Noite de Walpurgis", com o qual se finaliza o tomo I, até a experiência extática na qual culmina o episódio da "Neve" no tomo II, as diferenças são consideráveis. A própria eternidade expõe então seus próprios paradoxos, que a situação insólita do Berghof torna mais insólitos. O fascínio pela doença e pela corrupção revela uma eternidade de morte, cuja marca no tempo é a sempiterna repetição do Mesmo. Por seu lado, a contemplação do céu estrelado espalha uma bênção de paz em uma experiência em que a própria eternidade é corrompida pelo "mau infinito" do movimento sem fim. O lado cósmico da eternidade, que seria mais justo chamar de perpetuidade, é dificilmente conciliável com o lado onírico das duas experiências maiores da "Noite de Walpurgis" e do episódio da "Neve", em que a eternidade passa sutilmente da morte para a vida, sem contudo nunca conseguir unir eternidade, amor e vida, ao modo de Agostinho. Em contrapartida, o distanciamento irônico, que é talvez o estado mais "elevado" ao qual chega o herói, marca uma precária vitória sobre a eternidade da morte, que se assemelha à ataraxia estoica. Mas a situação insuperável de fascínio à qual esse distanciamento irônico replica não permite submeter este último à prova da ação. Apenas a irrupção da Grande História – *Der Donnerschlag* – pôde romper o feitiço.

O distanciamento irônico, graças ao qual Hans Castorp se junta ao narrador, permitiu ao menos que o herói abrisse um leque de possibilidades existenciais, mesmo que não conseguisse realizar sua síntese. Nesse sentido, a discordância supera finalmente a concordância. Mas a consciência da discordância foi "elevada" de um grau.

3. *À la recherche du temps perdu*: o tempo atravessado

Seria legítimo procurar em *À la recherche du temps perdu*[56] uma *fábula sobre o tempo*?

Paradoxalmente, isso foi contestado de diferentes maneiras. Não me deterei na confusão, que a crítica contemporânea já dissipou, entre o que seria uma autobiografia disfarçada de Marcel Proust, autor, e a autobiografia fictícia do personagem que diz eu. Sabemos agora que, se a experiência do tempo

---

56. Marcel Proust, *À la recherche du temps perdu*, texto estabelecido e apresentado por Pierre Clarac e André Ferré, Paris, Gallimard, col. "La Pléiade", 3 vols., 1954.

pode ser o ponto crucial do romance, não é em razão dos empréstimos feitos à experiência de seu autor *real*, mas em virtude do poder que tem a ficção literária de criar um herói narrador que empreende certa busca de si mesmo, cujo ponto crucial é precisamente a dimensão do tempo. Resta determinar como. Apesar da homonímia parcial entre "Marcel", o herói-narrador da *Recherche*, e Marcel Proust, o autor do romance, não é aos acontecimentos da vida de Proust, eventualmente transpostos para o romance, e cujas cicatrizes ele conserva, que a narrativa deve seu estatuto de *ficção*, mas exclusivamente à *composição narrativa*, que projeta um mundo no qual o herói narrador tenta recuperar o sentido de uma vida anterior, ela própria inteiramente fictícia. Tanto o tempo perdido quanto o tempo redescoberto devem pois ser entendidos como os caracteres de uma experiência fictícia que se desenrola no interior de um mundo fictício.

Nossa primeira hipótese de leitura será pois considerar, sem concessão, o herói-narrador como a entidade fictícia que sustenta a fábula sobre o tempo que constitui a *Recherche*.

Uma maneira mais forte de contestar o valor exemplar da *Recherche* enquanto fábula sobre o tempo é dizer, com Gilles Deleuze, em *Proust e os signos*[57], que o ponto crucial da *Recherche* não é o tempo, mas a verdade. Essa contestação repousa no argumento, fortíssimo, de que "a obra de Proust funda-se não na exposição da memória, mas no aprendizado dos signos" (p. 11): signos da mundanidade, signos do amor, signos sensíveis, signos da arte; se, contudo, "ela é busca do tempo perdido, é na medida em que a verdade tem uma relação essencial com o tempo" (p. 23). Respondo que essa mediação pelo aprendizado dos signos e pela busca da verdade não atenta de modo algum contra a qualificação da *Recherche* como fábula sobre o tempo. O argumento de Deleuze só destrói as interpretações que confundiram o *Tempo redescoberto* com as experiências de memória involuntária e que, por isso, negligenciaram o longo aprendizado da desilusão que dá à *Recherche* a amplitude que

---

57. Gilles Deleuze, *Proust et les signes*, Paris, PUF, 1964, 6.ª ed., 1983.

falta às experiências breves e fortuitas de memória involuntária. Pois, se o aprendizado dos signos impõe a via longa que a *Recherche* substitui à via curta da memória involuntária, nem por isso esgota o sentido da *Recherche*: a descoberta da dimensão extratemporal da obra de arte constitui uma experiência excêntrica com relação a qualquer aprendizado dos signos; assim, se a *Recherche* é uma fábula sobre o tempo é na medida em que não se identifica nem com a memória involuntária e nem mesmo com o aprendizado dos signos – que, efetivamente, é demorado –, mas coloca o problema da *relação* entre esses dois níveis de experiência e a experiência singular, cujo desvelamento o autor adia durante quase três mil páginas.

O que faz a singularidade da *Recherche* é que tanto o aprendizado dos signos quanto a irrupção das lembranças involuntárias desenham o perfil de uma errância interminável, que, mais que coroada, é interrompida pela súbita iluminação que transforma retrospectivamente toda a narrativa em história invisível de uma vocação. O tempo volta a ser um ponto crucial, já que se trata de adequar a extensão desmesurada do aprendizado dos signos à subitaneidade de uma visitação tardiamente contada, que qualifica retrospectivamente toda a busca como tempo perdido[58].

Daí nossa segunda hipótese de leitura: a fim de não conferir nenhum privilégio exclusivo nem ao aprendizado dos signos, que retiraria da revelação final o papel de chave hermenêutica da obra inteira, nem à revelação final, que privaria de todo significado as milhares de páginas que a precedem e suprimiria o próprio problema da relação entre a busca e o achado, devemos representar o ciclo da *Recherche* como uma elipse,

---

58. O quadro quase sincrônico dos signos, na obra de Deleuze, e a hierarquia das configurações temporais que corresponde a esse grande paradigma dos signos não devem fazer esquecer nem a historicidade de seu aprendizado nem, principalmente, a historicidade singular que marca o próprio acontecimento da visitação, a qual muda, retrospectivamente, o sentido do aprendizado anterior, principalmente seu significado temporal. É o caráter *excentrado* dos signos da arte com relação a todos os outros que engendra essa historicidade singular.

da qual um dos focos é a busca e o segundo, a visitação. *A fábula sobre o tempo é então a que cria a relação entre os dois focos da* Recherche. A originalidade da *Recherche* consiste em ter dissimulado o problema e sua solução até o fim do percurso do herói, reservando assim a uma segunda leitura a inteligência da obra inteira.

Uma terceira maneira, ainda mais forte, de questionar o direito da *Recherche* de constituir uma fábula sobre o tempo é criticar, com Anne Henry, em *Proust romancier, le tombeau égyptien*[59] [Proust romancista, a tumba egípcia], o próprio primado narrativo da *Recherche* e ver na forma romanesca a projeção, no plano da anedota, de um saber filosófico constituído em outro lugar e, portanto, exterior à narrativa. Segundo a autora desse brilhante estudo, o "corpus dogmático que devia sustentar a anedota em cada um de seus pontos" (p. 6) deve ser procurado exclusivamente no romantismo alemão, singularmente na filosofia da arte, primeiro proposta por Schelling em *System des transzendentalen Idealismus* [*Sistema do idealismo transcendental*][60], substituída pela de Schopenhauer em *Die Welt als Wille und Vorstellung* [*O mundo como vontade e representação*], para ser finalmente psicologizada, na própria França, pelos mestres de filosofia de Proust, Séailles, Darlu e principalmente Tarde. A obra, tomada no nível narrativo, repousa pois num "suporte teórico e cultural" (p. 19) que a precede. Ora, o que nos importa aqui é que o ponto crucial dessa filosofia que rege de fora o processo narrativo não é o tempo, mas o que Schelling chamava de *Identidade*, ou seja, a supressão da divisão entre o espírito e o mundo material, sua reconciliação na arte e a necessidade de fixar a evidência metafísica, na obra de arte, a fim de lhe dar forma durável e concreta. A *Recherche*, então, não é apenas uma autobiografia fictícia – atualmente todos concordam com isso –, mas um romance fictício, o "romance do *Gênio*" (pp. 23 ss.). E isso não é tudo. Pertence ainda às prescrições teóricas que re-

---

59. Anne Henry, *Proust romancier, le tombeau égyptien*, Paris, Flammarion, 1983.

60. Anne Henry cita dois excertos significativos da parte VI do *Sistema do idealismo transcendental* (*op. cit.*, pp. 33 e 40).

gem a obra a transposição psicológica que a dialética teve que sofrer para se tornar romance – transposição que também pertence, portanto, ao fundamento epistemológico anterior à construção do romance. Ora, aos olhos de Anne Henry, a transferência da dialética para a psicologia marca menos uma conquista que a deterioração da herança romântica. Portanto, embora a passagem de Schelling a Tarde através de Schopenhauer explique que a unidade perdida, segundo o romantismo, possa ter-se tornado tempo perdido, e que a dupla redenção do mundo e do sujeito possa ter-se transmutado em reabilitação de um passado individual, enfim, embora, de uma maneira global, a memória possa se tornar o mediador privilegiado do nascimento do gênio, não se deve ocultar que essa transferência do combate para o interior de uma consciência exprime tanto a ruína quanto a continuação da grande filosofia da arte herdada do romantismo alemão.

Nosso recurso a Proust para ilustrar a noção de experiência fictícia do tempo é assim duplamente contestado: não apenas o núcleo teórico, de que o romance seria a demonstração, subordina a questão do tempo a uma questão superior, a da identidade perdida e redescoberta, mas a passagem da identidade perdida ao tempo perdido apresenta os estigmas de uma crença arruinada. Ligando a promoção do psicológico, do eu, da memória, à deterioração de uma grande metafísica, Anne Henry tende a depreciar tudo o que se relaciona ao romanesco enquanto tal: que o herói da busca seja um burguês ocioso, que arrasta seu tédio de um amor frustrado a outro, e de um salão inepto a outro, exprime um empobrecimento apropriado à "transferência do combate para o interior de uma consciência" (p. 46): "Uma vida inócua, burguesa, nunca devastada por cataclismos..., oferece a mediocridade ideal para uma narrativa de tipo experimental"[61] (p. 56). Uma leitura especialmente

---

61. "A efetivação da identidade de fato previa como lugar de realização a consciência do artista, mas era uma essência metafísica, não um sujeito psicológico – característica que o romance vai fatalmente acabar de fixar" (p. 44). E mais adiante: "Proust só pensou em se estabelecer nessa zona intermediária entre o sistema e o concreto que o gênero romance possibilita" (p. 55).

estimulante da *Recherche* resulta dessa suspeita, que mina por baixo os prestígios do gênero narrativo como tal. Quando se desloca o principal ponto focal da unidade perdida para o tempo perdido, todos os prestígios do romance de gênio perdem o brilho.

Admitamos provisoriamente essa tese, segundo a qual a *Recherche* nasceu de uma "transposição do sistema em romance". Com isso, a meu ver, o problema da *criação* narrativa só se torna mais enigmático, e sua solução, mais difícil. Paradoxalmente, volta-se à explicação pelas origens: é certo que se abandonou a teoria ingênua baseada nos empréstimos à vida de Proust, para chegar, porém, a uma refinada teoria baseada nos empréstimos ao pensamento de Proust. Ora, o nascimento da *Recherche* como romance exige, antes, que seja na própria composição narrativa que se busque o princípio de integração, pela narrativa, das "especulações alógenas", tanto as de Séailles e Tarde quanto as de Schelling e de Schopenhauer. A questão não é mais saber como a filosofia da unidade perdida pôde degenerar em procura do tempo perdido, mas como a busca do tempo perdido, considerada a matriz originária da obra, opera, por meios estritamente narrativos, a retomada da problemática romântica da unidade perdida[62].

---

62. Anne Henry não ignorou o problema: "Nada será feito enquanto não se esclarecer a apresentação tão particular que Proust faz da Identidade, sua realização no coração de uma reminiscência" (p. 43). Mas sua resposta deixa intacta a dificuldade, já que é ainda fora do romance que se procura, numa mutação da cultura intelectual do final do século XIX, a chave do processo de psicologização sofrido pela estética do gênio. Essa inversão da relação entre fundamentação teórica e processo narrativo convida a perguntar que revolução a *Recherche* opera na tradição do *Bildungsroman*, que a *Zauberberg* de Thomas Mann infletiu no sentido que tentamos indicar. O descentramento, operado pela *Recherche*, do acontecimento redentor com relação ao longo aprendizado dos signos deixa entender que, inscrevendo sua obra na tradição do *Bildungsroman*, Marcel Proust subverte de maneira diferente de Thomas Mann a lei do romance de aprendizagem; rompe com a visão otimista de um desenvolvimento contínuo e ascendente do herói em busca de si mesmo. Assim, comparada com a tradição do *Bildungsroman*, a criação romanesca de Proust reside na invenção de uma intriga que une por meios estritamente narrativos o aprendizado dos signos e o surgimento da vocação. A própria Anne Henry

Que meios são esses? O único modo de integrar as "especulações alógenas" do autor na obra narrativa é atribuir ao narrador-herói não somente uma experiência fictícia, mas "pensamentos" que são seu momento reflexivo mais agudo[63]. Acaso não sabemos, desde a *Poética* de Aristóteles, que a *diánoia* é um componente chave do *mŷthos* poético? Ora, a teoria narrativa nos oferece aqui um socorro único, que se tornará nossa terceira hipótese de leitura, a saber, o recurso de distinguir, no romance em primeira pessoa, várias *vozes narrativas*.

A *Recherche* faz ouvir ao menos duas vozes narrativas, a do herói e a do narrador.

O *herói* conta suas aventuras mundanas, amorosas, sensoriais, estéticas, à medida que ocorrem; aqui, a enunciação adota a forma de uma marcha orientada para o futuro, no próprio momento em que o herói se lembra; donde a forma do "futuro no passado" que projeta a *Recherche* em direção a seu desfecho; é mais uma vez o herói que recebe a revelação do sentido de sua vida anterior como história invisível de uma vocação; desse modo, é da maior importância distinguir a voz do herói da do narrador, não apenas para reacomodar suas próprias reminiscências na corrente de uma busca que avança, mas para preservar o caráter factual da visitação.

Mas é preciso ouvir também a voz do *narrador*: ele está adiantado com relação à progressão do herói porque a sobrevoa; é ele que diz, mais de cem vezes na obra: "como veremos mais tarde". Mas, principalmente, é ele quem imprime na ex-

---

evoca esse parentesco com o *Bildungsroman*; mas, para ela, a escolha dessa fórmula romanesca participa da degradação global que afeta a filosofia da identidade perdida tornando-se psicologia do tempo perdido.

63. Esse problema não deixa de ter analogia com o colocado pela análise estrutural de Genette. Ele via na "Arte Poética", inserida na meditação do herói sobre a eternidade da obra de arte, uma intromissão do autor na obra. Nossa réplica consistiu em introduzir a noção de um mundo da obra e de uma experiência feita pelo herói no horizonte desse mundo. Isso significava dar à obra o poder de se autoprojetar numa transcendência imaginária. A mesma réplica vale para a explicação de Anne Henry: é na medida em que a obra projeta um narrador-herói que *pensa* sua experiência que ela pode recolher, na sua imanência transcendente, os fragmentos de uma especulação filosófica.

periência contada do herói a significação: tempo redescoberto, tempo perdido. Excetuando-se a revelação final, sua voz é tão baixa que mal é discernível da voz do herói (o que autoriza a falar de narrador-herói)[64]. Isso muda totalmente ao longo e a partir da narrativa da grande visitação: a voz do narrador sobressai-se a tal ponto que acaba por encobrir a do herói; é nesse momento que a homonímia entre o autor e o narrador opera a pleno vapor, com o risco de fazer do narrador o porta-voz do autor, na sua grande dissertação sobre a arte. Mas, mesmo então, é a retomada pelo narrador das concepções do autor que torna a leitura verossímil. Suas concepções são então incorporadas ao pensamento do narrador. Por sua vez, esses pensamentos do narrador acompanham a experiência viva do herói, que esclarecem. Participam, assim, do caráter de acontecimento de que se reveste, para o herói, o nascimento de uma vocação de escritor.

Para testar nossas hipóteses de leitura, propomos sucessivamente três questões: 1. Quais seriam os signos da redescoberta do tempo para aqueles que ignoram a conclusão da *Recherche*, em *O tempo redescoberto* (que, aliás, sabemos ter sido escrito na mesma época que *No caminho de Swann*)? 2. Por que meios narrativos precisos a especulação sobre a arte é incorporada, em *O tempo redescoberto*, à história invisível de uma vocação? 3. Que

---

64. Entretanto, ela é facilmente reconhecível nos aforismos e máximas que tornam visível o caráter exemplar da experiência contada; ela é ainda facilmente discernível na *ironia* latente que prevalece ao longo da narrativa das descobertas do herói no universo mundano; Norpois, Brichot, sra. Verdurin e, pouco a pouco, burgueses e aristocratas são vitimados pela crueza do traço, perceptível para ouvidos medianamente exercitados; em contrapartida, é apenas na segunda leitura que o leitor que conhece o desfecho da obra percebe o que seria, no deciframento dos signos do amor, o equivalente da ironia no deciframento dos signos mundanos: um tom desabusado, que reforça o traço da decepção e atribui assim, sem dizer expressamente, o significado "tempo perdido" a toda experiência amorosa; vale dizer, é a voz narrativa que é responsável pelo tom globalmente pejorativo que prevalece no deciframento dos signos do amor; a voz narrativa se faz mais tênue no deciframento dos signos sensíveis; contudo, é ela que insinua uma interrogação, uma demanda de sentido, no coração das impressões, ao ponto de quebrar-lhes o encanto e dissipar os sortilégios. O narrador faz, assim, constantemente do herói uma consciência desencantada.

relação o projeto da obra de arte, originado na descoberta da vocação de escritor, instaura entre o tempo redescoberto e o tempo perdido?

As duas primeiras questões nos colocam sucessivamente em cada um dos focos da elipse da *Recherche*, a terceira nos faz eliminar a distância que as separa. É com base nessa terceira que se decidirá a interpretação que proporemos de *À la recherche du temps perdu*.

1. O tempo perdido

O leitor de *No caminho de Swann*, privado da interpretação retrospectiva projetada pelo fim do romance sobre seu começo, ainda não tem nenhuma condição de traçar um paralelo entre o quarto de Combray, onde uma consciência experimenta, em seu semidespertar, a perda de sua identidade, momento e lugar, e a biblioteca do palácio Guermantes, onde uma consciência excessivamente vígil recebe uma iluminação decisiva. Em contrapartida, esse leitor não poderia deixar de notar certos traços singulares dessa abertura. Desde a primeira frase, a voz do narrador, falando de lugar nenhum, evoca um passado nem datado nem situado, desprovido de qualquer indicação de distância com relação ao presente da enunciação, um passado que por sua vez também se multiplica infinitamente (já se comentou muitas vezes a conjunção do "passé composé" com o advérbio "longtemps" (durante muito tempo): "Longtemps, je me suis couché de bonne heure. Parfois...", I, p. 3)* Assim, para o narrador, o começo remete para um antes sem fronteira (já que o único começo cronológico concebível, o nascimento de um herói, não pode aparecer nesse duo de vozes). Nesse passado dos semidespertares são enxertadas as lembranças de infância, que a narrativa afasta de dois graus do presente absoluto do narrador[65].

---

* Durante muito tempo, deitei-me cedo. Às vezes...

65. Os momentos de semidespertar servem de primeiro gancho para essa enxerto: "Um impulso fora dado à minha memória" (I, p. 8). Um segundo gancho

Essas próprias lembranças se articulam em torno de um episódio singular, a experiência da madalena; esse episódio também tem seu antes e seu depois. Antes, existem apenas arquipélagos de lembranças desconectadas umas das outras; apenas emerge a lembrança de um certo beijo da noite, ele próprio recolocado no cenário de um ritual costumeiro[66]: beijo materno recusado, a chegada de Swann; beijo esperado na angústia: beijo ainda mendigado, finda a reunião; beijo finalmente obtido, mas logo despojado da qualidade da felicidade esperada[67]. Pela primeira vez, a voz do narrador se distingue; evocando a lembrança do pai, o narrador observa: "Isso já faz muito tempo. A parede da escada por onde vi subir o reflexo de sua vela já não existe há muito tempo... Há muito tempo também meu pai deixou de poder dizer a mamãe: 'Vai com o pequeno'. A possibilidade de tais horas jamais renascerá para mim" (I, p. 37). O narrador diz assim o tempo perdido, no sentido de tempo abolido. Mas diz também o tempo redescoberto: "Mas, desde algum tempo, recomeço a perceber muito bem, se apuro os ouvidos, os soluços que tive a força de conter diante de meu pai e que só rebentaram quando me vi sozinho com mamãe. Na realidade, nunca cessaram; e é somente porque agora a vida se cala cada vez mais ao meu redor que os ouço novamente, como os sinos de convento que os ruídos da cidade encobrem tão bem durante o dia que poderíamos acreditá-los parados, mas que recomeçam a soar no silêncio da noite"

é fornecido pela associação de um quarto ao outro: Combray, Balbec, Paris, Doncières, Veneza etc. (I, p. 9). O narrador não deixa de lembrar, no momento oportuno, essa estrutura de enxerto: "Assim, por muito tempo, quando despertava de noite e me vinha a recordação de Combray, nunca pude ver mais que aquela espécie de ala iluminada, recortada no meio de trevas indistintas etc." (I, p. 43). Será assim até o final dessa espécie de "prelúdio" (como diz H. R. Jauss, *Zeit und Erinnerung in Marcel Proust "A la recherche du temps perdu"*, Heidelberg, Carl Winter, 1955), no qual todas as narrativas de infância e a própria história do amor de Swann estão incluídas.

66. Esse ritual é relatado, como deve ser, no imperfeito: "aquele beijo precioso e frágil que mamãe de costume me confiava em minha cama no momento de dormir, eu precisava transportá-lo da sala de jantar para o quarto e guardá-lo durante todo o tempo em que me despia..." (I, p. 23).

67. "Deveria ter ficado feliz: não fiquei" (I, p. 38).

(*ibid.*). Sem a retomada dos mesmos pensamentos no final do *Tempo redescoberto*, reconheceríamos a dialética do tempo perdido e do tempo redescoberto na voz baixa do narrador?

Vem o episódio chave dessa abertura – contado no "passé simple": a experiência da madalena (I, p. 44). A transição com o que vem antes é feita por uma observação do narrador que declara a debilidade da *memória voluntária* e remete *ao acaso* o cuidado de redescobrir o objeto perdido. Para quem ignora a cena final na biblioteca do palácio Guermantes, que liga expressamente a restituição do tempo perdido com a criação de uma obra de arte, a experiência da madalena pode lançar numa pista falsa um leitor que não atente, no coração de suas próprias expectativas, para todas as reticências que acompanham a evocação desse venturoso momento: "Um prazer delicioso me invadira, isolado, *sem a noção de sua causa*" (I, p. 45). Daí a pergunta: "De onde me teria vindo aquela poderosa alegria? Sentia que estava ligada ao gosto do chá e do bolo, mas que o ultrapassava infinitamente, não devia ser da mesma natureza. De onde vinha? Que significava? Onde apreendê-la? (*ibid.*). Ora, a pergunta assim colocada contém a armadilha de uma resposta curta demais, que seria simplesmente a da memória involuntária[68]. Se a resposta apresentada por "esse estado desconhecido" estivesse saturada pelo súbito retorno da lembrança da primeira pequena madalena oferecida em outros tempos pela tia Léonie, a *Recherche*, mal tendo começado, já teria atingido seu objetivo: limitar-se-ia à busca dessas revivescências, sobre as quais o mínimo que se pode dizer é que não requerem o labor de nenhuma arte. Que não seja assim, é mostrado por um único indício para o leitor de ouvidos apurados; trata-se de um parêntese; que diz: "(embora ainda não soubesse e tivesse de deixar para muito mais tarde a descoberta de por que essa lembrança me tornava tão feliz)" (I, p. 47). Apenas na segunda leitura, instruída pelo *Tempo redescoberto*, é

---

68. A armadilha está na pergunta que a sucede: "Chegará até a superfície de minha clara consciência essa recordação, o instante antigo que a atração de um instante idêntico veio de tão longe solicitar, revolver, levantar no mais fundo de mim? Não sei" (I, p. 46).

que essas considerações marginais do narrador ganharão sentido e força⁶⁹. Contudo, já são perceptíveis na primeira leitura, mesmo que só ofereçam uma débil resistência à interpretação apressada segundo a qual a experiência fictícia do tempo em Proust consistiria na equação entre tempo e memória involuntária, que faria com que se superpusessem espontaneamente duas impressões distintas, mas semelhantes, por obra e graça do simples acaso⁷⁰.

Embora o êxtase da madalena não seja mais que um sinal premonitório da revelação final, já tem ao menos a virtude de abrir a porta da lembrança e permitir o primeiro esboço do *Tempo redescoberto*: as narrativas de Combray (I, pp. 48-187). Para uma leitura que ignora o *Tempo redescoberto*, a transição para a narrativa de Combray parece provir da mais ingênua convenção narrativa; pode até mesmo parecer artificial e retórica. Para uma segunda leitura, mais instruída, o êxtase da madalena *abre* o tempo redescoberto da infância, *como* a meditação na biblioteca abrirá o tempo de pôr à prova a vocação finalmente reconhecida. A simetria entre o começo e o fim revela ser assim o princípio diretor da composição: se Combray sai de uma xíca-

---

69. É todo o *Tempo redescoberto* que se anuncia nessa consideração do narrador, que reflete sobre o esforço do herói para fazer com que o êxtase volte: "Depois, por segunda vez, faço o vácuo diante dele, apresento-lhe novamente o sabor ainda recente daquele primeiro gole e sinto estremecer em mim algo que teria sido desancorado, a uma grande profundidade; não sei o que é, mas aquilo sobe lentamente; sinto a resistência e ouço o rumor das distâncias atravessadas" (I, p. 46). Essa expressão, "distâncias atravessadas", será, como veremos, nossa última palavra.

70. H. R. Jauss interpreta a experiência da madalena como a primeira coincidência entre o eu contante e o eu contado; além disso, vê aí o *nunc* inicial, desde já precedido por um antes abissal, mas capaz de abrir a porta para a marcha para frente do herói. Duplo paradoxo, pois: desde o início da narrativa, o eu que conta é um eu que se lembra daquilo que o precedeu; mas, contando de trás para frente, ele oferece ao herói a possibilidade de começar sua viagem para frente: assim é preservado, até o fim do romance, o estilo do "futuro no passado". O problema das relações entre orientação para o futuro e desejo nostálgico do passado está no coração dos capítulos consagrados a Proust em *Études sur le temps humain* de Georges Poulet, Paris, Plon e Ed. du Rocher, 1952-1968, t. I, pp. 400-38, t. IV, pp. 299-335.

ra de chá (I, p. 48), como a narrativa da madalena sai dos semidespertares de um quarto de dormir, é ao modo como a meditação na biblioteca comandará a cadeia das provas ulteriores. Esse enxerto que rege a composição narrativa não impede a consciência de avançar: à consciência confusa das primeiras páginas ("Tinha menos recursos que o homem das cavernas", I, p. 5) corresponde o estado de uma consciência em vigília, quando o dia desponta (I, p. 187).

Não gostaria de deixar a seção "Combray" sem ter tentado dizer o que, nas lembranças da infância, afasta da especulação sobre a memória involuntária e já orienta a interpretação no sentido de um aprendizado dos signos, sem que esse aprendizado, cuja ordem é dispersa, já se deixe facilmente reinscrever na história de uma vocação.

Combray é em primeiro lugar sua igreja, "resumindo a cidade" (I, p. 48). Por um lado, ela impõe a tudo o que a rodeia, em virtude de sua perdurante estabilidade[71], a dimensão de um tempo não desaparecido, mas atravessado; por outro lado, com seus personagens de vitrais e de tapeçarias e suas pedras tumulares, ela imprime um caráter geral de imagística a ser decifrada em todos os seres vivos dos quais o herói se aproxima. Paralelamente, a convivência assídua do jovem herói com os livros tende a fazer da imagem o acesso privilegiado ao real (I, p. 85).

Combray é ainda o encontro com o escritor Bergotte (o primeiro dos três artistas da narrativa a ser introduzido, segundo uma gradação cuidadosamente medida, bem antes de Elstir, a pintora, e Vinteuil, o músico). Esse encontro contribui para transformar em seres de leitura os objetos circundantes.

---

71. "Um edifício que ocupava, por assim dizer, um espaço de quatro dimensões – a quarta era a do Tempo – exibindo através dos séculos sua nave que, de abóboda em abóboda, de capela em capela, parecia vencer e transpor, não apenas alguns metros, mas épocas sucessivas das quais saía vitorioso" (I, p. 61). Não é por acaso que, fechando o círculo, o *Tempo redescoberto* acabará com uma última evocação da igreja de Combray: o campanário de Saint-Hilaire é a partir de agora um dos emblemas do tempo, segundo a expressão de Jauss, um de seus *figurativos* simbólicos.

Mas, principalmente, o tempo da infância continua feito de ilhotas disparates, tão incomunicáveis quanto, no espaço, os "dois caminhos", o caminho de Méséglise, que se revela ser o de Swann e Gilberte, e o caminho de Guermantes, o dos *nomes* fabulosos de uma aristocracia inatingível, e acima de tudo o de Madame de Guermantes, o primeiro objeto de um amor inacessível. George Poulet[72] tem razão de estabelecer aqui um estreito paralelo entre a incomunicabilidade das ilhotas de temporalidade e a das paisagens, dos lugares, dos seres. Distâncias incomensuráveis separam tanto os instantes evocados quanto os lugares atravessados.

Combray é ainda[73], ao contrário dos momentos felizes, a lembrança de alguns acontecimentos anunciadores de desilusões, cujo sentido também é remetido a uma investigação ulterior: assim, a cena de Montjouvain, entre Mademoiselle de Vinteuil e a amiga, em que o herói, que se revela um *voyeur*, é introduzido pela primeira vez no mundo de Gomorra. Não deixa de ser importante, para a compreensão ulterior da noção de tempo perdido, que essa cena seja apresentada com traços abomináveis: Mademoiselle de Vinteuil cuspindo no retrato do pai, colocado numa pequena mesa, em frente ao canapé. Entre essa profanação e o tempo perdido, estabelece-se um laço secreto, mas demasiado dissimulado para ser percebido. É principalmente para a leitura dos signos pelo *voyeur* e para a sua interpretação das insinuações do desejo que a atenção do leitor é dirigida. Mais precisamente, é para o que Deleuze chama de o segundo círculo dos signos, o do amor, que a arte de decifrar é dirigida por esse episódio insólito[74]. A evocação do "ca-

---

72. Georges Poulet, *L'Espace proustien*, Paris, Gallimmard, 1963, pp. 52-74.
73. As diferenças de época nunca são datadas: "Naquele ano..." (I, p. 144), "naquele outono..." (pp. 154, 155), "também naquele momento..." (I, p. 155 etc.).
74. "Talvez foi de uma impressão que senti também em Montjouvain, alguns anos mais tarde, impressão que no momento permaneceu obscura, que nasceu, bem depois, a ideia que formei a respeito do sadismo. Ver-se-á mais tarde que, por razões completamente diferentes, a lembrança dessa impressão devia desempenhar um papel importante em minha vida" (I, p. 159). Esse "ver-se-á mais tarde", seguido por um "devia", contribui para reorientar, num sentido prospectivo, a direção globalmente retrospectiva. A cena é ao mesmo tempo re-

minho de Guermantes" não solicita menos a reflexão sobre os signos e sua interpretação. Os Guermantes são inicialmente nomes fabulosos, que se referem a personagens de tapeçaria e figuras de vitral. É a esse onirismo dos nomes que o narrador liga, por um novo toque quase imperceptível, os pródromos da vocação que supostamente a *Recherche* deve contar. Mas esses pensamentos de sonho criam, como a leitura de Bergotte, uma espécie de barreira, como se as criações artificiais do sonho revelassem o vazio do gênio próprio[75].

E se, por seu lado, as impressões recolhidas ao longo dos passeios constituem um obstáculo à vocação de artista, é na medida em que a exterioridade material parece governá-las, alimentando "a ilusão de uma espécie de fecundidade" (I, p. 179) que dispensava do esforço de buscar o que "se escondia por trás delas" (*ibid.*). O episódio dos campanários de Martinville, que reprisa o da madalena, ganha sentido precisamente por seu contraste com o demasiado-cheio das impressões comuns e dos sonhos obsediantes. A promessa de algo escondido, a ser procurado e encontrado, adere estreitamente ao "prazer especial" (I, p. 180) da impressão. O que conduz a pesquisa já é o passeio: "Ignorava o motivo do prazer que sentira ao avistá-los no horizonte, e a obrigação de procurar descobrir esse motivo parecia-me bastante penosa; tinha vontade de conservar na cabeça aquelas linhas que se moviam ao sol e de não mais pensar nelas agora" (I, p. 180). Contudo, essa é a primeira vez que a busca do sentido passa inicialmente pelas palavras e, depois, pela escrita[76].

---

memorada e projetada em direção a seu próprio futuro e, assim, novamente afastada. Sobre a relação entre temporalidade e desejo em Proust, cf. Ghislaine Florival, *Le Désir chez Proust*, Louvain-Paris, Nauwelaerts, 1971, pp. 107-73.

75. "E esses sonhos me alertavam que, já que eu queria um dia ser escritor, era tempo de saber o que pretendia escrever. Mas, logo que o perguntava a mim mesmo, tentando achar um assunto em que pudesse pôr um significado filosófico infinito, meu espírito parava de funcionar, não via mais do que o vazio diante de minha atenção, sentia que não tinha gênio ou que talvez uma doença cerebral impedia-o de surgir" (I, pp. 172-3). E mais adiante: "Assim, desanimado, renunciava para sempre à literatura, apesar dos incentivos que Bloch me havia dado" (I, pp. 173-4); cf. também I, 178-9.

76. "Sem dizer a mim mesmo que o que estava oculto por trás dos campanários de Martinville devia ser algo assim como uma bela frase, já que era

Quer consideremos ou não as raras e sempre negativas observações relativas à história de uma vocação e, principalmente, seja qual for a relação oculta entre esta e os dois episódios de felicidade ligados a Combray, o que parece dominar a experiência ainda incoativa do tempo na seção "Combray" é a impossibilidade de coordenar entre si os grupos de acontecimentos não datados[77], comparados "a jazidas profundas de meu solo mental" (I, p. 184). Massa indistinta de lembranças que apenas "fissuras, verdadeiras falhas" (I, p. 186) tornam distintas. Em resumo, o tempo perdido de Combray é o paraíso perdido em que "a fé que cria" (I, p. 184) ainda não se distingue da ilusão da realidade nua e muda das coisas exteriores.

Foi sem dúvida para ressaltar o caráter de ficção autobiográfica de toda a *Recherche* que o autor quis intercalar "Um amor de Swann" – ou seja, uma narrativa em terceira pessoa – entre "Combray" e os "Nomes", que são ambos narrativas em primeira pessoa. Ao mesmo tempo, a ilusão de imediatez que talvez as narrativas de infância tivessem engendrado por seu charme clássico dissipa-se com essa emigração da narrativa para um personagem diferente. Além disso, "Um amor de Swann" constrói a máquina infernal de um amor corroído pela ilusão, pela desconfiança, pela decepção; de um amor condenado a passar pela angústia da espera, a ferroada do ciúme, a tristeza do declínio e a indiferença por sua própria morte; ora, essa construção servirá de modelo para a narrativa de outros amores, principalmente o do herói por Albertine. É em razão desse papel de paradigma que "Um amor de Swann" diz algo sobre o tempo.

---

sob a forma de palavras que me proporcionavam prazer que aquilo aparecera, pedi lápis e papel ao doutor e comecei a compor, apesar dos solavancos do carro, para aliviar minha consciência e obedecer a meu entusiasmo, o pequeno trecho seguinte que encontrei depois e ao qual tive que impor apenas poucas mudanças..." (I, p. 181).

77. "Mas também por isso mesmo, e continuando presentes nas minhas impressões atuais com as quais podem se relacionar, dão-lhes fundamento e profundidade, uma dimensão que as outras não têm" (I, pp. 185-6).

Inútil insistir no fato de a narrativa não estar datada: ela se liga por laços frouxos aos devaneios, igualmente relegados ao passado indeterminado do narrador sonolento que fala nas primeiras páginas do livro[78]. Desse modo, a narrativa de "Um amor de Swann" se encontra enxertada nas lembranças brumosas da infância, como passado anterior ao nascimento. O artifício basta para romper irremediavelmente a linha cronológica e abrir a narrativa para outras qualidades do tempo passado, alheias a datas. Mais importante é a distensão do laço entre essa narrativa e a história de uma vocação, que supostamente rege a *Recherche* no seu conjunto. O laço se dá no nível da "associação de lembranças", evocadas no final da seção "Combray". A pequena frase da sonata de Vinteuil serve, evidentemente, de ponte entre a experiência da madalena (e os campanários de Martinville) e a revelação da cena final, por meio de seus retornos sucessivos na história do herói, retornos reforçados, na *Prisioneira*, pela lembrança do septeto de Vinteuil, homólogo poderoso da pequena frase[79]. Essa função da pequena frase na unidade da narrativa pode passar despercebida em razão do estreito laço entre a pequena frase e o amor de Swann por Odette. É como um apaixonado pela pequena frase (I, p. 212) que Swann se apega a sua lembrança. Essa lembrança está, assim, demasiadamente ligada ao amor por Odette para suscitar a interrogação contida na sua promessa de felicidade. Todo o campo está ocupado por uma interrogação mais imperiosa, levada até o delírio, a interrogação que o ciúme não cessa de en-

---

78. "E assim eu ficava muitas vezes até de madrugada pensando nos tempos de Combray (...) e, por associação de lembranças, naquilo que, muitos anos depois de ter deixado aquela pequena cidade, eu soubera a respeito de um amor que Swann tivera antes de meu nascimento..." (I, p. 186).

79. Para o leitor de *O tempo redescoberto*, uma passagem como essa fala por si mesma: "... Swann encontrava em si, na lembrança da frase que ouvira, em certas sonatas que mandara executar para ver se acaso a descobria, a presença de uma dessas realidades invisíveis nas quais deixara de acreditar e às quais, como se a música tivesse sobre a secura moral de que sofria uma espécie de influência eletiva, sentia de novo o desejo e quase a força de consagrar a vida" (I, p. 211). E ainda: "Na sua graça leve, ela tinha algo de consumado, como a indiferença que sucede à lástima" (I, p. 218).

gendrar. O aprendizado dos signos do amor, mesclado ao dos signos da mundanidade no salão dos Verdurin, é o único em que coincide a busca do tempo perdido com a busca da verdade, e o próprio tempo perdido com a deserção que aniquila o amor. Nada permite pois interpretar o tempo perdido em função de algum tempo redescoberto, pois a própria evocação da pequena frase não está liberada de seu envoltório amoroso. Quanto à "paixão pela verdade" (I, p. 273) que o ciúme mobiliza, nada permite edulcorá-la com os prestígios do tempo redescoberto. O tempo está pura e simplesmente perdido no duplo sentido de passado e dissipado[80]. A rigor, só poderiam sugerir a ideia de tempo redescoberto o peso dado a alguns raros momentos em que a lembrança "reunia as parcelas abolindo os intervalos" (I, p. 314) de um tempo em farrapos, ou a quietude do segredo perseguido em vão nos tempos do ciúme e finalmente penetrado nos tempos do amor extinto (I, p. 317). Nesse contexto, o aprendizado dos signos terminaria com o acesso à indiferença.

A maneira como a terceira parte de No caminho de Swann, intitulada "Nomes de terras" (I, pp. 383-427), se vincula àquilo que a precede quanto ao encadeamento das durações merece atenção[81]. São, com efeito, as mesmas "noites de insônia" (I, p. 383), cuja lembrança servirá para enxertar as narrativas de infância ligadas a Combray, que ligam novamente, na lembrança sonhadora, os quartos do Grande Hotel da Praia de Balbec ao quartos de Combray. Não é assim surpreendente que uma Balbec sonhada preceda a Balbec real – numa época da adoles-

---

80. Não é pouco importante que Swann permaneça um escritor frustrado: não escreverá seu estudo sobre Ver Meer. Como sua relação com a pequena frase da sonata de Vinteuil já sugeriu, ele morrerá sem ter conhecido a revelação de sua arte. O tempo redescoberto diz isso explicitamente (III, pp. 877-8).

81. Para amarrar sua narrativa de "Um amor de Swann" à narrativa principal, o narrador comum à narrativa em terceira pessoa e à narrativa em primeira pessoa toma o cuidado de fazer Odette aparecer uma última vez (ao menos a primeira Odette, sobre a qual o leitor sabe com certeza que se tornará a mãe de Gilberte na autobiografia fictícia do herói) "no crepúsculo de um sonho" (I, p. 378), depois na ruminação do despertar. Desse modo, "Um amor de Swann" termina na mesma região semionírica que a narrativa de "Combray".

cência do herói em que os Nomes antecipam sobre as coisas e dizem sua realidade antes de qualquer percepção. Assim são os Nomes de Balbec, Veneza, Florença, geradores de imagens e, através das imagens, de desejo. O que o leitor pode fazer, nesse estágio da narrativa, com esse "tempo imaginário" em que muitas viagens são reunidas num único nome (I, p. 392)? Só pode deixá-lo reservado, a partir do instante em que os Champs-Elysées, bem reais, das brincadeiras com Gilberte vêm ocultar o sonho: "Naquele jardim público, nada se ligava a meus sonhos" (I, p. 394). Esse hiato entre o "duplo" imaginário (*ibid.*) e o real seria uma outra figura do tempo perdido? Sem dúvida. A dificuldade de vincular essa figura e todas as que a seguem à linha geral da narrativa aumenta ainda mais pela ausência de identidade aparente entre os personagens precedentes de Swann e principalmente de Odette – que ao final da narrativa intermediária na terceira pessoa podíamos acreditar "desaparecida" –, e o Swann e a Odette que se revelam como os pais de Gilberte na época das brincadeiras nos Champs-Elysées[82].

Para o leitor que interrompesse sua leitura da *Recherche* na última página de *No caminho de Swann,* o tempo perdido se resumiria à "contradição que é buscar na realidade os quadros da memória, aos quais sempre faltaria o encanto que lhes vem da própria memória e de não serem percebidos pelos sentidos" (I, p. 427). Quanto à *Recherche,* ela pareceria se limitar a uma luta sem esperança com essa distância crescente que engendra o esquecimento. Mesmo os momentos felizes de Combray, em

---

82. O autor – não mais o narrador – não sente nenhum constrangimento em fazer com que se encontrem nos Champs-Elysées o jovem Marcel e a Gilberte da pequena ladeira de Combray – cujo gesto indecente de então (I, p. 141) permanecerá um enigma até *O tempo redescoberto* (III, p. 693). As coincidências romanescas não constrangem Proust. Do mesmo modo, é o narrador que, transformando-as inicialmente em peripécias de sua narrativa, depois atribuindo ao acaso dos encontros um sentido quase sobrenatural, consegue transmutar todas as coincidências em destinos. A *Recherche* está cheia desses encontros inverossímeis que a narrativa faz frutificar. O último, e mais significativo, será, como veremos mais tarde, a conjunção do "lado de Swann" com o "lado dos Guermantes" com o aparecimento da filha de Gilberte e Saint-Loup nas páginas finais do romance.

que a distância entre a impressão presente e a impressão passada é magicamente transformada em uma contemporaneidade milagrosa, poderiam parecer varridos pelo mesmo esquecimento devastador. Esses instantes de graça nunca mais se reproduzirão – com apenas uma exceção – para além das páginas de "Combray". Apenas o sabor da pequena frase da sonata de Vinteuil – sabor que só conhecemos pela narrativa dentro da narrativa – permanece portadora de uma outra promessa. Mas de quê? Fica reservado ao leitor de *O tempo redescoberto* resolver esse enigma e, simultaneamente, o dos momentos felizes de Combray.

Apenas permanece aberta, para além dessa reviravolta, a via da desilusão, no longo deciframento dos signos do mundo, do amor e das impressões sensíveis, que se ouve de *A sombra das raparigas em flor* a *A fugitiva*.

2. *O tempo redescoberto*

Transportemo-nos de um salto para *O tempo redescoberto*, segundo foco da grande elipse da *Recherche*, reservando para a terceira etapa de nossa investigação a travessia do intervalo, desmedidamente ampliado, que separa os dois focos.

O que o narrador entende por tempo redescoberto? Para tentar responder a essa questão, tiraremos partido da simetria entre o começo e o fim da grande narrativa. Assim como a experiência da madalena delimita, em *No caminho de Swann*, um antes e um depois, o antes dos semidespertares e o após do tempo redescoberto de Combray, a grande cena da biblioteca do palácio Guermantes também delimita um antes, ao qual o narrador deu uma amplitude significativa, e um depois, no qual descobre-se o significado último do *Tempo redescoberto*.

Não é efetivamente *ex abrupto* que o narrador relata o acontecimento que marca o nascimento de um escritor. Prepara sua deflagração transpondo duas etapas iniciáticas: a primeira, que ocupa de longe o maior número de páginas, é feita de uma multiplicidade de acontecimentos mal coordenados entre si, pelo menos no estado em que o manuscrito inacabado de *O tempo redescoberto* nos foi deixado, mas todos marcados pelo duplo signo da desilusão e da indiferença.

É significativo que *O tempo redescoberto* comece com a narrativa de uma temporada em Tansonville, próxima da Combray da infância, cujo efeito não é reavivar a lembrança, mas extinguir o desejo por ela[83]. Essa perda de curiosidade comove imediatamente o herói, pois parece confirmar o sentimento outrora experimentado nos mesmos lugares: "de que eu jamais seria capaz de escrever" (III, p. 691). É preciso renunciar a *reviver* o passado, se o tempo perdido deve, de um modo ainda desconhecido, *ser redescoberto*. Essa morte do desejo de rever é acompanhada pela do desejo de possuir as mulheres que amamos. É notável que o narrador considere essa "incuriosidade" como "resultado do Tempo", entidade personificada que jamais será totalmente atribuída nem ao tempo perdido nem à eternidade e que permanecerá até o fim simbolizada, como nos mais antigos adágios de sabedoria, por seu poder de destruição. Voltaremos a isso no final.

Todos os acontecimentos narrados, todos os encontros relatados depois disso, são colocados sob o mesmo signo do declínio, da morte: a narração de Gilberte sobre a pobreza de suas relações com Saint-Loup, que se tornara seu marido, a vista da igreja de Combray, cujo poder de perdurar sublinha a precariedade dos mortais; e, principalmente, a descrição sem rebuço dos "longos anos" passados pelo herói numa casa de saúde, que contribui de modo realista para o sentimento de afastamento e distanciamento requerido pela visão final[84]. Também a des-

---

83. "Quando vi quão pouco curioso estava de Combray" (III, p. 691). "Mas, separado por toda uma vida diferente dos lugares que me acontecia percorrer de novo, não havia entre mim e eles essa contiguidade de que nasce, antes mesmo que percebamos, a imediata, deliciosa e total deflagração da lembrança" (III, p. 692).

84. Mesmo o célebre pastiche dos Goncourt (III, pp. 709-17), que serve de pretexto ao narrador para fustigar uma literatura de memorialista, fundada no poder diretamente exercido "de olhar e escutar" (III, p. 718), vem reforçar a tonalidade geral da narrativa na qual é interpolado, pelo desgosto que a leitura das páginas, ficticiamente atribuídas aos Goncourt, inspira no herói com relação

crição de Paris em guerra concorre para a impressão de erosão que afeta todas as coisas[85]; a frivolidade dos salões parisienses ganha um ar de decadência (III, p. 726); o dreyfusismo e o antidreyfusismo caíram no esquecimento; a visita de Saint-Loup, que retornara do *front*, é a visita de um espectro; ficamos sabendo da morte de Cottard; depois, da do senhor Verdurin. É o encontro fortuito com o senhor De Charlus em uma rua de Paris em guerra que imprime nessa sinistra iniciação o selo de uma mortal abjeção. Da degradação de seu corpo, de seus amores, emerge uma estranha poesia (III, p. 766) que o narrador atribui à completa indiferença que o herói, ao contrário, não conseguiu alcançar (III, p. 774). A cena no bordel de Jupien, onde o barão pede para ser açoitado com correntes por militares em licença, reduz a pintura de uma sociedade em guerra à quintessência de sua abjeção. O entrecruzamento, na narrativa, entre a última visita de Saint-Loup, rapidamente seguida pela notícia de sua morte – que evoca uma outra morte, a de Albertine[86] –, e a narrativa das últimas torpezas de Charlus, que culmina com sua prisão, dão a essas páginas um ar de turbilhão fúnebre, que prevalecerá novamente, mas carregado de um significado completamente diferente, na cena simétrica que se segue à grande revelação, a cena do jantar de máscaras cadavéricas, primeira prova do herói convertido à eternidade.

à literatura, e pelos obstáculos que ela cria para o avanço de sua vocação (III, pp. 709, 718).
85. É verdade que a transfiguração do céu parisiense pela luz dos projetores e a assimilação dos aviadores às Valquírias wagnerianas (III, pp. 759, 762) dão ao espetáculo de Paris em guerra um toque de estetismo, do qual não sabemos dizer se aumenta o caráter espectral de todas as cenas adjacentes ou se já provém da transposição literária consubstancial ao tempo redescoberto. De qualquer modo, a frivolidade não deixa de conviver com a morte: "As festas preenchem o que talvez sejam, se os alemães continuarem avançando, os últimos dias de nossa Pompeia. E é isso que os salvará da frivolidade" (III, p. 806).
86. "E sucedia, ademais, que suas duas vidas tinham, cada uma, um segredo paralelo de que eu jamais suspeitara" (III, p. 848). A aproximação entre esses dois desaparecimentos dá ao narrador a ocasião de uma meditação sobre a morte, que será integrada mais tarde à perspectiva do tempo redescoberto: "Contudo, a morte parece sujeita a certas leis" (III, p. 850). Mais precisamente, a morte acidental que, ao seu modo, associa o acaso e o destino, para não dizer a predestinação (*ibid.*).

Para sublinhar mais uma vez o vácuo que cerca a revelação, o narrador introduz um corte brutal na narrativa: "A nova casa de saúde a que me recolhi não me curou mais que a primeira; e muitos anos passaram antes que eu saísse dali" (III, p. 874). Uma última vez, ao longo do trajeto de retorno a Paris, o herói faz o balanço lamentável de seu estado: "mentira da literatura", "inexistência do ideal no qual acreditei", "inspiração impossível", "absoluta indiferença"...

A esse primeiro grau da iniciação pelas trevas da reminiscência sucede um segundo grau bom mais breve, marcado por signos premonitórios[87]. O tom da narrativa se inverte, de fato, no momento em que o herói se deixa seduzir, como outrora em Combray, pelo nome de Guermantes, lido no convite para a vesperal dada pelo príncipe. Mas, dessa vez, o trajeto de carro parece um voo: "E, como um aviador que até então rodava penosamente em terra, 'decolando' bruscamente eu subia lentamente até as alturas silenciosas da lembrança" (III, p. 858). O encontro com a decadência, na pessoa do Sr. de Charlus, convalescente de um ataque de apoplexia – "que conferira ao velho príncipe decaído a majestade shakespeariana de um lei Lear" (III, p. 859) –, não basta para interromper a subida. O herói discerne, ao contrário, nessa silhueta devastada, "uma espécie de doçura quase física, de afastamento das realidades da vida, tão impressionante naqueles que a morte já tocou com sua sombra" (III, p. 860). É nesse momento que o herói recebe como um "aviso" portador da salvação uma série de experiências em tudo semelhantes, pela felicidade que proporcionam, às de Combray, "que me pareciam sintetizadas nas últimas obras de Vinteuil" (III, p. 866): a topada em paralelepípedos desiguais, o tilintar de uma colher contra um prato, o aprumo engomado de um guardanapo dobrado. Mas enquanto, naquele momento, o narrador tivera que adiar a elucidação dos motivos dessa felicidade, desta vez ele está bem decidido a resolver o enigma.

---

87. "Mas é por vezes quando tudo nos parece perdido que chega o aviso que pode nos salvar; bateu-se em todas as portas que a nada conduzem, e na única pela qual se pode entrar e que se procuraria em vão durante cem anos, esbarra-se sem querer, e ela se abre" (III, p. 866).

Não que o narrador não tenha percebido, desde a época de Combray, que a intensa alegria sentida resultava da fortuita conjunção entre duas impressões semelhantes não obstante sua distância no tempo; aliás, também dessa vez o herói não tarda a reconhecer Veneza e as duas lajes desiguais do batistério de São Marcos sob a impressão dos paralelepípedos desiguais de Paris. O enigma a ser resolvido não é que a distância temporal possa ser assim anulada "por acaso", "como por encanto", na identidade de um mesmo instante: é que a alegria recebida seja "não só igual a uma certeza, mas também suficiente para, sem outras provas, tornar a morte indiferente para mim" (III, p. 867). Em outras palavras, o enigma a ser resolvido é o da *relação* entre os momentos felizes, oferecidos pelo acaso e pela memória involuntária, e a "história invisível de uma vocação".

O narrador construiu assim, entre a massa considerável das narrativas que se estendem por milhares de páginas e a cena decisiva da biblioteca, uma transição narrativa que desloca o sentido do *Bildungsroman* do aprendizado dos signos para a visitação. Consideradas juntas, as duas vertentes dessa transição narrativa têm ao mesmo tempo valor de ruptura e de sutura entre os dois focos da *Recherche*. Ruptura, pelos signos da morte, que sancionam o fracasso de um aprendizado de signos privados de seu princípio de deciframento. Sutura, pelos signos premonitórios da grande revelação.

Eis-nos agora no coração da grande cena da visitação que decide sobre o primeiro sentido – mas não sobre o último – a vincular à própria noção de *tempo redescoberto*. O estatuto narrativo daquilo que pode ser lido como uma grande dissertação sobre a arte – e até mesmo sobre a arte poética de Marcel Proust inserida à força em sua narrativa – é garantido pelo laço diegético sutil que o narrador estabelece entre essa cena maior e a narrativa anterior dos acontecimentos com valor de transição iniciática. Esse laço atua em dois planos ao mesmo tempo; em primeiro lugar no plano anedótico: o narrador teve o cuidado de situar a narrativa dos últimos signos de aviso no mesmo lugar que a narrativa da grande revelação: "o pequeno salão biblioteca contíguo ao bufê" (III, p. 868); em segundo lugar, no plano temático: é nos momentos felizes e nos signos premonitórios que o narrador funda sua meditação sobre o tempo, a qual deriva assim dos pensamentos do narrador, que reflete sobre aquilo que o acaso lhe oferecera graciosamente antes[88]. Finalmente, num plano reflexivo mais profundo, a especulação sobre o tempo está ancorada na narrativa a título de acontecimento fundador da vocação de escritor. O papel de origem, assim atribuído à especulação na história de uma vocação, garante o caráter irredutivelmente narrativo dessa própria especulação.

O que parece distanciar essa especulação da narrativa é o fato de ela focalizar, em primeiro lugar, não o tempo redescoberto, no sentido de tempo perdido redescoberto, mas a própria suspensão do tempo: *a eternidade*, ou, para falar como o narrador, "o ser extratemporal" (III, p. 871)[89]. E será assim enquanto a especulação não for reintegrada à decisão de escrever, que restitui ao pensamento a perspectiva de uma obra por fazer. Que o extratemporal seja somente o primeiro patamar do tempo redescoberto nos é assegurado por algumas observações do narrador: em primeiro lugar, o caráter fugidio da própria contemplação; em seguida, a necessidade de apoiar a descoberta que o herói faz de um ser extratemporal que o constitui no "celeste alimento" da essência das coisas; finalmente, o caráter imanente, e não transcendente, de uma eternidade que, de um modo misterioso, circula entre o presente e o passado e realiza sua unidade. O ser extratemporal não esgota pois todo o sentido do *Tempo redescoberto*. É, sem dúvida, *sub specie aeternitatis* que a memória involuntária opera seu milagre no

---

88. Pode-se observar que essa especulação narrativizada é contada no imperfeito, tempo do pano de fundo, segundo Harald Weinrich, em contraste com o "passé simple", tempo da incidência, do ponto de vista do realçamento da narrativa (cf. acima, p. 120). A meditação sobre o tempo constitui, com efeito, o pano de fundo sobre o qual se destaca a decisão de escrever. É necessário um novo "passé simple" de incidência anedótica para interromper a meditação: "Nesse momento o mordomo veio dizer-me que, tendo terminado a primeira peça, eu podia deixar a biblioteca e entrar nos salões. Isso me fez lembrar onde eu estava" (III, p. 918).

89. E ainda: "Um minuto livre da ordem do tempo recriou em nós, para o podermos sentir, o homem liberto da ordem do tempo" (III, p. 873).

tempo[90] e que a inteligência pode abarcar num mesmo olhar a distância do heterogêneo e a simultaneidade do análogo; e é mais uma vez o ser extratemporal que engloba as analogias oferecidas pelo acaso e pela memória involuntária, assim como o trabalho de aprendizado dos signos, que reduz o curso perecível das coisas à sua essência "fora do tempo" (III, p. 871). Contudo, falta ainda a esse "ser extratemporal" o poder de "recuperar os dias idos" (III, p. 871). É nesse ponto decisivo que se revela o sentido do processo narrativo constitutivo da fábula sobre o tempo. Resta reunir as duas valências atribuídas simultaneamente ao tempo redescoberto[91]. Essa expressão designa ora o extratemporal, ora o ato de recuperar o tempo perdido. Apenas a decisão de escrever acabará com a dualidade de sentido do tempo redescoberto. Sem essa decisão, essa dualidade parece insuperável. Com efeito, o extratemporal vincula-se a uma meditação sobre a própria origem da criação estética, num momento contemplativo que não se inscreve numa obra efetiva e não envolve o labor da escrita. Na ordem do extratemporal, a obra de arte, considerada na sua origem, não é o produto do artesão das palavras: preexiste a nós e deve apenas ser descoberta; nesse nível, criar é traduzir.

O tempo redescoberto, no segundo sentido do termo, no sentido do tempo perdido *ressuscitado*, procede da fixação desse segundo momento contemplativo fugidio *numa obra durável*. Trata-se então, como Platão dizia das estátuas de Dédalo, sempre prestes a escapulirem, de encadear essa contemplação

---

90. Falando desse ser extratemporal que o herói fora sem saber, no episódio da pequena madalena, o narrador precisa: "Apenas ele tinha o poder de me fazer redescobrir meus antigos dias, o tempo perdido, diante dos quais os esforços de minha memória e de minha inteligência sempre fracassavam" (III, p. 871).

91. O narrador antecipa esse papel de mediador entre as duas valências do tempo redescoberto quando declara: "E, de passagem, notei que haveria ali, na obra de arte que já me sentia prestes a empreender, sem me ter conscientemente decidido a isso, grandes dificuldades" (III, pp. 870-1). É preciso notar, com Georges Poulet, que a fusão no tempo é também fusão no espaço: "Sempre, nessas ressurreições, o lugar longínquo, engendrado a partir da sensação comum, agarrava-se por um momento, como um lutador, ao lugar atual" (III, pp. 874-5).

inscrevendo-a na duração: "Por isso, essa contemplação da essência das coisas, estava agora decidido a retê-la, a fixá-la, mas como? por que meios?" (III, p. 876). É aqui que a criação artística, substituindo a meditação estética, oferece sua mediação: "Ora, esse meio que me parecia o único, que era senão a feitura de uma obra de arte?" (III, p. 879). O erro de Swann, com relação a isso, fora o de ter assimilado a felicidade proposta pela pequena frase da sonata ao prazer do amor: "não a soube encontrar na criação artística" (III, pp. 877-8). É também aqui que o deciframento dos signos vem em socorro da contemplação fugidia, não para substituí-la, menos ainda para precedê-la, mas para, sob seu controle, elucidá-la.

A decisão de escrever tem assim a virtude de transpor o extratemporal da visão original para a temporalidade da ressurreição do tempo perdido. Nesse sentido podemos dizer, com toda segurança, que a *Recherche narra a transição de uma significação à outra do tempo redescoberto*: por isso é uma fábula sobre o tempo.

Resta explicar como o caráter narrativo do nascimento de uma vocação é garantido pela prova, que se segue à revelação da verdade da arte, e pelo engajamento do herói na obra a ser feita. Essa prova passa pelo desfile da *morte*. Não seria exagerado dizer que é a relação com a morte que estabelece a diferença entre as duas significações do tempo redescoberto: o extratemporal, que transcende "as inquietudes a respeito de minha morte" e que faz com que eu não "me preocupe com as vicissitudes do futuro" (III, p. 871), e a ressurreição, na obra, do tempo perdido. Embora o destino desta última dependa, em última instância, do labor da escrita, a ameaça de morte não é menor no tempo redescoberto que no tempo perdido[92].

---

92. A "linguagem universal" (III, p. 903) na qual a impressão deve ser traduzida não deixa também de ter relação com a morte: como a história para Tucídides, a obra de arte, para o narrador da *Recherche*, pode fazer "daqueles que já não estão, na sua mais verdadeira essência, uma aquisição perpétua para todas as almas" (III, p. 903). Perpétua? Sob essa ambição dissimula-se a relação com a morte: "As mágoas são criados obscuros, detestados, contra os quais lutamos,

Foi o que o narrador quis dizer, fazendo seguir à narrativa da conversão à escrita o espantoso espetáculo oferecido pelos convidados do jantar do príncipe de Guermantes; esse jantar, em que todos os convidados parecem ter "criado para si um novo rosto" (III, p. 920) – na verdade, uma caveira –, é expressamente interpretado pelo narrador como uma "peripécia" que, segundo ele, "iria levantar contra meu empreendimento a mais grave das objeções" (III, p. 920). Qual? Nada menos que a lembrança da morte que, se nada pode contra o extratemporal, ameaça sua expressão temporal, a própria obra de arte.

Que são, com efeito, os personagens dessa dança macabra? "Bonecos, mas que, para serem identificados com aquele que conhecêramos, exigiam que se lesse simultaneamente em vários planos, situados atrás deles e que lhes davam profundidade e forçavam a fazer um trabalho mental quando tínhamos diante de nós esses velhos fantoches, pois era-se obrigado a olhá-los tanto com os olhos como com a memória. Bonecos mergulhados nas cores imateriais dos anos, bonecos que exteriorizavam o Tempo, o Tempo que normalmente não é visível e que para tornar-se visível procura corpos e, sempre que os encontra, apodera-se deles para neles exibir sua lanterna mágica" (III, p. 924)[93]. E que anunciam todas essas máscaras de moribundos, senão a aproximação da própria morte do herói (III,

---

sob cujo domínio caímos mais e mais, criados atrozes, insubstituíveis e que por vias subterrâneas nos conduzem à verdade e à morte. Felizes os que encontraram a primeira antes da segunda e para quem, por mais próximas que estejam uma da outra, a hora da verdade tenha soado antes da hora da morte!" (III, p. 910).

93. Voltarei, na conclusão, a essa visibilidade do tempo "exteriorizado", que ilumina os mortais com sua lanterna mágica. No mesmo sentido, um pouco mais adiante: "... não era apenas a transformação dos moços de outrora, mas a que aguardava os de hoje que me dava com tanta força a sensação do Tempo" (III, p. 945). Trata-se ainda da "sensação do tempo escoado" (III, p. 957) e da alteração dos seres como "um efeito (mas dessa vez exercendo-se no indivíduo e não na classe social) do Tempo" (III, p. 964). Essa figuração do tempo, na dança macabra, deve ser incluída na "galeria das figuras simbólicas" (Jauss, *op. cit.*, pp. 152-66) que, ao longo da *Recherche*, constituem outras tantas figurações do tempo invisível: Hábito, Mágoa, Ciúme, Esquecimento e, agora, Velhice. Essa emblemática, eu diria, dá visibilidade ao "artista, o Tempo".

p. 927)? Eis a ameaça: "Eu descobria essa ação destrutiva do Tempo justamente quando me propunha a tentar tornar claras, intelectualizar numa obra de arte, realidades extratemporais" (III, p. 930). Afirmação considerável: o velho mito do Tempo destruidor seria mais forte que a visão do tempo redescoberto pela obra de arte? Sim, se separássemos a segunda significação do tempo redescoberto da primeira. E é dessa tentação que o herói é presa até o final da narrativa. Ora, essa tentação é poderosa, na medida em que o labor da escrita se realiza no mesmo tempo que o tempo perdido. Pior, na medida em que a narrativa que precedeu de certo modo realçou, precisamente como narrativa, o caráter de acontecimento fugidio ligado à descoberta de sua abolição no supratemporal. Essa não é, contudo, a última palavra: para o artista capaz de preservar a relação do tempo ressuscitado com o extratemporal, o Tempo revela sua outra face mítica: a profunda identidade que os seres, apesar de sua degradação, conservam mostra "a força de renovação original do Tempo que, respeitando tanto a unidade do ser como as leis da vida, sabe modificar assim o cenário e introduzir audaciosos contrastes em dois aspectos sucessivos de um mesmo personagem" (III, p. 935). Quando falarmos mais adiante do reconhecimento, como conceito-chave da unidade entre os dois focos da elipse da *Recherche*, lembraremos que o que torna os seres reconhecíveis é ainda "o artista, o Tempo" (III, p. 936). "Esse artista trabalha aliás muito lentamente" (*ibid.*), nota o narrador.

O narrador vê um sinal de que esse pacto entre as duas figuras do *Tempo redescoberto* possa ser concluído e preservado no encontro que nada do que precede fazia prever: o surgimento da filha de Gilberte Swann e Robert de Saint-Loup, que simboliza a reconciliação entre os dois "caminhos", o de Swann, por parte da mãe, o de Guermantes, por parte do pai: "Achei-a extremamente bela: ainda cheia de esperanças, risonha, formada pelos próprios anos que eu perdera, parecia-se com minha Juventude" (III, p. 1032). Esse surgimento que concretiza uma reconciliação, várias vezes anunciada ou antecipada na obra, visaria sugerir que a criação tem um pacto com a juventude – com a "natalidade", diria Hannah Arendt – que torna a arte, ao contrário do amor, mais forte que a morte?[94]

Esse sinal não é mais, como os precedentes, anunciador ou premonitório: é um "aguilhão": "Enfim, essa ideia do Tempo tinha um último valor para mim, era um aguilhão, dizia-me que era tempo de começar se quisesse alcançar o que sentira algumas vezes ao longo de minha vida, por breves lapsos, no caminho de Guermantes, nos meus passeios de carro com a Sra. de Villeparisis, e que me fizera considerar a vida digna de ser vivida. E ainda mais digna, agora que parecia poder ser aclarada, ela, que vivemos nas trevas, mostrada na sua verdadeira essência, ela, que não paramos de falsear, em suma, realizada num livro!" (III, p. 1032).

3. *Do tempo redescoberto ao tempo perdido*

Ao final dessa pesquisa sobre a *Recherche*, considerada fábula sobre o tempo, resta caracterizar a *relação* que a narrativa estabelece entre os dois focos da elipse: o aprendizado dos signos, com seu tempo perdido, *e* a revelação da arte, com sua exaltação do extratemporal. É essa relação que caracteriza o tempo como tempo redescoberto, mais exatamente como tempo *perdido-redescoberto*. Para entender o adjetivo, é preciso interpretar o verbo: o que significa, afinal, redescobrir o tempo perdido?

Para responder a essa questão, queremos mais uma vez conhecer tão-somente os pensamentos do narrador que medita sobre uma obra que ainda não está escrita (na ficção, essa obra não é a que acabamos de ler). Disso resulta que são as dificuldades esperadas de uma obra ainda por fazer que melhor designam o sentido a dar ao ato de redescobrir o tempo.

Encontramos essas dificuldades condensadas na declaração na qual o narrador tenta caracterizar o sentido de sua vida

---

94. "O tempo incolor e inapreensível, para que, por assim dizer, eu pudesse vê-lo e tocá-lo, materializara-se nela, moldara-a como uma obra-prima, enquanto ao mesmo tempo, em mim, só fizera desgraçadamente seu trabalho" (III, p. 1031).

passada com relação à obra por fazer: "Assim, toda minha vida até hoje poderia e não poderia ser resumida no título: Uma vocação" (III, p. 899).

A ambiguidade habilmente estabelecida entre o sim e o não merece reflexão: não, "a literatura não representara nenhum papel em minha vida" (*ibid.*); sim, toda essa vida "formava uma *reserva*" quase vegetativa da qual o organismo em germe iria se alimentar: "Assim, minha vida estava em *relação* [grifo nosso] com aquilo que traria sua maturação" (*ibid.*).

Que dificuldades o ato de redescobrir o tempo perdido deve pois superar? E por que sua solução traz essa marca de ambiguidade?

Uma primeira hipótese é proposta: a *relação* sobre a qual se edifica o ato de redescobrir o tempo ao longo de toda a *Recherche* não seria uma extrapolação daquela que a reflexão identifica nos exemplos canônicos de reminiscência elucidada, esclarecida? Em contrapartida, essas experiências ínfimas não constituiriam o laboratório em miniatura no qual se forja a *relação* que confere sua unidade ao conjunto da *Recherche*?

Essa extrapolação pode ser lida na seguinte declaração: "O que chamamos realidade é uma certa relação entre as sensações e as lembranças que nos envolvem simultaneamente – relação suprimida pela simples visão cinematográfica, que se afasta tanto mais do verdadeiro quanto mais pretende restringir-se a ele – relação única que o escritor deve redescobrir para encadear para sempre em sua frase os dois termos diferentes" (III, p. 889). Tudo aqui tem peso: "relação única", como nos momentos felizes e em todas as experiências análogas de reminiscência, uma vez esclarecidos, relação a ser "redescoberta", relação em que dois termos diferentes são "encadeados para sempre em uma frase".

Abre-se assim uma primeira pista, que nos leva a procurar a das figuras de estilo, cuja função é precisamente estabelecer a relação entre dois objetos diferentes. Essa figuração é a *metáfora*. É o que o narrador atesta numa declaração[95], em que

---

95. Esse texto, que se segue àquele ao qual acabamos de nos referir, deve ser citado na sua totalidade: "Pode-se fazer com que se sucedam indefinida-

vejo claramente, com Roger Shattuck[96], uma das chaves hermenêuticas da *Recherche*: essa relação metafórica, que se revela com a elucidação dos momentos felizes, torna-se a matriz de todas as relações em que dois objetos distintos são, apesar de sua diferença, elevados à essência e subtraídos às contingências do tempo. Todo o aprendizado dos signos, que constitui a vastidão da *Recherche*, subsume-se assim à lei percebida a partir do exemplo privilegiado de alguns signos premonitórios, já portadores do sentido desdobrado que a inteligência só tem que esclarecer. A metáfora domina ali onde a visão cinematográfica, puramente sucessiva, falha, por não relacionar sensações e lembranças. O narrador percebeu a aplicação geral que pode ser feita dessa relação metafórica, quando a declara "análoga, no mundo da arte, à relação única da lei causal no mundo da ciência"*(ibid.)*. Não há mais, portanto, nenhuma grandiloquência ao se dizer que sensações e lembranças, ao longo de toda a *Recherche*, estão encerradas "nos elos necessários do belo estilo" *(ibid.)*. O estilo, aqui, não designa nada ornamental, mas a entidade singular resultante da conjunção, numa obra de arte única, entre as questões de onde ela procede e as soluções que propõe. O tempo redescoberto, nesse primeiro sentido, é o tempo perdido eternizado pela metáfora.

Essa primeira pista não é a única: a solução *estilística*, colocada sob o emblema da metáfora, requer o complemento de uma solução que podemos chamar de *óptica*[97]. O próprio nar-

---

mente numa descrição os objetos que figurariam no lugar descrito, mas a verdade só começará quando o escritor tomar dois objetos diferentes e estabelecer a relação entre eles, análoga, no mundo da arte, à relação única da lei causal no mundo da ciência, e os encerrar nos elos necessários de um belo estilo; ou, assim como a vida, quando, relacionando uma qualidade comum a duas sensações, extrair sua essência comum reunindo-as uma à outra para subtraí-las às contingências do tempo, numa metáfora" (III, p. 889).
    96. Roger Shattuck, *Proust's Binoculars; A Study of Memory, Time and Recognition in "A la recherche du temps perdu"* (Nova York, Random House, 1963), abre com esse famoso texto um estudo de cujos méritos falarei mais adiante.
    97. Devo as observações que se seguem à obra citada de Shattuck. Ele não se limita a uma coleção das imagens ópticas que marcam a *Recherche* (lanterna

rador nos incita a seguir essa segunda pista, pronto a identificar em seguida o ponto em que as duas se entrecruzam, declarando que "o estilo para o escritor, como a cor para o pintor, é uma questão não de técnica mas de visão" (III, p. 895).

Por visão deve-se entender algo que nada tem a ver com a revivescência do imediato: uma leitura dos signos, que, como sabemos, requer um aprendizado. Se o narrador chama de *visão* a experiência do tempo redescoberto, é na medida em que esse aprendizado é coroado por um *reconhecimento* que é a própria marca do extratemporal no tempo perdido[98]. São, mais uma vez, os momentos felizes que ilustram em miniatura essa visão estereoscópica erigida em reconhecimento. Mas é ao completo aprendizado dos signos que a ideia de uma "vista óptica" se aplica. Esse aprendizado, com efeito, pulula de erros de óptica que, retrospectivamente, revestem o sentido de um desconhecimento. Assim, a espécie de dança macabra – o jantar das máscaras – que se segue à grande meditação, não é apenas marcada com o signo da morte, mas com o signo do não reconhecimento (III, pp. 931, 948 etc.). O herói não consegue nem mesmo reconhecer Gilberte. Essa cena é capital, na medida em que coloca retrospectivamente toda a busca anterior simultaneamente sob o signo de uma comédia dos erros (ópticos) e na trajetória de um projeto de reconhecimento integral. Essa interpretação global da *Recherche* em termos de reconhecimento autoriza a considerar o encontro do herói com a filha

---

mágica, caleidoscópio, telescópio, microscópio, lentes de aumento etc.), mas dedica-se a discernir as regras de uma dióptrica proustiana fundada no contraste binocular. A óptica proustiana não é uma óptica direta, mas desdobrada, que autoriza Shattuck a qualificar toda a *Recherche* como uma "*stereo-optics of Time*" [estereoscopia do Tempo]. O texto canônico a esse respeito é o seguinte: "Por todos esses aspectos, uma recepção como esta em que me encontrava (...) era como o que outrora se chamava de uma vista óptica, mas uma vista óptica dos anos, a vista não de um momento, não de uma pessoa situada na perspectiva deformante do Tempo" (III, p. 925).

98. Roger Shattuck sublinha-o nitidamente: o momento supremo do livro não é um momento feliz, mas um reconhecimento (p. 37): "*After the supreme rite of recognition at the end, the provisional nature of life disappears in the discovery of the straight path of art*" [Após o supremo rito de reconhecimento no final, a natureza provisória da vida desaparece na descoberta do caminho linear da arte] (p. 38).

de Gilberte uma última cena de reconhecimento, na medida em que, como dissemos acima, a jovem encarna a reconciliação entre os dois caminhos, o de Swann e o de Guermantes.

As duas pistas que acabamos de seguir se entrecruzam em um ponto: metáfora e reconhecimento têm em comum o fato de elevar duas expressões ao plano da essência, sem abolir sua diferença: "Com efeito, 'reconhecer' alguém e, mais ainda, identificá-lo depois de não ter conseguido reconhecê-lo é pensar sob uma única denominação duas coisas contraditórias" (III, p. 939). Esse texto capital estabelece a equivalência entre metáfora e reconhecimento, transformando a primeira no equivalente lógico da segunda ("pensar sob uma única denominação duas coisas contraditórias") e a segunda no equivalente temporal da primeira ("admitir que o que estava aqui, o ser do qual nos lembramos, não existe mais, e que o que existe é um ser que não conhecemos", *ibid.*). Assim, podemos dizer, a metáfora é na ordem do estilo o que o reconhecimento é na ordem da visão estereoscópica.

Mas a dificuldade ressurge nesse ponto preciso: em que consiste a relação entre o estilo e a visão? Com essa questão tocamos no problema que domina o conjunto da *Recherche*, o da *relação* entre a escrita e a impressão, ou seja, num sentido último, entre a literatura e a vida.

Um terceiro sentido da noção de tempo redescoberto vai se revelar com essa nova pista: o tempo redescoberto, diremos agora, é a *impressão redescoberta*. Mas que é a impressão redescoberta? É preciso, mais uma vez, partir da exegese dos momentos felizes e estendê-la a todo o aprendizado dos signos buscado ao longo da *Recherche*. A impressão, para ser redescoberta, deve primeiro estar perdida enquanto gozo imediato, prisioneira de seu objeto exterior; esse primeiro estágio da redescoberta marca a completa interiorização da impressão[99]; um segundo

---

99. "... como toda impressão é dupla, metade embutida no objeto e prolongada em nós por uma outra metade que somente nós poderíamos conhecer, apressamo-nos em desprezar esta última, ou seja, a única à qual deveríamos nos apegar..." (III, p. 891).

estágio é a transposição da impressão em lei, em ideia[100]; um terceiro é a inscrição desse equivalente espiritual numa obra de arte; haveria um quarto estágio, ao qual ele só alude uma única vez na *Recherche*, quando o narrador evoca seus futuros leitores: "eles não seriam, na minha opinião, meus leitores, mas leitores de si mesmos, meu livro sendo apenas como essas lentes de aumento que o óptico de Combray oferecia a um freguês; meu livro, graças ao qual eu lhes forneceria o meio de lerem em si mesmos" (III, p. 1033)[101].

Essa alquimia da impressão redescoberta coloca nitidamente a dificuldade que o narrador percebe quando ultrapassa o limiar da obra: como não substituir a vida pela literatura, ou ainda, sob a égide das leis e das ideias, não dissolver a impressão numa psicologia ou numa sociologia abstrata, despojada de todo caráter narrativo? O narrador replica a esse perigo com a preocupação de preservar um equilíbrio instável entre as impressões cujo caráter, diz ele, "consistia em eu não ser livre para escolhê-las, em elas me serem dadas como tais" (III, p. 879) e, por outro lado, o deciframento dos signos, orientado pela conversão da impressão em obra de arte. A criação literária parece então puxar em dois sentidos contrários.

Por um lado, a impressão deve conservar "o controle (...) da verdade de todo o quadro" (III, p. 879)[102]. Nessa mesma linha, acontece ao narrador falar da vida como um "livro interior des-

---

100. "Em suma, em ambos os casos, quer se trate de impressões como as que a vista dos campanários de Martinville me dera, ou de reminiscências como a do desnível dos dois degraus ou o gosto da madalena, era preciso tentar interpretar as sensações como os signos de leis e ideias, tentando pensar, ou seja, fazer sair da penumbra o que eu sentira, convertê-lo em um equivalente espiritual" (III, pp. 878-9).

101. Encontraremos essa última fase da alquimia da escrita ao longo de nossa quarta parte, no âmbito de nossa reflexão sobre a realização da obra de arte no ato da leitura.

102. "Eu não procurara os dois paralelepípedos desiguais do pátio nos quais tropeçara. Mas, justamente, o modo fortuito, inevitável, como a sensação foi encontrada, controlava a verdade do passado que ela ressuscitava, das imagens que desencadeava, já que sentimos seu esforço para emergir à luz, a alegria do real redescoberto" (III, p. 879).

ses signos desconhecidos" (*ibid.*). Não fomos nós, porém, que escrevemos esse livro: ora, "o livro de caracteres figurados, não traçados por nós, é nosso único livro" (III, p. 880)[103]. Melhor: é "nossa verdadeira vida, a realidade tal como a sentimos e que difere tanto daquilo que acreditamos, que somos invadidos pela felicidade quando um acaso nos traz a verdadeira lembrança" (III, p. 881). Assim, é na "submissão à realidade interior" (III, p. 882) que se funda a escrita da obra a ser feita[104].

Por outro lado, a leitura do livro da vida consiste "num ato de criação, no qual ninguém pode nos substituir, nem mesmo colaborar conosco" (III, p. 887). Tudo parece agora inclinar-se para a literatura. Todos conhecem o famoso texto: "A verdadeira vida, a vida enfim descoberta e esclarecida e, consequentemente, a única vida realmente vivida é a literatura; vida que, em certo sentido, mora a cada instante tanto em todos os homens quanto no artista. Mas eles não a veem, porque não procuram esclarecê-la" (III, p. 895). Essa declaração não deve nos enganar. Não se refere de modo algum à apologia *do* Livro em Mallarmé. O que ela coloca é uma equação que, no final da obra, deveria ser inteiramente reversível entre a vida e a literatura, ou seja, no final das contas, entre a impressão conservada em seu vestígio e a obra de arte que diz o sentido da impressão. Mas essa reversibilidade não se encontra em parte alguma: deve ser o fruto do labor da escrita. Nesse sentido, a *Recherche* poderia intitular-se *À la recherche de l'impression perdue**, já que

---

103. Toda a problemática dos vestígios está contida aqui: "Aquele livro, o mais difícil de ser decifrado, é também o único que nos foi ditado pela realidade, o único cuja 'impressão' foi provocada em nós pela própria realidade. De todas as ideias deixadas em nós pela vida, a figura material, vestígio da impressão que provocou em nós, continua sendo a garantia de sua verdade necessária" (III, p. 880). Voltaremos a essa problemática do vestígio na quarta parte.

104. A esse respeito, o artista não é menos devedor a algo que o precede que o historiador. Voltaremos a isso na quarta parte. No mesmo sentido: "... eu percebia que esse livro essencial, o único livro verdadeiro, um grande escritor não tem, no sentido corrente do termo, que inventá-lo, já que ele já existe em cada um de nós, mas traduzi-lo. O dever e a tarefa de um escritor são iguais aos de um tradutor" (III, p. 890).

* Em busca da impressão perdida

a literatura não passaria de uma impressão redescoberta – "a alegria do real redescoberto" (III, p. 879).

Uma terceira versão do tempo redescoberto oferece-se assim à nossa meditação. Mais do que se somar às duas precedentes, ela as engloba. Na impressão redescoberta recruzam-se as duas pistas que seguimos e reconciliam-se o que se poderia chamar os dois "caminhos" da *Recherche*; na ordem do estilo, o caminho da metáfora, na ordem da visão, o caminho do reconhecimento[105]. Em contrapartida, metáfora e reconhecimento explicitam a *relação* sobre a qual também se edifica a impressão redescoberta, a relação entre a vida e a literatura. E a cada vez essa relação inclui o esquecimento e a morte.

Essa é a riqueza de sentido do tempo redescoberto ou, mais precisamente, da operação de redescobrir o tempo perdido. Esse sentido abarca as três versões que acabamos de explorar. O tempo redescoberto, diremos, é a *metáfora*, que encerra as diferenças "nos elos necessários do belo estilo"; é ainda o *reconhecimento*, que coroa a visão estereoscópica; é, finalmente, a *impressão redescoberta*, que reconcilia a vida e a literatura. Assim, posto que a vida figura o aspecto do tempo perdido e a literatura o aspecto do extratemporal, temos o direito de dizer que o tempo redescoberto exprime a retomada do tempo perdido no extratemporal, assim como a impressão redescoberta exprime a retomada da vida na obra de arte.

Os dois focos da elipse da *Recherche* não se confundem: entre o tempo perdido do aprendizado dos signos e a contemplação do extratemporal, permanece uma distância. Mas será uma distância *atravessada*.

Concluiremos com essa última expressão. Ela marca, com efeito, a transição do extratemporal, entrevista na contemplação, para o que o narrador chama de "tempo incorporado" (III,

---

105. Meditando sobre a confluência, na Srta. de Saint-Loup, dos dois "caminhos", por onde o herói tanto passeara e sonhara, o narrador percebe que sua obra será feita de todas as "transversais" que reúnem as impressões, as épocas e os lugares (III, pp. 1038-9). Tantos caminhos, tantas transversais, tantas distâncias atravessadas.

p. 1046)[106]. O extratemporal é apenas um ponto de passagem: sua virtude consiste em transformar em duração contínua os "vasos fechados das épocas descontínuas". Longe pois de desembocar numa visão bergsoniana de uma duração desprovida de toda extensão, a *Recherche* confirma o caráter dimensional do tempo. O itinerário da *Recherche* vai da ideia de uma distância que separa a uma distância que junta. É o que confirma a última figura que a *Recherche* propõe do tempo: a acumulação da duração sob nós mesmos, de algum modo. Assim, o narrador-herói vê os homens como "montados em pernas de pau vivas, que crescem incessantemente, por vezes mais alto que campanários, e que acabam por tornar seu caminhar difícil e perigoso, e de onde de repente eles caem" (III, p. 1048). Quanto a ele mesmo, tendo incorporado a seu presente um "tempo tão longo", ele se vê "alçado a seu ápice vertiginoso" (III, p. 1047). Essa última figura do tempo redescoberto diz duas coisas: que o tempo perdido está contido no tempo redescoberto, mas também que é finalmente o Tempo que nos contém. Não é, com efeito, um grito de triunfo que conclui a *Recherche*, mas um "sentimento de cansaço e de pavor" (*ibid.*). Pois o tem-

---

106. A figuração que corresponde a esse tempo incorporado é a repetição, no início e no final da *Recherche*, da mesma lembrança da igreja Saint-Hilaire de Combray: "Então, repentinamente pensei que se ainda tivesse forças para realizar minha obra, essa recepção – como outrora em Combray certos dias que haviam influído sobre mim –, que hoje mesmo me dera simultaneamente a ideia de minha obra e o temor de não poder realizá-la, certamente marcaria nela sobretudo a forma que eu outrora pressentira na igreja de Combray, e que geralmente permanece invisível para nós, a forma do Tempo" (III, pp. 1044-5); para essa última iluminação retrospectiva, o narrador reservou o "passé simple" acompanhado pelo advérbio "repentinamente". Uma última vez, a igreja de Combray restitui a proximidade na distância que, desde o início da *Recherche*, marcava a evocação de Combray. *O tempo redescoberto* é então a repetição: "Se era essa noção do tempo incorporado, dos anos passados não separados de nós, que eu agora pretendia tão decididamente ressaltar, era porque neste mesmo momento, no palácio do príncipe de Guermantes, o ruído dos passos de meus pais acompanhando Swann até a porta, o tilintar sonoro, ferruginoso, interminável, estridente e claro da sineta, que me dizia que finalmente Swann partira e que mamãe ia subir, eu os ouvi de novo, ouvi-os de fato, apesar de estarem num passado tão remoto" (III, p. 1046).

po redescoberto é também a morte redescoberta. A *Recherche* engendrou apenas um tempo *ínterim*, na expressão de H. R. Jauss, o tempo de uma obra ainda por fazer e que a morte pode aniquilar.

Que em última instância o tempo nos envolve, como se dizia nos velhos mitos, sabíamos desde o início: o que o começo narrativo tinha de estranho era o fato de remeter a um anterior indefinido. O desfecho narrativo não age de modo diferente: a narrativa para quando o escritor se põe ao trabalho. Todos os tempos verbais passam agora do futuro para o futuro do pretérito: "O que eu tinha de escrever era outra coisa, algo mais longo e para mais de uma pessoa. Longo de escrever. De dia, quando muito, poderia tentar dormir. Se trabalhasse, seria apenas à noite. Mas precisaria de muitas noites, talvez cem, talvez mil. E viveria na ansiedade de não saber se o Senhor de meu destino, menos indulgente que o sultão Sheriar, quando pela manhã eu interrompesse minha narrativa, me faria o favor de adiar minha sentença de morte e me permitiria prosseguir na noite seguinte" (III, p. 1043)[107].

Será por isso que a última palavra é para recolocar o eu e todos os outros homens em seu lugar *no* Tempo? Lugar decerto "considerável, se comparado àquele tão restrito que lhes é reservado no espaço" (*ibid.*) – mas, contudo, lugar "no Tempo" (III, p. 1048).

---

107. Sobre a *questão da escrita*, e até mesmo sobre a impossibilidade de escrever, cf. Gérard Genette, "La question de l'écriture", e Léo Bersani, "Déguisement du moi et art fragmentaire", in *Recherche de Proust*, Paris, Ed. du Seuil, 1980, pp. 7-33.

CONCLUSÕES

Ao termo desta terceira parte de meu estudo, gostaria de fazer um balanço comparável ao que propus no final da segunda parte (vol. 1, pp. 373-9).

Farei esse balanço relacionando-o em primeiro lugar com o modelo narrativo elaborado na primeira parte de *Tempo e narrativa*, sob o título de a tripla *mímesis*. O estudo que acabamos de ler pretende, efetivamente, manter-se estritamente nos limites de *mímesis* II, ou seja, da relação mimética que Aristóteles identifica com a composição regrada de uma fábula. Permaneci realmente fiel a essa equação maior entre *mímesis* e *mŷthos*?

Gostaria de dar livre curso a certos escrúpulos que me acompanharam ao longo de toda a redação deste volume.

O mais fácil de formular ainda encontra resposta na *Poética* de Aristóteles: nosso uso do substantivo *narrativa* [*récit*], do adjetivo *narrativo* [*narratif*] e do verbo *narrar* [*raconter*], que considero rigorosamente intercambiáveis, exceto pela diferença gramatical, não sofreria de um equívoco grave, na medida em que parece abranger ora todo o campo da *mímesis* de ação, ora apenas o modo diegético, excluindo o modo dramático? Mais do que isso, graças a esse equívoco, não transferimos sub-repticiamente para o modo diegético categorias próprias ao modo dramático?

O direito de usar o termo narrativa num sentido genérico, respeitando ao mesmo tempo, nos contextos apropriados, a diferença específica entre o modo diegético e o modo dramático, parece-me fundado na própria escolha da noção de *mímesis de ação* como categoria dominante. De fato, o *mŷthos*, do qual deriva nossa noção de composição da intriga, é uma categoria tão ampla quanto a *mímesis* de ação. Resulta dessa escolha que a distinção entre modo diegético e modo dramático passa para o segundo plano; ela responde à questão do "como" da *mímesis* e não àquela de seu "o que"; é por isso que podemos pegar indiferentemente em Homero ou em Sófocles exemplos de intrigas bem-feitas.

O mesmo escrúpulo contudo renasce, sob uma outra forma, do exame do encadeamento de nossos quatro capítulos. Ninguém provavelmente deixará de concordar que, ampliando e aprofundando a noção de intriga, como anunciamos ao introduzir nossos dois primeiros capítulos, confirmamos e fortalecemos a prioridade do sentido genérico da narrativa de ficção com relação ao sentido específico do modo diegético. Em contrapartida, poderão nos criticar por termos progressivamente restringido nossas análises ao modo diegético, ao tratar dos jogos com o tempo. A distinção entre enunciação e enunciado, depois a insistência na dialética entre o discurso do narrador e o discurso do personagem e, finalmente, a concentração final no ponto de vista e na voz narrativa, não caracterizam primordialmente o modo diegético? Para prevenir essa objeção, tomei todo o cuidado de só reter dos jogos com o tempo sua contribuição para a *composição* da obra literária, conforme a lição aprendida com Bakhtin, Genette, Lotman e Uspenski. Assim, penso ter "enriquecido" a noção de intriga, conforme prometi em minha introdução, e tê-la mantido no mesmo nível de generalidade que a *mímesis* de ação, que permanece assim o conceito diretor. Concordo plenamente que minha resposta seria mais convincente se análises semelhantes às que Henri Gouhier consagrou à arte dramática pudessem mostrar que as mesmas categorias, de ponto de vista e de voz, entre outras, estão em ação na ordem dramática; estaria provado que nossa concentração no romance só representa uma restrição de fato, inversa à que pratica Aristóteles em prol do *mŷthos* trágico. É fato que nosso trabalho carece de tal prova.

Infelizmente, a evocação que acabamos de fazer do *romance* reaviva o escrúpulo inicial, por uma razão que se deve à própria natureza do gênero. O romance constitui simplesmente um exemplo entre outros de narrativa de ficção? É precisamente o que parece pressupor a escolha das três fábulas sobre o tempo que ocupam nosso último capítulo. Ora, temos razões para duvidar que o romance se deixe enquadrar numa taxionomia *homogênea* dos gêneros narrativos. Acaso o romance não é um gênero antigênero, que justamente por isso torna impossível reunir o modo diegético e o modo dramático sob o termo englobante de narrativa de ficção? Esse argumento recebe um impressionante reforço do ensaio que Bakhtin dedica à epopeia e ao romance na coletânea de ensaios dedicada à *Imaginação dialógica*. O romance, segundo Bakhtin, escapa a toda classificação homogênea, porque não podemos colocar, no mesmo conjunto, gêneros que se esgotaram, o exemplo perfeito é a epopeia, e o *único* gênero que nasceu após a instituição da escrita e do livro, o único que não apenas prossegue seu desenvolvimento como não cessa de questionar sua própria identidade. Antes do romance, os gêneros de formas fixas tendiam a se fortalecer mutuamente e, assim, a formar um todo harmonioso, um conjunto literário coerente, acessível assim a uma teoria geral da composição literária. O romance, confundindo os outros gêneros, rompe sua coerência global.

Três características, segundo Bakhtin, impedem de colocar a epopeia e o romance em uma categoria comum. Em primeiro lugar, a epopeia situa a história do herói num "passado perfeito", para retomar a expressão de Hegel, um passado sem ligação com o tempo do narrador (ou do contador) e de seu público. Segundo, esse passado absoluto só está ligado ao tempo da declamação através das tradições nacionais, que são objeto de uma reverência que exclui toda crítica e, portanto, toda subversão. Finalmente, e principalmente, a tradição isola o mundo épico e seus personagens heroicizados da esfera da experiência coletiva e pessoal dos homens atuais. Ora, o romance nasceu da destruição dessa *distância épica*. E foi principalmente sob a pressão do riso, do ridículo, do "carnavalesco" e, mais geralmente, das expressões do cômico sério – culminando na obra de Rabelais, tão brihantemente celebrada pelo mesmo Bakhtin – que a distância épica cedeu lugar à contemporaneidade fundada no compartilhamento do mesmo universo ideológico e linguístico que caracteriza a relação entre o escritor, seus personagens e seu público na era do romance. Em resumo, é o fim dessa distância épica que opõe decididamente a literatura "baixa" a todo o resto da literatura "elevada".

Essa oposição maciça entre a epopeia e o romance tornaria vã uma análise como a nossa, que pretende reunir sob o título geral de narrativa de ficção todas as obras que, de uma maneira ou outra, visam criar uma *mímesis da ação*? Não acho. Por mais longe que levemos a oposição entre literatura "alta" e literatura "baixa", por mais que aprofundemos o abismo que separa a distância épica e a contemporaneidade entre o escritor e seu público, as características gerais da ficção não são abolidas. A epopeia antiga era tanto quanto o romance moderno uma crítica dos limites da cultura contemporânea, como mostrou James Redfield a respeito da *Ilíada*. Inversamente, o romance moderno só faz parte de seu tempo ao preço de uma outra espécie de distância, a da própria ficção. É por isso que os críticos contemporâneos podem continuar, sem negar a originalidade do romance, como Goethe e Schiller em sua famosa obra comum e Hegel na *Fenomenologia do espírito* e na *Estética*, a caracterizar o romance como uma forma ("baixa", se quisermos) do épico e a dividir a literatura – a *Dichtung* – entre o épico, o dramático e o lírico. O fim da distância épica marca por certo um corte entre o mimético "elevado" e o mimético "baixo"; mas aprendemos, com Northrop Frye, a manter essa distinção no interior do universo da ficção. "Superiores", "inferiores" ou "iguais" a nós, escrevia Aristóteles, os personagens não deixam de ser, ao mesmo título, os *agentes de uma história imitada*. Por isso o romance apenas tornou infinitamente mais complexos os problemas de composição da intriga. Podemos mesmo dizer, sem paradoxo e, aliás, com o apoio de Bakhtin, que a representação de uma realidade em plena transformação, a pintura de personalidades inacabadas e a referência a um presente mantido em suspenso, "sem conclusão", exigem uma maior disciplina formal da parte do criador de fábulas que da parte do contador de um mundo heroico portador de seu próprio acabamento interno. Não me limito nem mesmo a esse argumento defensivo. Sustento que o romance moderno exige da crítica literária muito mais que uma formulação mais refinada do princípio de *síntese do heterogêneo*, através do qual definimos formalmente a composição da intriga; ele engendra, além disso, um *enriquecimento* da própria noção de ação, proporcional ao da noção de intriga. Se nossos dois últimos capítulos pareceram se distanciar de uma *mímesis da ação* no sentido estreito do termo em prol de uma *mímesis do personagem*, para alcançar, na expressão de Dorrit Cohn, uma *"mímesis da consciência"*, o desvio de nossa análise é apenas aparente. É a um autêntico enriquecimento da noção de ação que o romance contribui. No limite, o "monólogo narrado", ao qual se reduz o episódio "Penélope" que finaliza o *Ulisses* de Joyce, é a suprema ilustração de que dizer é também fazer, mesmo quando o dizer se refugia no discurso sem voz de um pensamento mudo que o romancista não hesita em *narrar*.

Resta completar esse primeiro balanço confrontando as conclusões de nosso estudo da configuração do tempo na narrativa de ficção com as que tiramos, no fim de nosso primeiro volume, sobre a configuração do tempo pela narrativa histórica.

Direi em primeiro lugar que as duas análises dedicadas respectivamente à configuração na narrativa histórica e à configuração na narrativa de ficção mostraram-se rigorosamente paralelas e constituem as duas vertentes de uma única e mesma investigação, aplicada à arte de compor: a que designamos, na primeira parte, com o nome de *mímesis* II. Uma das restrições feita a nossas análises da narrativa histórica foi assim eliminada: é todo o campo narrativo que está agora aberto à nossa reflexão. Simultaneamente, preenche-se uma grave lacuna dos estudos normalmente dedicados à narratividade: historiografia e crítica literária são ambas convocadas e ambas convidadas a reconstituir uma grande narratologia, em que iguais direitos seriam reconhecidos à narrativa histórica e à narrativa de ficção.

Temos várias razões para não nos surpreender com a congruência entre a narrativa histórica e a narrativa de ficção no plano da configuração. Não nos deteremos na primeira dessas razões, a saber, o fato de esses dois modos narrativos serem precedidos pelo uso da narrativa na vida cotidiana. A maior parte de nossa informação sobre os acontecimentos do mundo deve--se, com efeito, ao conhecimento por ouvir-dizer. Assim, o ato – senão a arte – de *narrar* faz parte das mediações *simbólicas* da ação que relacionamos com a pré-compreensão do campo narrativo e designamos com o nome de *mímesis* I. Nesse sentido, podemos dizer que todas as artes da narração e, eminentemente, as que se originaram na escrita, são imitações da narrativa tal como já é praticada nas transações do discurso comum.

Mas essa origem comum da narrativa histórica e da narrativa de ficção não poderia, sozinha, preservar o parentesco dos dois modos narrativos em suas formas mais elaboradas: a historiografia e a literatura. Devemos expor uma segunda razão dessa congruência persistente: a reunião do campo narrativo só será possível se as operações configurantes em uso em ambos os domínios puderem ser medidas pelo mesmo metro; esse metro comum foi, para nós, a *composição da intriga*. A esse respeito, não surpreende que tenhamos encontrado na narrativa de ficção a operação configurante à qual a explicação histórica tinha sido confrontada, já que as teorias narrativistas apresentadas na segunda parte baseavam-se na transferência das categorias literárias da composição da intriga para o campo da narrativa histórica. Nesse sentido, a única coisa que fizemos foi devolver à literatura o que a história dela emprestara.

Essa segunda razão, por sua vez, só vale se as transformações do modelo simples de composição da intriga recebido de Aristóteles conservarem um parentesco discernível até em suas expressões mais divergentes. O leitor observará, a esse respeito, uma grande semelhança entre as tentativas empreendidas separadamente nos dois campos narrativos para dar à noção de composição da intriga uma extensão mais vasta e uma compreensão mais fundamental que as do *mŷthos* aristotélico, tributário da interpretação da tragédia grega. Adotamos como fio condutor dessas tentativas distintas as mesmas noções de *síntese temporal do heterogêneo* e de *concordância discordante*, que remetem o princípio formal do *mŷthos* aristotélico para além de suas inserções particulares em gêneros e tipos literários demasiado determinados para se deixarem transpor incautamente da literatura para a história.

A razão mais profunda da unidade do conceito de *configuração narrativa* deve-se, finalmente, ao parentesco entre os métodos de derivação invocados pelas duas perspectivas para dar conta da especificidade das novas práticas narrativas surgidas tanto no campo historiográfico quanto no campo da narrativa de ficção. No que concerne à historiografia, não se terá esquecido as reservas com que acolhemos as teses narrativistas que faziam da história uma simples espécie do gênero *story*, nem a preferência que demos à via longa do "questionamento regressivo", emprestada da *Krisis* de Husserl. Pudemos assim dar conta do nascimento de uma *racionalidade* nova no campo da explicação histórica, preservando ao mesmo tempo, com essa gênese de sentido, a subordinação da racionalidade histórica à *inteligência narrativa*. Também não se terá esquecido as noções de quase intriga, de quase personagem e de quase acontecimento, através das quais tentamos ajustar os novos modos de configuração histórica ao conceito formal de intriga, considerado no sentido amplo de síntese temporal do heterogêneo.

O primeiro e o segundo capítulos da terceira parte concorrem para a mesma generalização do conceito de intriga sob a égide da ideia de *síntese temporal do heterogêneo*. Interrogando em primeiro lugar o regime de tradicionalidade que caracteriza o desenvolvimento dos gêneros literários próprios da narratividade, exploramos os recursos de desvio tolerados pelo princípio formal de configuração narrativa e terminamos apostando que, apesar dos signos premonitórios de um cisma que ameaçam o próprio princípio da formação narrativa, esse princípio nunca deixaria de se encarnar em novos gêneros literários, capazes de assegurar a perenidade do ato imemorial de narrar. Mas foi no exame das tentativas feitas pela semiótica narrativa para reformular as estruturas de superfície das narrativas em função das estruturas profundas que pudemos observar o mais estreito paralelismo entre a epistemologia da explicação histórica e a da gramática narrativa. Nossa tese foi idêntica nos dois casos: um discurso em prol da precedência da inteligência narrativa sobre a racionalidade narratológica. O caráter universal do princípio formal de configuração narrativa se encontrava assim confirmado, pois o que a inteligência narrativa enfrenta é a composição da intriga, tomada na sua mais extrema formalidade, a saber, a síntese temporal do heterogêneo.

Acabo de insistir na homologia, do ponto de vista epistemológico, entre nossas análises das operações de configuração no plano da narrativa histórica e no plano da narrativa de ficção. Agora é possível ressaltar as dissimetrias que só serão completamente elucidadas na quarte parte, quando retirarmos o parênteses que impusemos à questão da *verdade*. Se é precisamente essa questão que, em última instância, distingue a história, enquanto narrativa verdadeira, da ficção, a dissimetria que afeta o poder que tem a narrativa de refigurar o tempo – ou seja, conforme nossa convenção de vocabulário, a terceira relação mimética da narrativa de ação – já se anuncia no próprio plano em que, como acabamos de lembrar, a narrativa de ficção e a narrativa histórica oferecem a maior simetria, ou seja, no plano da configuração.

Pudemos negligenciar essa dissimetria invocando os resultados mais significativos de nossos estudos paralelos tanto da narrativa histórica quanto da narrativa de ficção, na medida em que, falando de configuração do tempo pela narrativa, centramo-nos mais no *modo de inteligibilidade* ao qual o poder configurante da narrativa pode pretender que no *tempo* que é seu ponto crucial.

Ora, por razões que só ficarão claras posteriormente, a narrativa de ficção é mais rica em informações sobre o tempo, no próprio plano da arte de compor, que a narrativa histórica. Não que a narrativa histórica seja extremamente pobre a esse respeito: nossas discussões sobre o acontecimento e, mais precisamente, nossas observações finais sobre o retorno do acontecimento pelo viés da longa duração, fizeram o tempo da história aparecer como um campo suficientemente amplo de variações para nos obrigar a formar a noção de quase acontecimento. Contudo, imposições que só poderemos considerar na quarta parte fazem com que as diversas durações consideradas pelos historiadores obedeçam a leis de inserção que, apesar das inegáveis diferenças qualitativas quanto ao ritmo e ao andamento dos acontecimentos, tornam essas durações e as velocidades que lhes correspondem fortemente homogêneas. Por isso, a ordenação dos capítulos da segunda parte não foi marcada por nenhuma progressão notável na apreensão do tempo. Com a configuração do tempo pela narrativa fictícia aconteceu o contrário. Os quatro capítulos puderam ser organizados em função de uma apreensão cada vez mais cerrada da temporalidade narrativa.

No primeiro capítulo, tratava-se apenas dos aspectos temporais ligados ao estilo de tradicionalidade da história dos gêneros literários próprios à narrativa. Pudemos assim caracterizar uma espécie de identidade trans-histórica, mas não intemporal, da operação de configuração, através do encadeamento das três noções de inovação, de perenidade, de declínio, cujas implicações temporais são manifestas. O segundo capítulo foi mais fundo na problemática do tempo, por ocasião do debate entre a inteligência narrativa e a racionalidade narratológica, na medida em que esta última reivindica como modelos da gramática profunda da narrativa uma *acronia* de princípio, ante a qual a *diacronia* das transformações, manifestadas na superfície da narrativa, toma um caráter derivado e inessencial. A isso opusemos o caráter originário do processo temporal inerente à composição da intriga ante a inteligência narrativa, que vemos simulada pela racionalidade narratológica. Mas é com o estudo dos "jogos com o tempo", no terceiro capítulo, que a narrativa de ficção pareceu-nos pela primeira vez exibir recursos que a narrativa histórica parece impedida de explorar, por razões que, mais uma vez, não podiam ser explicitadas nesse estágio de nossa investigação. Apenas com a narrativa de ficção o construtor de intrigas multiplica as distorções que o desdobramento do tempo entre tempo que se leva para narrar e tempo das coisas narradas autoriza; esse próprio desdobramento sendo instaurado pelo jogo entre a enunciação e o enunciado ao longo do ato de narração. Tudo se passa como se a ficção, criando mundos imaginários, abrisse à manifestação do tempo uma carreira ilimitada.

Demos o último passo na direção da especificidade do tempo fictício no último capítulo, consagrado à noção de experiência fictícia do tempo. Por experiência fictícia, entendemos uma maneira virtual de habitar o mundo que a obra literária projeta em virtude de seu poder de autotranscendência. Esse capítulo corresponde exatamente àquele que dedicamos à intencionalidade histórica na segunda parte. A dissimetria de que falamos agora acompanha então muito exatamente a simetria entre a narrativa histórica e a narrativa de ficção no plano da estrutura narrativa.

Isso significa que atravessamos, tanto do lado da ficção como do lado histórico, a fronteira que traçamos desde o início entre a questão do sentido e a da referência ou, melhor, como preferimos dizer, entre a questão da configuração e a da refiguração? Penso que não. Mesmo tendo de admitir que nesse estágio a problemática da configuração sofre fortemente a atração da problemática da refiguração – e isso em virtude da lei geral da linguagem segundo a qual *o que* dizemos é regido por aquilo *a respeito de que* o dizemos –, afirmamos com igual força que a fronteira entre configuração e refiguração não será atravessada enquanto o mundo da obra permanecer uma transcendência imanente ao texto.

Essa ascese da análise tem sua contrapartida numa ascese comparável que praticamos na segunda parte, quando dissociamos as características epistemológicas do acontecimento histórico de suas características ontológicas, que serão tratadas apenas na quarta parte, a respeito da *"realidade"* do passado histórico. Assim como nos abstivemos de decidir sobre a questão da referência do acontecimento histórico ao passado efetivo, deixamos em suspenso o poder da narrativa de ficção de *descobrir* e de *transformar* o mundo efetivo da ação. Nesse sentido, os estudos que dedicamos a três fábulas sobre o tempo preparam, sem efetuá-la, a transição dos problemas de configuração narrativa para os problemas de refiguração do tempo pela narrativa, que serão o objeto da quarta parte. O limiar de uma problemática à outra só é, com efeito, transposto quando o mundo do texto é confrontado com o mundo do leitor. Apenas então a obra literária adquire um significado no sentido pleno do termo, na intersecção do mundo projetado pelo texto e do mundo de vida do leitor. Esse confronto exige por sua vez a passagem por uma teoria da leitura, na medida em que esta constitui o lugar privilegiado da intersecção entre um mundo imaginário e um mundo efetivo. Assim, apenas depois da teoria da leitura, proposta num dos últimos capítulos da quarta parte, é que a narrativa de ficção poderá reivindicar seu direito à verdade, ao preço de uma reformulação radical do problema da verdade, na medida do poder que tem a obra de arte de detectar e transformar o agir humano; do mesmo modo, apenas depois da teoria da leitura é que a contribuição da narrativa de ficção à refiguração do tempo poderá entrar em oposição e em composição com o poder da narrativa histórica de dizer o passado efetivo. Se nossa tese quanto ao tão controvertido problema da referência na ordem da ficção tem alguma originalidade, é na medida em que ela não separa a pretensão à verdade da narrativa de ficção dessa mesma pretensão da narrativa histórica e esforça-se em entender uma em função da outra.

O problema da refiguração do tempo pela narrativa só poderá pois ser finalizado quando estivermos em condições de *entrecruzar* as respectivas perspectivas referenciais da narrativa histórica e da narrativa de ficção. A análise da experiência fictícia do tempo terá pelo menos marcado uma virada decisiva em direção à solução do problema que constitui o horizonte de toda nossa pesquisa, fazendo pensar em algo como um *mundo do texto*, na expectativa de seu complemento, o *mundo de vida do leitor*, sem o qual o significado da obra literária é incompleto.

Este livro foi composto na fonte Palatino e impresso pela gráfica Paym, em papel Lux Cream 60 g/m², para a Editora WMF Martins Fontes, em novembro de 2024.